斯文在斯

复读郭店楚简

汤学锋 著

长江出版传媒 崇文书局

序

  自 1998 年 5 月《郭店楚墓竹简》公之于世，在海内外学术界，出现了对郭店楚简多学科、长时间的研究热潮并且取得了极其丰硕的成果。郭店楚简已出土三十余年，展示于荆门市博物馆内的这批文明瑰宝似乎不再闪烁它当年耀眼的光芒，时间的河流逐渐冲淡了人们对于郭店楚简研究的热情。曾期待它能成为文化产业，真正发挥其社会价值和经济价值而走入现代、走近大众、走向世界的愿望，已成为美好的回忆。然而，曾发现并仍在守护着这批"古楚遗珍"的文博工作者们，却依然有着一种特殊的情怀与理性的思索，仍以坚定的步伐，迈向新的探寻之路。如三十多年如一日，默默耕耘在文博事业第一线，为荆门市文物保护和博物馆建设作出突出贡献的现任荆门市博物馆馆长汤学锋就是其中的一位。他给自己提出三问："郭店竹简热"如何破圈？怎样让"书写在古籍里的文字都活起来"？现在我们怎样读郭店竹简？这部奉献给社会与学界的思想结晶《复读郭店楚简》，正是他对这三问的回答。作者撰写此著的目的非常明确：

  ……三十年来，郭店楚简的受众普及率和社会认知度，却不见显性进展。于是，作为"郭店楚简"出土地的一名文博工作者，我于 2021 年底，开始着手本书的撰写，力求通俗以致通行，算是尽一份职业责任，体现一丝荆门担当。

　　本书本着提高"受众普及率和社会认知度"的目的，基于常识常理常情，在郭店楚简文本以及相关的研究著论与典籍的基础上，以武汉大学简帛研究中心和荆门市博物馆编著的《楚地出土战国简册合集》之《郭店楚墓竹书》为蓝本，进行简序编联、篇名拟定、句读确定及文字释读，作者定义为"这是在专家学者们'一读再读'的基础上所进行的'复读'"。在每篇之前，力求作简明扼要的文意解读；在原文之后，进行文字笺注、内容链接和阅读延伸，力求对应原简，逐字以现代通行字对应，漏文缺文尽量补齐，误抄倒抄误笔、衍文脱字尽量订正，个别衍文脱字、亡文歧义、难以确定的字句存疑。为避免"先入为主"的思维，限制读者的思想，作者没有作通篇翻译和意义解读。其突出特点表现在如下三个方面：

　　首先，与以前的做法不同，作者按"形制相同，内容相关"①的原则来排序，依次为《穷达以时》、《缁衣》、《鲁穆公问子思》、《五行》、《成之闻之》、《语丛》（一、二、三、四）、《六德》、《性自命出》、《尊德义》、《唐虞之道》、《忠信之道》、《太一生水》、《老子》（甲乙丙），这种先儒后道的排序便于为大众所接受。自汉武帝接受董仲舒"罢黜百家，独尊儒术"的建议使儒家思想成为其治国理念以来，儒家成为中国近两千年的主流思想。以前篇目的排序因其各种原因，学者们莫衷一是，此稿作者经过深思熟虑以儒道先后排序，只要看每篇原文前的"文意解读"即可明了。如第一篇《穷达以时》，选择从自然到社会的顺序，以宏观的视野开宗明义，"有天有人，天人有分。察天人之分，而知所行矣"。"天人合一"与"天人有分"高度概括了古人对天人关系的理解。然后言"察天人之分"，明知行之道，论世、时、遇与人、事、物的相互作用，读者可以从中生出跨越两千多年的生命感受。文中讲述了虞舜、姜子牙、管仲、

---

① 参见李零《郭店楚简校读记》，《道家文化研究》第 17 辑，第 504 页。

孙叔敖、百里奚等大量圣贤的生平际遇，来佐证"天人有分"这一观点，指出各行其道的"天"与"人"两相结合方是荣辱成败的决定性因素。这对当代人有生命启迪的作用，故列为篇首。

第三篇《鲁穆公问子思》论"子思的'忠''为义而远爵禄'，既恪守自己的独立人格，又具有大无畏的批判精神，与周初兴起的民本思潮一脉相承，显示了对民主平等的渴望与追求。子思的'忠臣'观在后世的《韩非子》《墨子》《吕氏春秋》等经典著作中得到进一步弘扬，并演变为中国传统知识分子的基本人格精神之一"。接着将《成之闻之》列于其后云："本篇的'求己'思想与孔子的思想一致，并发展成孟子'反求诸己'说。《孟子》的'爱人者，人恒爱之；敬人者，人恒敬之'及'与民同乐'的思想与《成之闻之》也是一脉相承的。"这显然言之成理，持之有故，故列其后。

在《五行》《成之闻之》《语丛》之后列《六德》，并解读为：

> 《六德》上承孔子，下启汉儒，其完整而系统的论述是连接孔孟之间儒家伦理道德学说的纽带。经过孟子的发展，《六德》"圣生仁，智率信，义使忠"之论，成为后世"君为臣纲，父为子纲，夫为妇纲"之"三纲说"的源头，开汉儒"三纲六纪"思想之先河。

本稿再读郭店楚简，从孔孟到汉儒，对儒家思想的源流作了简明扼要的说明，既接受了李学勤先生关于郭店楚简与《子思子》之关系的观点①，又有自己的看法。对郭店楚简无论怎样排序，都会产生叙述的不连

---

① 李学勤《郭店楚简〈六德〉的文献学意义》说："郭店楚简中的《六德》一篇，内容相当重要，又可与《缁衣》《五行》《成之闻之》《尊德义》《性自命出》等篇联系参照，就学术史而言，均为子思一系的作品，其珍贵重要可想而知。"载《郭店楚简国际学术研讨会论文集》，湖北人民出版社，2000 年版。

贯、思想逻辑的"跳跃"等问题，因而无法在学界达到统一的认识。其实，"古人著书，多单篇别行；及其编次成书，类出于门弟子或后学之手，因推本其学所自出，以人名其书"①。既然如此，作者先儒后道的排序也不失为一种可贵的尝试，且便于大众阅读。至于不把《老子》甲、乙、丙三组置于开篇，作者有自己的思考：面对楚简《老子》，专业工作者要隶定文字，特别是不见于传世本或明显与传世本不相同的文字；然后要文字释读、句读确定、连字成句、联句成文，"在这个过程当中，一字之差、一个句读处理造成的断句或连读，其文意都可能失之千里。在偏差的文意上阐述义理，则可能下笔千言而离题万里。浮于字面不着边际显然有辱一般读者，曲里拐弯过度解读则有违祖师先贤"。这显然对读者很容易造成阅读障碍，故置于最后，这种排序无疑有其合理性。

其次，书稿文字笺注尽量简明，对于学者们仍然持有不同见解的地方，则尽可能将主要观点列出，以供读者参考。乾嘉学派的代表人物钱大昕说："有文字而后有训诂，有训诂而后有义理。训诂者，义理之所由出，非别有义理出乎训诂之外者也。"②为了便于读者阅读，对于达成共识的字句，笺注尽量简明。如《穷达以时》中有这样一句话："孙叔三躲期思少司马，出而为令尹，遇楚庄也。"对于其中的"躲"字，学者们有各种解读，后来以裘锡圭先生的意见为准，读为"舍"，证之于《国语·楚语下》"斗子文三舍令尹"，韦昭注："舍，去也。"义为"被免而去职"，与句意相符，故作者在注释时直接用"孙叔三舍期思少司马"，注释为"三舍：数次主动辞去（职务），或数次被免去（职务）"。再如《六德》22

---

① 余嘉锡：《目录学发微（含〈古书通例〉）》，中国人民大学出版社，2004年版，第200页。

② （清）钱大昕：《经籍籑诂序》，《潜研堂文集》卷二十四，上海涵芬楼1929年影印《潜研堂全书》本，第13—14页。

号简中“上恭，下之义，以奉社稷”一句，其中“奉社稷”三字“奉”字下面是合文，很多人看不懂，陈伟先生通过与上博楚简《姑成家父》3号简“社稷”二字比勘，“有把握将此三字释为‘奉社禝（稷）’”①。作者在注释时非常简明：“奉社稷：从事土地耕作。奉：事奉。社稷：土地神和五谷神。”诸如此类的注释，都达到了言简意赅的目的。

就郭店楚简的研究状况和前景而言，如何准确地解释文句，仍然是一项极其重要的工作。作者在附录一中，以郭店楚简中形制规格最高的《老子甲》1号简开头三句话为例：“绝智弃辨，民利百倍。绝巧弃利，盗贼亡有。绝为弃虑，民复季子。”这三句话见于传世本《老子》，作者明确指出：

> 关键语词不同，使得《老子》有“古今不同”（历时性差异）。即便同一语词，解读为现代通行汉语，对应的语词不同，则意思迥异，意义悬殊。“绝智弃辨”，有学者将“辨”字隶定为“偏”，随之而来的是关键字如“绝”的意义、“巧”“利”“为”“虑”的内涵解读，学者们各有说辞，义理上大相径庭。

作者又以《老子甲》中“江海所以能为百谷王”中的“谷”或读为“浴”、或读为“涡”等为例，说明注释的难度。正如韩愈《施先生墓铭》中所指出的：“古圣人言，其旨密微，笺注纷罗，颠倒是非。”②注释的难度如此，其价值意义也在其中。既然传世本《老子》五千言，尚有释读莫衷一是现象存在，那么，以传世文本为依据来释读郭店简《老子》，对

① 陈伟：《郭店竹书〈六德〉“以奉社稷”补说》，武汉大学简帛研究中心网站，2006年2月26日。

② （唐）韩愈：《施先生墓铭》，载《全唐文》第三册，上海古籍出版社，1990年版，第2538页。

于最初的简文释读与编连有一定参对性，但有时反倒成了释读的负累。所以有学者指出："学者治学认字始，在目前古文字学者尚不能'退场'，因为离开了他们，我们还不能完全'独立行走'。在目前的郭店楚简研究论著中，关于文字的校释仍然是一项大宗，蔚为一时大观。"[①] 作者博采众家之说，充分理解其语意逻辑，权衡比较，直到通透领悟，然后择善而从，即择其最贴近古人的思想、话语，符合古人的名物典章制度和风俗习惯等等予以注释，语言简洁明了，令人信服，足见用功之深。

其三，采用"阅读链接"和"阅读延伸"的方式，为读者阅读提供方便。如《穷达以时》的"阅读链接"，将文中人物列出予以简明介绍，"阅读延伸"则简要介绍子思、孟子、荀子的思想，既避免注释中的冗长文字，也便于读者更清楚地了解这些历史人物。

再如《缁衣》篇中"阅读链接"为《礼记·缁衣》《诗经·郑风·缁衣》，"阅读延伸"介绍《尚书》中的《康诰》《吕刑》《君陈》《君奭》。《五行》篇中链接帛书《五行》以及《诗经》中的相关作品等等，可以扩大读者的阅读范围，相互对比，发现差异，引发探讨研究的兴趣。有的"阅读延伸"是介绍当代学者与之相关的研究成果，或者是相关的典章制度，或者是相关的解释与不同的观点等，这也起到了为读者提供导读的作用。

另外，作者特意将《郭店楚简"三十年"纪略》置于本著之首，从回顾郭店楚简抢救性考古发掘的最初时光与田野考古之憾，到清理保护之难、整理释读之困，再到热火朝天的研究黄金十年以及国内外学者们对郭店楚简给予的极高的赞誉与期待，再到热火朝天之后的沉静思考的状态。《郭店楚简"三十年"纪略》本身就说明了作者在经历了这一过程之

---

① 彭华：《郭店楚简研究述评》，《古籍整理研究学刊》2011 年 03 期。

后对此有了更加成熟与更加理性的思考，深刻地认识到郭店楚简的研究是一项系统工程，涉及中国哲学、历史学、文献学、语言文字学、考古学等，作者清醒地认识到：目前他们研究的首要任务仍然是文字的释读，因为对楚简中的有些文字，包括古今字、异体字、同源字、假借字等，至今还不能释读或不能准确释读。黄金十年之后，新的研究成果更加沉稳，更加缜密，更加健硕（作者对重要成果也作了一些点评）。竹简形态保存及出土资料整理的所有环节，即识字、句读、编连、分篇等各个方面并没有完全形成定论，有的也许将在很长时期内仍然存在不同见解。这篇《郭店楚简"三十年"纪略》既充满了作者回顾参与发掘、整理与研究的款款深情，也是完成这部著作的指导思想。唐代韩愈曾在《冬荐官殷侑状》中有云："前件官兼通三传，傍习诸经，注疏之外，自有所得。"[①] 正是有这种对郭店楚简的情怀与思想，作者在繁忙的行政工作之余，出入经史，博采众家之说，爬罗剔抉，含英咀华，最终"自有所得"，花几年的心血完成这部可读性很强的"复读"新作，其精神可嘉，其成果可喜可贺！

当然，这部著作也有需要进一步完善的地方，如郭店简《缁衣》简7-8引诗作"非其止之，共唯王邛"。对照今本《诗经·小雅·巧言》："匪其止共，惟王之邛。"明显可知郭店简误将"之"字抄在"止"之下。[②] 而作者在引用原文时，并没有对两千多年前抄写者的错误予以改正，而是注释为："非其止之，共唯王邛：疑读为'非其止共，唯王之邛'。"这里不能用"疑读"，而应该明确予以纠正。再如郭店简《老子甲》简22-23有这样一段话："天大，地大，道大，王亦大。域中有四大焉，王处一焉。人法地，地法天，天法道，道法自然。"裘锡圭先生明确指出："此处'四

---

① （唐）韩愈：《冬荐官殷侑状》，载《全唐文》第三册，上海古籍出版社，1990年版，第2463页。

② 参见张富海《郭店楚简缁衣篇研究》，北京大学硕士学位论文，2001年，第9页。

大'的次序，各本皆为道、天、王，唯独简本作'天大，地大，道大，王亦大'，与下文'人法地，地法天，天法道'之序不合，显然不会是《老子》原貌。"① 作者本应该接受裘锡圭先生的观点，在文意解读或注释中予以说明，但付之阙如，没能达到李学勤先生所说的"比勘各本""持平无误"② 的要求。当然，即或如此，瑕不掩瑜，我坚信：这部著作一旦面世，一定会受到广大读者的欢迎，对于提高"受众普及率和社会认知度"也一定会产生显明的效果。因此，欣然遵嘱为之序。

孟修祥

2024 年 6 月 16 日

（作者为长江大学楚文化研究院教授）

---

① 裘锡圭：《郭店〈老子〉简初探》，《中国出土古文献十讲》，复旦大学出版社，2004 年版，第 209 页。

② 李学勤先生曾指出："我希望大家能理解，出土的简帛书籍固然是古本，但不一定什么地方都胜于今本。今传本每每是经过历史上的学者整理校定，也会有许多优长。我们在研究中还是要比勘各本，兼收并取，才能做到持平无误。"《清华简帛研究》第 2 辑，清华大学思想文化研究所，2002 年版，第 22 页。

斯文於斯

——郭店楚简"三十年"纪略

汤学锋

所谓"斯文於斯",仿若曲阜孔庙里的"斯文在兹"。如"兹"之"斯",指"当下"之"时",也指"湖北荆门"之"空",世界之"空"。时空之内,诸多的人、事、物当"属文以记之",譬如郭店楚简。本文以"记"为主,间或述评。2023 年 10 月,正值荆门郭店楚简出土三十周年,专此属文以志纪念。

一、当初五年 战战兢兢(1993—1997)

沙洋县四方铺乡位于荆门市的最南端,南连荆州市,所谓"四方",从其相对区位来看,可能蕴有"南北会荆襄、东西通汉宜"的意味;所谓"铺",可能指古代的交通驿站。四方铺境内有一座闻名千年的山岗,名曰"纪山",周边古墓密布,多为春秋战国时期的楚国墓葬。向南 10 多公里,便有因在"纪山之南"而得名的纪南城遗址,纪南城还曾经有过一个更为煊赫的称谓,即《庄子·天下》所言"郢有天下"的古楚都邑——"郢"。

20 世纪 90 年代初,湖北省荆(州)荆(门)宜(昌)地区,盗墓之风猖獗一时。许多重要(市级、省级)文物保护单位遭到盗掘破坏。1993 年初,湖北省组织了"打击盗掘古墓和走私文物"的专项行动。是年 8 月至 10 月间,荆门市公安、文化部门先后两次接到报告:沙洋县四方铺乡郭店村"塌冢子"被盗掘。在第一次回填盗洞之后，盗墓分子再次掏空了盗洞。案发地位于全国重点文物保护单位纪山楚墓群范围内，不由得让人战战兢兢。兹事体大，荆门市文物部门迅速将相关情况逐级上报。后经国家文物局批准，1993 年 10 月下旬，荆门市博物馆对被盗古墓进行了抢救性考古发掘。彼时，荆门市博物馆独立馆舍初建成，百事待举。

——田野考古之憾

荆门市博物馆突击组织考古工作队，由馆长刘祖信任队长，队员包括全馆考古专业人员，以及沙洋县、镇（乡）两级相关文化干部。

被盗的古墓俗称"塌冢子"。既然有专门称谓，说明其当初的规模不一般。在当地的语境中，原本凸起的部分后陷落下去谓之"塌"，"塌冢子"不是"平头冢"，那是什么时候塌陷的呢？不知其详，只知道"塌冢子"在几代人之间口耳相传。

经考古人员测量勘探，该墓盗洞直径约 1.2 米，直抵椁室头厢南端，估计有随葬器物被盗走。抢救性发掘最怕的是"迟人一步，两手空空"，这是莫大的职业痛点和遗憾。

考古工作依照规程推进。时值霜降前后，田野工地上早晚颇有寒意。一日，考古工作队在竹筐运转上来的污泥中发现了窄条竹片，有人说是现代竹片，有人说可能是竹笛片，争论犹疑当中，突然有个声音传出："要是竹简就好了。"一句话惊醒众人，负责人临时终止了现场工作，请出了墓圹内的民工，临时封锁发掘现场。

一番商议之后，考古工作队在技术力量和物资准备上作了一番紧密安排。很快，一场有针对性的清理工作开始了。经过一周的现场清理发现，竹简在头厢北端底层，整体保存尚好。

在我参与执笔的《荆门郭店一号楚墓》（《文物》1997年07期）一文中有述：

"1993年8月23日，郭店一号墓被盗掘至椁板。10月中旬该墓再次被盗，盗墓者挖出已回填的泥土，在椁盖板东南角（头厢南端）锯开0.4米×0.5米的长方形洞，并撬开边箱，盗取文物，致使墓内器物残损、混乱，雨泥浸入椁室内。为抢救墓中残存文物，我们在报请湖北省文物主管部门同意后，及时组织考古工作人员于10月18日～24日对郭店一号墓（M1）进行了抢救性清理发掘。……

"……从墓葬形制和器物特征判断，郭店M1具有战国中期偏晚的特点，其下葬年代当在公元前4世纪中期至前3世纪初。

"……墓主人当属有田禄之士，亦即上士。"

部分随葬器物被盗，千年古墓未能体面"献世"，实乃考古之憾。

——清理保护之难

竹简出土时，请来了荆州博物馆考古专家彭浩及文物保护专家吴顺清，现场指导处理并及时运回荆门市博物馆。

面对被淤泥包裹着的瘫软而凌乱的竹条，吴顺清和方北松赤手操作，没日没夜地在泥团里"挑面条"，费尽心力。当时的室内工作环境既无供暖又无空调，小虫作祟，蚊子相伴，从冬到夏，工作人员一丝不苟，苦中作乐。

由吴顺清、方北松和荆门市博物馆的文保人员对竹简进行物理除泥及化学还原处理后，荆州博物馆专业摄影师金陵及时对全部竹简进行了初步拍照。其时，竹简初露真容，还处于饱水状态，身子骨娇嫩得很，又担心强光源的影响，所以拍摄过程也是小心翼翼。

——整理释读之困

1994 年初，荆门市博物馆成立整理小组，以刘祖信为组长，整理上以彭浩为主，具体工作由组员分工负责。起步阶段先把照片切割成一条条简片，根据外部形制和规格分类。接下来是识字断句——释文分章——编连分篇阶段，全过程即时交流讨论，定期集中碰头。识字释文耗时约一年，而编连（把释读出来的一条条简文连成一段，再连成篇）的工作难度最大，差不多用了两年半时间。第三步是注释（解释每个字的意思），用了约一年时间。整理报告的编写由彭浩主笔，组员分工协作，最后彭浩先生通笔完成。全书由裘锡圭先生最后校定。至 1998 年 5 月，历时四年多的整理工作结束，其中经历的困惑、困难、困窘一言难以蔽之。

1997 年 7 月，汤学锋执笔的考古简报《荆门郭店一号楚墓》发表于《文物》（1997 年 07 期）上。简报对郭店一号楚墓的墓葬形制、出土的竹简及其他随葬器物等基本情况作了规范的描述，并对墓葬的性质及下葬年代作出了基本的判断。

至 1998 年年中，荆门市博物馆郭店竹简整理小组的工作基本告一段落，对竹简的本体保护（脱水处理与物理封存）、分篇拼连、文字隶定、内容释读及影像资料采集等取得了阶段性成果。

郭店一号墓历经两次盗扰，部分器物被盗走。从发掘工作完成后所绘制平面图的情况来分析，盗洞离竹简较远，竹简被盗扰的损失应不大。在头厢中部，发现了因编线腐朽而散乱无序的竹简，大部分完好，少数残断。从后期的竹简编连和释读工作的情况来看，简文相当完整，正如郭店楚简主要整理者彭浩先生所分析的那样："一句话从一支简到另一支简应该是连续的……没有那种因为整支竹简的遗失而造成的文字不连贯的证据。"① 故而，我们可以推定：现存郭店楚简的诸篇文献是基本完整的，并未因盗扰而遭受明显损失。

经整理统计，郭店一号墓共出土竹简 804 枚，有字简共计 730 枚，其余为无字简，简文 13 000 多字，字迹清晰，字体笔法与包山楚简相近，属典型的楚国文字。

竹简的厚度约 1 毫米，宽度 4.5 ～ 6.5 毫米。依竹简规制及其内容，有字简所构成的文献大致可分作三类：

一类两端修削成梯形，两道编绳，简长 32.5 厘米左右。篇目包括：《老子甲》《五行》《缁衣》《成之闻之》《尊德义》《性自命出》《六德》，计七篇。

另一类两端齐平（或梯形），两道编绳，简长 26.4 ～ 30.6 厘米。篇目包括：《老子乙》、《忠信之道》、《唐虞之道》、《老子丙》、《太一生水》、《鲁穆公问子思》（梯形）、《穷达以时》（梯形）（此处，系依竹简长度递减的方式排序），计七篇。

第三类亦两端齐平，多为三道编绳（其中的《语丛四》较为特殊，仅有两道编绳），简长 15 ～ 17.5 厘米。篇目包括：《语丛三》、《语丛一》、《语丛二》（此处，系依竹简长度递减的方式排序）、《语丛四》，计四篇。

至此，当初的"战战兢兢"，骤变成了"高高兴兴"。一次被动的抢救性考古发掘，让我们在遗憾中收获了"摇撼整个知识界"的重大发现。那段"偶然"的考古发现，也将"必然"造就新的历史。

来自于先秦时期的郭店楚简，跨越 2 300 多个春秋，重现于世人面前，着实让人唏嘘感喟。这批由 804 枚竹简、13 000 多个中国古文字所构成的思想性文献群，被誉为"迄今为止世界上最早的原装书"。从王国维先生

---

① ［美］艾兰（Sarah Allan）著，［英］魏克彬（Crispin Williams）原编，邢文编译：《郭店〈老子〉：东西方学者的对话》，学苑出版社，2002 年版，第 108 页。

所提出"古来新学问起，大都由于新发现"的"二重证据法"角度来看，它们则更是绝无仅有的——成建制、上规模、成系统，来历清晰"根红苗正"——能够直接联通于西方学人所认为曾经实现了人类文明"思想奠基"的"轴心时代"的重要出土文献。

我们之所以强调郭店楚简的"成建制、上规模、成系统"和所谓"根红苗正"，首先是因为，相较于其他几批由相关方从境外文物市场上收购回来的战国简册（例如上博简、清华简等），郭店楚简有着更为完整且可以有效追溯的考古发掘过程。更为重要的是，其文献内容，同时存有构成"中国哲学开山之作"的《老子》之"核心思想系统"的三篇关键性语料，以及多篇关涉到"中华民族文化主脉"的"儒学"等"重要文化实践"的论述性文章，还有其他一些不见于传世文献，但极具文史和思想价值的先秦佚籍。

二、黄金十年　热火朝天（1998—2008）

1998年5月，荆门市博物馆编《郭店楚墓竹简》由文物出版社正式出版发行，内容主要包括各篇图版（部分彩图）与释文注释等，《竹简整理号与出土号对照表》以附录形式列于书后。这批被深深埋藏了2 300余年的"文明珍宝"历经现代科技手段的整理复原、影像采集、印刷复制，终于得以在现代文明的世界里被重新看见。

《郭店楚墓竹简》甫一问世就在全球汉学界引起了广泛关切。对此，山东大学的聂中庆作过一段很好的回顾与总结："郭店楚简的面世，在学界引起了极大的震动。由于简文所涉及的都是儒道两家的重要文献，而且有些文献是前所未闻的，对研究中国古代哲学史、思想史、学术史都具有极其重要的参考价值。就道家文献而言，《太一生水》所提出的宇宙生成模式及楚简《老子》中所反映的先秦儒道关系，都是此前学界未曾论及的新领域，其学术价值及历史意义都超过了马王堆帛书。

各大新闻媒体对郭店楚简亦予以极大的关注。《中国文物报》、《长江日报》、《中国青年报》、《北京日报》、《人民日报》(海外版)、《光明日报》、《武汉晚报》、《武汉晨报》、《湖北日报》、《人民日报》、《文汇报》、《中国时报》等，先后多次发表有关郭店楚简的研究文章及报道。各主要学术刊物亦发表了大量关于郭店楚简研究的学术论文，国内外一些知名学者如任继愈、李学勤、庞朴、裘锡圭、许抗生、李零、张立文、李存山、郭齐勇、李泽厚、彭浩、杜维明、艾兰、韩禄伯、饶宗颐、陈鼓应、丁原植、周凤五、池田知久、刘笑敢等，也都以极大的热情撰写了诸多很有影响的论文和著作。此外，一些中青年学者如廖名春、郭沂、邢文、王博、白奚、丁四新等在研究中也脱颖而出，发挥了生力军的作用。各种规模的学术研讨会也相继召开，其中较有影响的有美国达慕斯大学举办的郭店《老子》国际学术讨论会，武汉大学举办的郭店楚简国际学术研讨会。前者的会议论文主要发表在《道家文化研究》第十七辑，后者发表在《人文论丛》特辑《郭店楚简国际学术研讨会论文集》中。另外，文学界在北京广播学院也召开了出土文献与中国文学研究学术研讨会，会议论文发表在姚小鹏主编的《出土文献与中国文学研究》论文集中。郭店楚简研究真可谓盛况空前，《郭店楚墓竹简》一书很快销售一空，一向门庭冷落的《中国哲学》，其第二十辑《郭店楚简研究》专号一版再版，其他相关的研究著作也处在热卖之中……"

1998年《郭店楚墓竹简》出版，在"郭店楚简三十年"中无疑是最具标志意义的事件。一时间，全球学界的目光齐聚湖北荆门，聚焦于郭店楚简。

1998年5月，美国达慕思大学第一时间发出邀请，在该校召开了首次郭店楚简国际学术研讨大会(也称"郭店楚简成果发布会")。会上，北京大学李伯谦教授首先作了《楚文化源流述略》的专题报告，从楚文化的起源、兴衰、特征与分期诸方面，分析了郭店一号墓的年代与国属，为楚简讨论的展开奠定了考古学文化的基础。其后，刘祖信作了《荆门郭店一号墓概述》的报告；彭浩就郭店楚简《老子》的分组、断句、分章符号的使用及缀连方法等，作了《关于郭店楚简〈老子〉整理工作的几点说明》；北京大学裘锡圭教授作了《以郭店〈老子〉简为例谈谈古文字考释》的报告。会议重点对郭店《老子》甲、乙、丙的相关问题进行了讨论。

2001 年 6 月，海外知名汉学家艾兰（Sarah Allan）在《郭店〈老子〉：东西方学者的对话》中译本序言中这样评价："这次会议，至少从我个人的经验而言，是相当独特的。第一个原因，就是题目重要而且材料新。郭店楚墓竹简中有许多哲学文献，它们是上个世纪最重要的考古发现之一。《老子》是世界上翻译最多、影响最大的文献之一。就英语而言，对于今本《道德经》的翻译即在百种以上。也许没有另一部书像《老子》这样被翻译过这么多次数。所以，对于此书的兴趣真正是世界性的。我们的研讨会，安排在文物出版社刚刚发表郭店楚墓竹简的时候。一般来说，在阅读古代文献时，我们都可以读到千百年来的历代注疏。但这一次我们读到的是在地下长眠两千余年的'新'文献，而我们能有机会对之提出最初的解读。第二个原因，就是参加会议的都是最好的学者，而且各有专长。我们的想法是从不同国家的汉学研究传统的不同的学科领域，请来既有学问又熟悉出土材料的专家一起阅读这些新材料，从而为将来的研究奠定一个坚实的基础。"

1999 年 6 月，国际儒学联合会与中国社会科学院历史研究所在北京炎黄艺术馆联合召开《郭店楚墓竹简》学术研讨会。会上李学勤先生论述了郭店竹简年代、其与《孟子》的先后关系、楚简整理的原则及郭店楚简的意义等。庞朴、陈来、郭沂、彭林、李家浩等先生，从各自的研究领域出发，阐述了简要而深入的意见。

1999 年 10 月，武汉大学中国文化研究院、美国哈佛燕京学社、国际儒学联合会、中国哲学史学会、湖北省哲学史学会在武汉大学联合主办"郭店楚简国际学术研讨会"。美国哈佛大学杜维明教授、中国社会科学院庞朴研究员、武汉大学郭齐勇教授是这次会议的发起者。来自海内外的近百位学者参加了会议，提交论文 80 余篇。与会学者在此前研究成果的基础上，就郭店楚简的形制分类、字句篇章释义、文本比较、学派归属、思想内涵、文化史意义以及墓葬时代和墓主身份等问题，从考古学、简牍学、文字学、文献学、校勘学、史学、民俗学、人类学、哲学、思想史、文化史等不同角度进行了探讨并展开了热烈的辩论，进一步发掘了郭店楚简的学术价值和文化意蕴，推动了郭店楚简研究的深入发展。

之后，北京大学组织召开郭店楚简国际学术研讨会，其他机构多次组织各种小型学术会、座谈会。至此，世界各地的学者已经取得了大量的研究成果。郭店楚简研究正在成为一门公认的分支学科。

国内国际的学者们对郭店楚简给予了极高的赞誉和评价：

饶宗颐："郭店楚简的问世引起了中外学者讨论古书的热潮。"

李学勤："郭店楚简展示了一个深刻而又丰富的哲理世界。"

任继愈："郭店楚简的发现，肯定了荆楚文化在中国文化史上的地位。"

庞朴："郭店楚简填补了儒家学说史上的一段空白。"

池田知久："郭店楚简儒家思想是真正的人道主义思想。"

杜维明："郭店楚简出土以后整个中国哲学史和中国学术史都需要重写。"

一些综合研究郭店楚简的学术著作不断付梓：

2004 年，聂中庆《郭店楚简〈老子〉研究》由中华书局出版，李若晖《郭店竹书〈老子〉论考》由齐鲁书社出版，孙以楷《老子通论》由安徽大学出版社出版。

2005 年，刘钊《郭店楚简校释》由福建人民出版社出版，邓各泉《郭店楚简〈老子〉释读》由湖南人民出版社出版。

2006 年，刘笑敢《老子古今：五种对勘与析评引论》由中国社会科学出版社出版。

2007 年，吉林大学冯胜君《郭店简与上博简对比研究》由线装书局出版。

2008 年，梁涛《郭店竹简与思孟学派》由中国人民大学出版社出版。

与此同时，作为郭店楚简的出土地，湖北省荆门市也在为郭店楚简的保护、研究与传播积极行动：

2001 年，荆门市博物馆成立专门机构——郭店楚简研究中心。

研究中心主要跟踪搜集国内外有关"郭店"、有关"楚简"的研究动向与成果，结合荆门实际开展专题研究，加强郭店楚简面向大众推广的力度。

2002 年 10 月，荆门市博物馆委托专家实施郭店竹简脱水处理保护项目，历时两年，效果良好。

2003 年 10 月，荆门市为纪念郭店楚简出土 10 周年，联合相关机构组织了一场"郭店楚简国际学术研讨会"。庞朴先生作主旨发言，并接受了《荆门日报》的记者专访。

2003 年 11 月，荆门市博物馆郭店楚简研究中心汇集国内外二十余位专家学者的研究成果，编辑出版了《古墓新知——纪念郭店楚简出土十周年论文专辑》。

2003 年，刘祖信、汤学锋撰文，尝试对郭店竹简通俗解读，并在《荆门日报》显著位置连续刊载。

2006 年 10 月，荆楚理工学院刘海章（又名涂宗流）教授撰写的《道之原：郭店老子研究》由汕头大学出版社出版。

2007年10月，翟信斌、刘祖信、龙永芳、崔仁义、鲍云丰等编撰的《郭店楚简简明读本》（全五册）由湖北人民出版社出版。

另外，中共荆门市委党校（市行政学院）、部分中小学也引入郭店楚简经典篇目作为辅助学习内容；艺术工作者创作排练歌舞《简颂》，宣传郭店楚简；一些基于郭店楚简的文创产品相继出现；荆门民间也涌现出了许多郭店楚简书法爱好者。

黄金十年，花开墙内外，花香墙内外。

三、近十五年　暗香浮动（2009—2023）

暗香浮动是一种情调，是一种文化内在沉淀后的外溢，也是一种热火朝天之后的沉静思考的状态。

当一切从曾经盛极一时的惊喜与热闹中沉静下来，学术界开始以更加成熟、严肃、理性且深刻的视角，系统化地审量每一次新的发现与可能。

"任何一批时代较早的出土文献，都会在原始资料公布之后有一个历时较长、由较多相关学者参加的讨论过程。"[1]对于过去的十年，聂中庆以楚简《老子》为例反思道："从某种意义上说对楚简《老子》的研究非但没有结束，而且只是刚刚开始。过去的十年，我们只完成了基础性的研究工作，我们还应该在这个基础上，把研究引向深入。从已有的研究成果来看，有些文章显然缺乏一定的深度，还缺乏对原典的潜心揣摩和总体把握。……我们认为楚简《老子》研究是一项系统工程，涉及很多研究领域。其中包括中国哲学、历史学、文献学、语言文字学、考古学等。想要深入研究楚简《老子》，不但需要研究者有较多的知识储备，而

---

① 陈伟：《楚地出土战国简册合集（一）郭店楚墓竹书》序言，文物出版社，2011年版。

且需要各学科的通力合作。目前我们研究的首要任务仍然是文字的释读，因为这是我们研究的基础。楚简《老子》所使用的文字是战国楚系文字，而目前学界对战国文字的研究，应该说尚处于起步阶段，对楚简中的有些文字还不能释读或不能准确释读。对楚简《老子》中的古今字、异体字、同源字、假借字等问题，目前学界尚无人进行系统的整理研究。对这些问题的研究，不仅需要研究者精通古文字学，而且更多地涉及上古音韵学领域。即使我们掌握了以上知识，问题还远远没有结束。我们还需要理解和体悟老子的哲学，在某种意义上说，后者比前者更困难。"

黄金十年之后，新的研究成果更加沉稳，更加缜密，更加健硕。

2009年9月，武汉大学陈伟教授主编的《楚地出土战国简册（十四种）》由经济科学出版社出版。

2011年11月，武汉大学简帛研究中心与荆门市博物馆联合编著（陈伟、彭浩主编）的《楚地出土战国简册合集》之《郭店楚墓竹书》由文物出版社出版。该书是2003年底立项的教育部哲学社会科学研究重大课题攻关项目"楚简综合整理与研究"系列成果之一。书稿的撰写，以普遍得到改善的竹简图像，尤其是多批红外影像为基础，吸纳海内外学者数十年的研究成果，并融入课题组成员各自探究和相互切磋的心得，在十四种简册资料的文本复原和内涵揭示方面，取得了大量、重要的进展。在研究方法上，恪守学术规范，遵循古文字学、文献学、历史学等学科规律；审慎对待原整理者在简号、简序、分篇方面的处理意见，比较好地保持了新、旧整理本之间的连贯性；在简册图像处理上，首次大量应用红外成像技术和数码图像技术，武汉大学简帛研究中心开发的"楚简字形、辞例数据库"也得到充分运用。从此，郭店楚简的研究站在了新的起跑线上，开始了新的征程。

陈伟教授在序言中说："简牍整理和研究，需要面对种种全新的问题，极富挑战性，是一个充满艰辛和兴味的学术领域。我们曾说过，任何一批时代较早的出土文献，都会在原始资料公布之后有一个历时较长、由较多相关学者参加的讨论过程，才能在文本复原和内涵阐释上，达到较高的水平，形成大致的共识。对于用古文字写成的先秦竹简资料来说，由于文字辨识和简序排定上的难度，尤其如此。那种毕其功于一役的愿望或期待，是很不切实际的。"

在《郭店竹书别释》一书的绪言《文本复原是一项长期艰巨的工作》中，陈伟教授写道："学术研究的生命力在于求真出新。我们所说的文本复原，就是要使得出土资料在经过悉心整理之后，尽可能恢复到当初著作或者流传时的状况，即求得文本的真实面目。……具体说到郭店楚简文本复原的问题，似乎存在于先秦时代以竹简形态保存的出土资料整理的所有环节，即识字、句读、编连、分篇等各个方面。……可以设想，文本复原中的问题，有的经过一段时间的讨论，就会在学界形成一致或倾向性的看法；有的也许将在很长时期内存在不同见解的相持。无论如何，依靠相关研究者的独立钻研和相互切磋，经过较长时期艰苦细致的工作，反复探索，不断改进，应该可以在最大程度上恢复郭店楚简文本的原貌。"

2010 年，中国三峡出版社出版荆门本土学者涂宗流著作《德之华：郭店楚简儒书研究》和李柏武、石鸣著作《郭店楚简》。

2017 年 7 月，天津师范大学刘传宾《郭店竹简文本研究综论》（全二册）由上海古籍出版社出版。该书是对郭店竹简相关研究的一次系统总结，作者广泛搜集材料，梳理取舍各家意见，从郭店一号墓的年代与墓主问题、形制特点与古书体例、编连与拼合研究、郭店竹简文字研究、文献对比等研究五个方面对郭店竹简文本研究情况作了全面的总结和回顾。既体现了郭店竹简研究的精义，也完整展现出学术研究发展的脉络。

近几年来，大陆和台湾的一些民间青年学者以极高的热情、从非传统的维度参与郭店楚简研究，陕西的张勇和台湾的殷正淯就是其中的佼佼者，他们的研究成果，有新颖的视角，有独到的见解，有逻辑体系，体现出了比较专业的学术素养。

目前，郭店楚简在出土后即完成基础影像采集，大部分收藏于荆门市博物馆恒温恒湿柜中。2017 年，荆门市博物馆委托专家完成对郭店楚简的复制，制作了 2 000 多枚竹简复制品，这将为荆门市博物馆新馆和全国文物巡展提供支撑，为郭店楚简的展示和利用提供了宝贵素材。

由于竹简上的墨迹极易褪色、脱落，部分竹简上的文字已模糊不清，楚简的保护任务仍然艰巨，同时也会给研究工作带来极大困难。

2018 年，荆门市博物馆委托武汉数文科技有限公司实施郭店竹简多元的高精度数字项目，由武汉大学专家担任项目顾问，为项目实施提供学术和技术指导。这是数字化技术在郭店楚简文物保护中的首次综合运用。

现代科学技术通过数据采集、处理和质检，对郭店楚简的空间和纹理等信息进行采集，获取高精度三维点云、高清纹理影像和高清红外影像；基于高精度三维点云数据，制作楚简的高精度三维素模，基于三维素模和影像信息，制作楚简高精度三维贴图模型、三维虚拟交互和数字拓印成果，并建立了信息管理与综合检索系统、数字信息资源库。

多元的高精度数字成果为郭店楚简的文字研究提供新支撑，郭店楚简信息管理系统的构建为楚简的保护和研究提供平台支持。

蓄势待发，定会更上层楼；暗香浮动，必至花香四溢。

四、未来 N 年　充满期待

郭店楚简出土三十一周年了，如何让这批文明瑰宝更好地融合于时代之中，走近大众、走向世界呢？

我们曾经充满憧憬：

"郭店楚简是历史文化长河中一颗璀璨的明珠……我们应该'身在宝山要识宝'——

"首先，挖掘城市文化底蕴。我们要让市民懂得我们自己拥有的宝贝，不仅仅是知道'郭店楚简'几个字，更多的是了解郭店竹简所蕴含的优良传统文化精神，各个阶层都来关心郭店竹简，提高我们城市的文化品位；

"其次，开发利用，加大向外宣传力度。我们要把它当作文化产业来办，把它推向全国乃至全世界，真正发挥它的社会价值和经济价值。这样我们的荆门市也会成为名副其实的历史文化名城，郭店竹简的价值也会得到更深层次的体现。

"郭店竹简是中国乃至全人类的宝贵财富，自它面世以来，光芒四射，魅力无穷，相信在以后的岁月中，它的影响将会更深远，更为广泛。"[1]

随着时间的流逝，我们的"郭店楚简"似乎并没有如大家所期望的那般走向大众……相反，即便是在学界，也已经渐趋沉寂。甚至在很多人眼中，其小众化程度，已颇有"冷门绝学"的观感。对此，作为曾经发现并仍在守护着这批"古楚遗珍"的文博工作者，我常常陷入深深的思索之中，力图去探寻出路和答案。

学术，尤其是人文社科向度的学术，如果只停留在专家、学者所构成的极小圈子之内，终究是会缺乏生命力的。毕竟，竹简上那些墨迹所承载着的生命经验和历史记忆，仍在静候着能够知、识、悟它们的绵绵瓜瓞们。即便自然科学的基础研究是由"关键的少数"推进的，但其研究成果却将经过有效转化并服务于大众，更遑论本当"以文化人"且经世济民的文、史、哲等通识向度的优秀成果。

---

[1] 郭店楚简研究（国际）中心编：《古墓新知——纪念郭店楚简出土十周年论文专辑》前言，国际炎黄文化出版社，2003 年版。

　　从某种意义上说，郭店楚简中十数份"单篇别行"的古代文献，也正是 2 300 余年前人文社科工作者们的生命经验和智识成果。今天的我们所需要做的，便是遵循习近平总书记的指引——"激活其生命力，把跨越时空、超越国度、富有永恒魅力、具有当代价值的文化精神弘扬起来，让收藏在博物馆里的文物、陈列在广阔大地上的遗产、书写在古籍里的文字都活起来"。

　　过去已去，立足当下，未来可期。

　　谨以此文纪念李学勤、庞朴、任继愈、饶宗颐、刘海章（又名涂宗流）等先生；

　　谨以此文致敬彭浩先生、吴顺清先生；致敬当年发掘清理郭店一号墓的考古工作者们。

出版说明

一、本书文本内容以 1998 年文物出版社《郭店楚墓竹简》为底本；文字释读、句读确定、简序编联及篇名拟定等以 2011 年文物出版社《楚地出土战国简册合集》之《郭店楚墓竹书》（武汉大学简帛研究中心、荆门市博物馆编著）为蓝本。

二、本书编排 13 篇文章，篇名及排列顺序参考 2008 年 3 月国务院批准颁布的《第一批国家珍贵古籍名录》之《汉文珍贵古籍名录》。

三、所谓"复读"，一则因为本书建立在之前专家学者的"一读再读"的基础上；再则本书体例包括单篇释义、文字笺注、阅读链接和阅读延伸等，内容较之前丰富。

四、本书力求对应原简，逐字以现行通行字对应，漏文缺文尽量补齐，误抄倒抄误笔、衍文脱字尽量订正，个别衍文脱字、亡文歧义、难以确定的字句存疑。

五、本书文本中的文字词句，综合各家隶定之后再加注释。异体字、假借字一般直接释读为现行通行字，特殊字（词）作特别注释。

六、简文中原有符号一般不保留。合文、重文等一般直接析书，释文另加标点。

七、异体字、假借字随文注出通行字，写在括号内。因笔画不清、竹简残断或墨迹残褪而不能确定的字，用"……"号表示。夺字或衍字，释文照录，在注释中说明。

八、本书注释一般为词意解读，力求简明。

九、为避免因"先入为主"而影响读者的思路，禁锢受众的思想，本书不作通篇翻译和随文意义解读。

目　录

穷达以时

穷达以时

本篇存竹简15枚，每枚简长26.4厘米，两端削成梯形，有上下两道编线，其间距9.4～9.6厘米。对于15枚竹简的编联，学界各有看法，或认为有缺简影响编联，或认为简序有误。

"穷达以时"两次见于篇中，整理者以此拟作篇名，并指出简文内容与《荀子·宥坐》《孔子家语·在厄》相关，尤其与《韩诗外传》卷七及《说苑·杂言》关于孔子厄于陈蔡之间的记载相关。

本篇围绕贤人的时运与"世""人"的关联而论述，既讲"天人合一"，又"察天人之变"。天是运命之天，由天及人，即为天命；时是"当世"，是"正遇"，是"运命"，是儒家运命论思想的核心概念。文中提出了"天人有分"的观点，认为关系世间困窘显达的，不仅有人，而且有天，天人各有职分、作用和范围。天人之间，作者更看重天的作用。

上古的"天"，是指人的头顶。《说文解字》："天，巅也，至高无上，从一大。"

早期儒学的"天"通常与人的生命、生活相关。由人的头顶往上看是天空，这应该是"天"观念比较早期的含义，而由天空的高远引申出生活于天空中的人——神，这应该是"天"观念的神学化发展。由此，古籍中所谓的"天"，又有了两重意义："一指有人格的神明，一指与地相对的天空。"

关于儒学"天"观念的含义，较为流行的说法有三种，"其一，指人们头顶上苍苍然的天空……这个天，便是天空之天，天地之天，天然之天，属于自然之天。其二，指超自然的至高无上的人格神，它是有意志能创造万物、主宰一切的上帝，也称为帝……这个天，便是皇天之天，天命之天，属于主宰之天……其三，指理而言，以理为事物的客观规律……这个天，便是天道之天，天理之天，属于义理之天"。

本篇的"天"是或有或无的"世"、不可强求的"与"。不同于"不为尧存，不为舜亡"的自然之天，也非创造万物、主宰一切的上帝之天。

"天人有分"的观点，契合早期儒家"天人相分"的思想主张，应该是儒家子思学派的作品，写作年代应早于《荀子》。读者可结合《孟子》"穷则独善其身，达则兼济天下"和《荀子》"天行有常，不为尧存，不为桀亡"等相关论述来梳理阅读。《穷达以时》总字数288个，竹简形制及简文字体与《鲁穆公问子思》篇相同。文本无篇题，现用篇名乃整理者取自篇中之语。"穷达以时"，顾名思义，"穷"即困顿、不得志，"达"为显达、闻达，"时"是时运。即是说，人的困顿或显达，关键在于时运和机遇。本篇论述的中心是天人关系以及对个人"命"的探讨与认识。

中国古代哲学对天人关系的理解大略有两种，即"天人合一"和"天人有分"。"天人合一"指的是天人相通、人与道合，这是中国文化史上长期占主导地位的思想，各大哲学流派殊途同归，追求的最高境界莫过于此。"天人有分"则是说天与人各有其职分，各具其道，各行其道。毫无疑问，"天人合一"是早期儒家学说的基本理论，以往学术界的认知是直到战国晚期才由荀子明确提出"天人有分"。而郭店楚简《穷达以时》的发现则证实，至迟在战国中期，儒家已有"天人有分"思想的系统论述。

《穷达以时》首句开宗明义："有天有人，天人有分。察天人之分，而知所行矣。"此处的"天"指的是命运之天，在后文论述中具体表现为

"世""时""遇"。其实就是人所生存的社会环境里人、事、物相互作用所产生的应力，各种力量在生灭消长中所合成的态势，尤指能造就出"英雄"的"时势"。简而言之，时世机遇是一种由多项不定因素组成的运行结果。这一理论的诞生与当时的时代背景息息相关。

战国时期社会政治局面变幻莫测，对新崛起的"士"阶层而言，个人的成败得失往往受到多变无常的客观条件影响，如此显见的事实很难不让人思考个人经历与时世的关系，人为什么会困窘或显达，在面对困窘与显达时又应该采取什么态度，由此产生的对"命"与"时"的不同认识就出现在不同文献中。《穷达以时》将影响、改变乃至决定个人成败的外在因素，由原来笼统的、不可知的外在力量，具体化为"世""时""遇"。"有其人，亡其世，虽贤弗行矣""穷达以时""遇不遇，天也"，得失荣辱皆由天命所定，"天"决定了事件发生的先后次序和一个人的人生进程，这些都受制于诸可变因素的相互作用。文中通过舜、姜子牙、管仲、孙叔敖、百里奚等大量圣贤的生平际遇，来佐证"天人有分"这一观点，指出各行其道的"天"（外因）与"人"（内因）两相结合方是荣辱成败的决定性因素。

《穷达以时》在思想上有两点值得注意。一是强调"时"，一是强调"反己"。"穷达以时"的后半句是"德行一也"。篇中列举的历史人物都是拥有智慧或仁德的贤人智者，他们在不同阶段有着不同命运，相同的是始终如一的德行。简文借此表达了面对命运的态度，人们应了解时世与际遇，不可因外界因素动摇对仁德的追求，只有坚持追求德行，才会拥有自由的意志，无论顺境逆境，都能不骄不忧。但尽人力，以伺天命。

人的生命意义和价值实现不在于声名显达或荣华富贵，而在于如何顺应"时""世"，以体现自我的道德价值。"天人有分"的必要性，正是为了认清"天"所赋予的时机和际遇，确定"人"如何配合"世""时""遇"来立身处世。在不同的人生境遇下，最佳选择是坚守德行，如君子，知"天道"，顺"天道"，最终彰显"人道"。

有天有人，天人有分①。察天人之分②，而知所行矣③。有其人，亡其世④，虽贤弗行矣⑤。苟有其世，何难之有哉？

| 注释 |

① 分：区别。或读 fèn，同"份"，职分。下同。

② 察：仔细分辨。

③ 行：趋势，趋向。

④ 亡：同"无"。下同。世：机会，时运。

⑤ 虽：即使。行：成功，达到目的。

舜耕于历山①，陶埏于河浒②，立而为天子，遇尧也。皋陶衣枲褐③，帽绖蒙巾④，释板筑而佐天子⑤，遇武丁也。吕望为臧棘津⑥，守监门棘地⑦，行年七十而屠牛于朝歌⑧，举而为天子师，遇周文也。管夷吾拘囚束缚⑨，释械桎而为诸侯相⑩，遇齐桓也。孙叔三舍期思少司马⑪，出而为令尹⑫，遇楚庄也。百里转鬻五羊⑬，为伯牧牛⑭，释鞭枚而为朝卿⑮，遇秦穆⑯。

| 注释 |

① 历山：一说今山西南部境内的中条山主峰之一，一说今山东菏泽境内历山，一说济南千佛山。

② 陶埏（shān）：和泥制陶。埏：和（huó）泥。参见《老子》"埏埴（zhí）以为器"，《淮南子·泰族训》"埏埴而为器，箭木而为舟"。浒：水边。或读为"浦"。

③ 衣（yì）：穿戴。枲（xǐ）褐：粗麻衣被。枲：花麻，泛指麻。

④ 帽绖（dié）蒙巾：用粗布蒙头。帽：戴帽，蒙头。绖：古时丧服上的麻布带子，系在腰间或戴在头上。

⑤ 板筑：夯土筑墙。

⑥ 臧（zāng）：奴隶，卑贱的职业。棘津：黄河古渡名，在今河南延津东北。

⑦ 监（jiān）门：门隶，守门的仆役。棘地：荆棘丛生之地，形容艰难的境地。

⑧ 行（xíng）年：当时的年龄，或指将到的年龄。朝（zhāo）歌：商武丁时的都城，在今河南鹤壁南部。

⑨ 拘囚：拘禁。束缚：捆绑，戴刑具。

⑩ 械：刑具的总称。柙（xiá）：囚笼，囚车。

⑪ 三舍：数次主动辞去（职务），或数次被免去（职务）。期思少司马：楚国的职官。期思：即期思城，楚大夫居住的地方。参见《荀子·非相》"楚之孙叔敖，期思之鄙人也"，《淮南子·人间训》"孙叔敖决期思之水，而灌雩（yú）娄之野，庄王知其可，以为令尹也"及《吕氏春秋·赞能》，等等。

⑫ 令尹：春秋战国时楚国最高执政官，相当于后世的宰相。

⑬ 鬻（yù）：卖。参见《淮南子·修务训》"百里奚转鬻"。

⑭ 伯：伯氏，姓伯的人家。

⑮ 鞭枚：牛鞭马策。朝卿：朝中大夫。

⑯ 秦穆：即秦穆公。

善否，己也①。穷达以时，德行一也②。誉毁在傍，圣之贼之③。梅伯初醢醢④，后名扬，非其德加⑤。子胥前多功，后戮死，非其智衰也⑥。骥䩱常山⑦，骐穴于嵩棘⑧，非亡体壮也。穷四海，致千里，遇造父也⑨。

注释

① 善否（pǐ）：（时运）好与坏。己也：自己的事。参见《淮南子·人间训》"故善鄙同，诽誉在俗"，《淮南子·缪称训》"故善否，我也；祸福，非我也"。

② "穷达"二句：困窘或显达可能因时而异，品德与行为应该始终如一。

③ "毁誉"二句：诋毁与赞誉伴随，毁誉一个人，或誉之为圣，或毁之为贼。此处原简文为"圣之贼梅之伯"，"梅之"二字疑似误倒抄，"之"后断句，"梅"字归下文。

④ 醓醢（tǎn hǎi）：肉酱。此指古时把人剁成肉酱的酷刑。

⑤ 加：提高，增加。

⑥ "子胥"三句：参见《韩诗外传》卷七"伍子胥前多功，后戮死，非知有盛衰也，前遇阖闾，后遇夫差也"，《说苑·杂言》"非其智益衰也"。

⑦ 骥：千里马的别称。䩱（dí）：马缰绳，作动词，拴住。常山：古籍中指太行山。

⑧ 骐：千里马的别称。穴：受困。嵩棘：嵩草与荆棘。

⑨ 穷：穷尽。造父：周穆王的御马官。

遇不遇，天也。动非为达也①，故穷而不（怨，隐非）为名也，故莫之知而不吝②。芷（兰生于深林，非以无人）嗅而不芳③。瑦瑠瑾瑜覆山石④，不为（人不见而）不理⑤。穷达以时，幽明不再⑥，故君子敦于反己⑦。

注释

① 遇不遇：有机遇或没有机遇。动：行动，拼搏。达：显达。

② 缺文据文意补。怨：埋怨。隐：隐藏，归隐。吝：悔恨，遗憾。

③ 缺文据文意补。参见《荀子·宥坐》"且夫芷兰生于深林，非以无人而不芳"，《韩诗外传》卷七"夫兰生于茂林之中，深山之间，不为人莫见之故不芳"。

④ 璑（wú）：三色玉，质地较差的玉。璐瑾瑜：皆为美玉名。覆：覆盖（于）。

⑤ 缺文据文意补。不理：没有玉石的纹理。

⑥ 幽明：昼夜，岁月；或解为智愚，善恶。

⑦ 敦：注重，重视。反己：反省自己。

阅读链接

舜

姚姓，一作妫姓，号有虞氏，名重华，字都君，上古五帝之一。禹生而重瞳（双瞳孔），孝顺友爱，善于制陶。得到四岳推荐，经过重重考验，得到唐尧的认可与禅位，都于蒲阪（今山西永济），建立有虞国。即位之后，虚怀纳谏，惩罚奸佞，流放四凶（共工、驩兜、三苗、鲧）；任贤使能，百业兴旺 [皋陶（gāo yáo）管理五刑、大禹治理水利、后稷主管农业、契主管五教]，开创了政通人和的局面，成为中原地区最强大的部落联盟首领。《史记》载："舜耕历山，渔雷泽，陶河滨，作什器于寿丘。"他孝顺、勤劳、礼让，人们都愿意追随，因而"一年而所居成聚，二年成邑，三年成都"。晚年听从四岳的安排和建议，禅位于大禹，乘车巡行天下，卒于苍梧郡，葬于九嶷山，谥号为舜，又称帝舜、虞舜、舜帝。

舜帝是中华道德文化的鼻祖。《史记》所载："天下明德，皆自虞舜始。"舜帝文化精神之魂，可称为"德为先，重教化"，成为推动由野蛮走向文明的历史转捩（liè）时期的重要推手，成为中华文化三座里程碑之一。

尧

即唐尧、帝尧，帝喾之子，祁姓，名放勋，初居于陶，后迁居唐，故称陶唐氏，又称"伊祁氏""伊耆氏"，上古五帝之一。尧代帝挚为天子，都平阳。在万国争雄的乱世，他团结亲族，联合友邦，征讨四夷，统一了华夏诸族，被推举为部落万国联盟首领。帝尧在主政期间，派神箭手大羿射日，派鲧治水，并且制定历法，推广农耕，整饬百官。尧不以天子之位为私有，经四岳举荐并反复考察，禅帝位于舜。后病逝于雷泽（今山东菏泽），安葬于谷林（今山东鄄城），谥号为尧，被司马迁视为"最理想的君主"。

皋陶

亦作"咎繇"，偃姓，少皞氏支裔，传说中东夷族首领，尧、舜两代大臣，是与尧、舜、禹齐名的"上古四圣"之一，被奉为中国司法鼻祖。最新考古发现皋陶后代封国为蓼（liǎo）国。

武丁

姓子，名昭，庙号高宗，商朝第 23 位国王。商王盘庚之侄，商王小乙之子。武丁在位时期，曾攻打鬼方，并任用贤臣傅说为相，妻子妇好为将军，商朝再度强盛，史称"武丁中兴"。

吕望

即吕尚，字子牙，别号"飞熊"，商末周初军事家、政治家、韬略家，周朝开国元勋，民间称之为"姜太公"，尊为"百家宗师"。

传说姜子牙垂钓于渭水之滨，遇见西伯侯姬昌，拜为太师，辅佐姬昌（周文王）建立霸业。周武王即位后，尊为"师尚父"，成为周国军事统帅；佐武王灭商纣，建立周朝，封为齐侯；助周公旦平内乱，开疆扩土，成就成康之治。

管夷吾

即管子，字仲，春秋时期法家代表人物。被誉为"法家先驱""圣人之师""华夏第一相"。管仲被鲍叔牙举荐为相，齐桓公称之为"仲父"。辅佐齐桓公成为春秋第一个霸主。

齐桓

即齐桓公，姜姓，吕氏，名小白，春秋时期齐国第 15 位国君。齐国内乱后，齐桓公继国君位，任管仲为相，齐国逐渐强盛，成为春秋五霸之首。

孙叔敖

芈（mǐ）姓，蒍（wěi）氏，名敖，字孙叔。春秋时期楚国令尹。孙叔敖辅佐楚庄王施教导民，止戈休武，宽刑缓政，休养生息，发展经济，政绩赫然。孙叔敖后官拜令尹，辅佐庄王独霸南方，楚庄王成为春秋五霸之一。

楚庄

即楚庄王，别名"熊旅"，又称"荆庄王"，芈姓，熊氏，名旅，楚穆王之子，春秋时期楚国国君，春秋五霸之一。有"不鸣则已，一鸣惊人"的典故。

百里

即百里奚，姜姓，百里氏，名奚，字里，春秋虞国人，又称"五羖大夫"。百里奚初为虞国大夫，后入秦做大夫，成为秦穆公的贤臣，在主持秦国国政期间，辅佐秦穆公倡导文明教化，内修国政，外图霸业，开地千里，称霸西戎，开始秦国的崛起。

秦穆

即秦穆公，名任好，谥号穆，春秋时期秦国国君，秦德公之子，秦宣公、秦成公之弟，被《史记索隐》等书认定为春秋五霸之一。

梅伯

商朝的诸侯，商朝司徒，赠太师，是上古圣君商汤的子姓子孙。商朝末年直臣，纣王时在朝任卿士。他为人正直敢言，见纣王荒淫无道，多次进谏，最后受刑，肉焦骨碎。

子胥

即伍子胥。名员，春秋楚国乾溪人，著名军事家。以功封于申，故也称"申胥"。伍子胥的父亲伍奢为楚国太子太傅，因遭费无忌谗害，与长子伍尚一同被楚平王杀害，伍子胥过昭关至吴国，成为吴王阖闾重臣，后带兵破楚，掘楚平王墓，鞭尸三百。后因遭诬陷，被吴王夫差赐死。九年后，吴国为越所灭。

造父

嬴姓，赵氏始祖。造父祖先大费（伯益）为白帝少昊裔孙，伯益被帝舜赐姓嬴，造父为伯益的十四世孙。传说造父为助周穆王平徐偃王乱，驭八匹千里马载周穆王，自中原昆仑丘西王母处返回，一日千里。后造父以此功受封赵城。造父与周穆王的岁数相近，都爱收养天下名马，擅长狩猎。周穆王封造父为御马官，专管天子车舆。

| 阅读延伸 |

子思

子思（前483年—前402年），姓孔，名伋，鲁国人，孔子的嫡孙、孔子之子孔鲤的儿子。作为春秋时期著名的思想家，孔伋受教于孔子的高足曾子（曾参），孔子的思想学说经曾参传子思，子思的门人再传孟子。后人把子思、孟子并称为思孟学派，因而子思上承曾参，下启孟子，在孔孟"道统"的传承中有重要地位。《史记·孟子荀卿列传》称孟子求学于子思的门人，《孟子题辞》则称孟子是子思的学生。

子思在儒家学派的发展史上占有重要的地位，他上承孔子中庸之学，下开孟子心性之论，并由此对宋代理学产生了重要而积极的影响。北宋徽宗年间，子思被追封为"沂水侯"；元明宗至顺元年（1330年），又被追封为"述圣公"，后人由此而尊他为"述圣"。

孟子

孟子（约前372年—前289年），姬姓，孟氏，名轲，字子舆（待考，一说字子车、子居），与孔子并称"孔孟"，鲁国邹（今山东邹城东南）人。战国时期儒家思想代表人物之一，中国古代思想家、哲学家、政治家、教育家。孟子在人性方面，主张性善论，以为人生来就具备仁、义、礼、智四种品德。人可以通过内省去保持和扩充它，否则将会丧失这些善的品质，所以人们应该重视内省的作用。

孟子突出仁政、王道的理论。仁政就是对人民"省刑罚，薄税敛"。

强调发展农业，体恤民众，关注民生。提出民贵君轻的主张，认为"诸侯之宝三，土地、人民、政事"。在价值观方面，他强调舍生取义，"生，亦我所欲也；义，亦我所欲也。二者不可得兼，舍生而取义者也"。强调要以"礼义"来约束自己的一言一行，不能为优越的物质条件而放弃礼义，"万钟则不辨礼义而受之，万钟于我何加焉！"

荀子

荀子（约前313年—前238年），名况，字卿（一说时人相尊而号为"卿"），两汉时因避汉宣帝询名讳称孙卿。战国晚期赵国人，思想家、哲学家、教育家、儒家学派的代表人物，先秦时代百家争鸣的集大成者。

荀子所著《荀子》，又名《荀卿子》，强调"礼"在社会中的规范作用。"礼"不仅是一个人人生的最高准则，而且也是治理国家的最高准则。其次，荀子反对孟子的性善论，首倡性恶论。认为人的道德品质是后天形成的，是环境影响和教育的结果，因此更加注重后天教育的重要性。荀子还是一位杰出的唯物主义思想家，其言"天行有常"，不信鬼神，提出了"制天命而用之"和"人定胜天"的命题。对于荀子而言，宇宙存在着不以人们意志为转移的规律，人可以利用自然、改造自然。

革命

缁衣

　　《缁衣》是郭店楚简中唯一一篇有传世本的儒家文献。存简 47 枚，保存完好，总字数 1 153 个。竹简两端均削成梯形，简长 32.5 厘米，残存编连线痕两道，其间距约 13 厘米。单简字数约在 24 字左右，最多 31 字，字迹清晰。

　　本篇有方形墨块 23 个，为分章标记，与篇尾所署"二十又三"之数相合。篇题系整理者据今本《礼记·缁衣》拟加。上海博物馆藏简也有《缁衣》篇，不分章，内容与本篇大体相似。

　　本篇着笔于个体的志趣喜好和举止德行取向，主要议论君臣关系、理政之术，君民关系、治国之理，刑罚教化、御民之道；延展论及君子交友行事之道，常人为人处世之道。

　　"缁衣"本指黑色布帛缝制的朝服，又指《诗经·郑风·缁衣》。篇名作《缁衣》，一则因为文中开头即引用了《诗经·郑风·缁衣》；二则缁衣为卿大夫的制服，在常人看来，穿着缁衣的人多为"贤美"之士，这与文章议题取向基本契合。

　　本篇行文，多先记孔子言论，再引《诗》《书》《易》等经文作补充旁证。今本《礼记·缁衣》常将"子曰"后面的文字全部归于孔子原述，所引经文部分再用单引号标注，形成孔子自叙自引、自说自证式的语录体例。郭店简本《缁衣》与《礼记·缁衣》章数、章序及字句叙述等有所不同，但内容大致相和，结构体例基本相同，每章末所引经文呼应"子曰"，但呼应未必到位，引文所述未必完全符合孔子原作旨意，所以下文将孔子言论（"子曰"部分）与引述的经文部分分开标注，算是"旁证'子曰'"。

本篇无传世本第一章（即"子言子"章），全篇始于传世本第二章，即"夫子曰：'好美如好《缁衣》，恶恶如恶《巷伯》'"，首句含"缁衣"二字。篇名取于全篇首章首句的一词，乃古书通例；而《缁衣》篇末又记全篇章数"二十又三"，首尾完整，中无残简，实是郭店楚简中极为完整的一篇文献。

传世本《缁衣》为《礼记》中的一篇，共二十五章，本篇只有二十三章，章序也与《礼记·缁衣》有着明显不同。经对读研究，不难发现本篇文辞简约，传世本则相对详明，且有解释、疏通说明简本文字的特点，这应该是传世本《缁衣》成书晚于简本的痕迹。另外，与本篇内容基本相同的上博简《缁衣》的发现，也验证了简本《缁衣》的文本在战国中期已基本定型，传世本《缁衣》应是较为晚后的文本。但也有学者持审慎态度，基于目前所见到的简本《缁衣》均为楚地流传版本，北方诸国所传版本状况尚不得而知，认为传世本《缁衣》也有可能非楚地所传，存在差异也并无不可。因此主张将传世本与两种竹简本视为不同的版本系统。

由本篇出土引发的关于《礼记》成书问题的再考察是研究的热点之一，而对其所作的文献学分析，也有助于先秦礼学与孔子传礼之说等若干问题的研究探讨。孔子尊崇礼教，儒家经典对各式各样的礼制多有记载，《缁衣》也不例外。

所谓"缁衣"，典出《诗经·郑风·缁衣》。缁衣是黑色的朝服，旧说这是一首赞美郑武公的诗，是一首"好贤"的诗。所以本篇开篇引孔子言"好美如好《缁衣》"，即是说要像《缁衣》诗中所说的那样去尊敬贤人。一如首章体例，本篇各章均始于孔子之说，终于《诗》《书》的引证，主要探讨为君之道，如何处理君臣之间、君民之间的关系，并以君民关系为讨论重点。另外，还对政与教、刑与罚的关系进行了论辩，对君子交友之道进行了深入阐述。

关于为君之道，本篇重点探讨了君王的好恶和言行，提出君王应"好美恶恶，明章是好"，且应"慎言"的思想主张；关于君臣关系，该篇认为君主为政应该做到君不疑，臣不惑，并给出了许多具体的方法和建议，如"亲贤臣而远小人""君不与小谋大，则大臣不怨"等，同时，也指出臣子应该怎么做，才能使君王无枉用，人尽其才；关于君民关系，本篇主要探讨君不劳、民不惑，君民一体、为民表率，重德治、礼治，慈爱人民的道理，提出了"民以君为心，君以民为体"的重要思想。

由此可见，无论是讲君子的言行、君臣关系、君民关系，还是讲君子交友之道，本篇与《论语》《孟子》思想主张都很一致，与孔子倡导的仁学思想是一脉相承的。

夫子曰："好美如好《缁衣》①，恶恶如恶《巷伯》②，则民咸服而刑不顿③。"《诗》④云："仪刑文王⑤，万邦作孚⑥。"

| 注释 |

① 好（hào）：喜欢，下同。美：贤善的（人、物）。缁衣：黑色的衣服，古代卿大夫到官署所穿的制服，这里指着黑色制服的人。《缁衣》见于《诗经·郑风》。

② 恶（wù）：厌恶，下同。恶（è）：不好的（人、物）。巷伯：奸佞之人。《巷伯》见于《诗经·小雅》。

③ 咸：简文原字隶定为"臧"，美善、称赞之意，现从文意分析，疑为"咸"字之误，"全，都"之意。服：顺从。刑：法度。顿：

整理、调整。

④《诗》：指《诗经·大雅·文王》。

⑤ 仪：像。刑：法。仪刑：效法，做楷模。文王：即周文王。

⑥ 万邦：指天下。作孚：信服，信从。

子曰："有国者彰好彰恶①，以视民厚②，则民情不忒③。"《诗》④云："靖恭尔位⑤，好是正直⑥。"

| 注释 |

① 彰：彰显，宣扬。

② 视：通"示"，展现。厚：淳厚。

③ 忒：差错，疑惑。

④《诗》：指《诗经·小雅·小明》。

⑤ 靖：安宁，专心。恭：敬守。

⑥ 好（hào）：喜欢。是：如此，这样的。

子曰："为上可望而知也①，为下可类而识也②，则君不疑其臣③，臣不惑于君④。"《诗》⑤云："淑人君子⑥，其仪不忒⑦。"《尹诰》⑧云："唯伊尹及汤⑨，咸有一德⑩。"

| 注释 |

① 为上：指君王。望：观察，察看。知：了解。

② 为下：指臣子。类：类比，类推。识：识别，了解。

③ 疑：猜疑，怀疑。

④ 惑：与"疑"对读，猜疑，怀疑。

⑤《诗》：指《诗经·曹风·鸤鸠》。

⑥ 淑人：贤淑善良的人。

⑦ 仪：仪态，仪表。忒：差错，差池。

⑧ 《尹诰》：即《伊尹之诰》，佚书。

⑨ 伊尹：商朝名师贤相。汤：商朝开国君主。

⑩ 咸：都。一：一德不二，专一不变。

子曰："上人疑，则百姓惑①；下难知，则君长劳②。故君民者，章好以示民欲③，谨恶以御民淫④，则民不惑。臣事君，言其所不能，不辞其所能，则君不劳⑤。"《大雅》⑥云："上帝板板⑦，下民卒瘅⑧。"《小雅》⑨云："非其止之，共唯王邛⑩。"

| 注释 |

① 疑：多疑，喜怒无常，好恶不定。惑：茫然，不知所措。

② 知：识别，了解。长（cháng）：持续。劳：劳累。

③ 君民：统治民众。章：同"彰"，彰显，表彰。好：良善。示：导引，昭示。民欲：民众的意愿，民众的诉求。

④ 谨：严防、严禁。御：防止、节制。淫：过分的欲望。

⑤ 言：告知，说明。辞：隐瞒，推脱。参见《孟子·万章下》"为贫者，辞尊居卑，辞富居贫"。劳：劳累。

⑥ 《大雅》：指《诗经·大雅·板》。

⑦ 上帝：借指君王。板板：乖戾，反复无常。

⑧ 卒：尽。瘅（dǎn）：劳病。

⑨ 《小雅》：指《诗经·小雅·巧言》。

⑩ 非其止之，共唯王邛（qióng）：疑读为"非其止共，唯王之邛"。止：尽职守。共：通"恭"，勤勉恭敬。唯：句首虚词。邛：劳病、忧病。

子曰："民以君为心，君以民为体。心好则体安之，君好则民欲之^①。故心以体废，君以民亡。"《诗》^②云："谁秉国成^③，不自为正^④，卒劳百姓^⑤。"《君牙》^⑥云："日暑雨^⑦，小民唯日怨^⑧；晋冬祁沧^⑨，小民亦唯日怨。"

| 注释 |

① "子曰"句：参见《春秋繁露·为人者天》："君者民之心也，民者君之体也。心之所好，体必安之；君之所好，民必从之。"欲：喜爱，景仰。

②《诗》：指《诗经·小雅·节南山》。

③ 秉：执掌。国成：国家政务的权柄。

④ 不自为正：即"自不为正"，自己不能行为端正行事公允。

⑤ 卒：终究。劳：劳累，辛劳。

⑥《君牙》：《尚书》佚篇名。

⑦ 日：夏日。暑雨：暑热多雨。

⑧ 日怨：天天抱怨，解"日"为"每日""天天"，作状语；或解为"怨日"，"日"解为太阳，引申为老天，作宾语。下同。

⑨ 晋：进。祁沧：极寒，严寒。

子曰："上好仁，则下之为仁也争先^①。故长民者^②，章志以昭百姓^③，则民致行己以悦上^④。"《诗》^⑤云："有觉德行^⑥，四方顺之^⑦。"

| 注释 |

① 好（hào）仁：崇尚"仁"。为仁：践行"仁"。

② 长（zhǎng）：同"掌"，统领，治理。

③ 章：同"彰"，彰显。昭：昭告，昭示。

④ 致：又，相应地。行己：立身行事。悦上：取悦于上。

⑤ 《诗》：指《诗经·大雅·抑》。

⑥ 觉（jué）：贤智，宏大而正直的。参见《诗经·小雅·斯干》"有觉其楹"，《左传·襄二十一年》"夫子觉者也"。

⑦ 顺：归顺。

子曰："禹立三年①，百姓以仁道②，岂必尽仁③？"《诗》④云："成王之孚⑤，下土之式⑥。"《吕刑》⑦云："一人有庆⑧，万民赖之⑨。"

| 注释 |

① 禹立：大禹即位。

② 道：被称道。

③ 必：一定。尽：完全，全部。

④ 《诗》：指《诗经·大雅·下武》。

⑤ 成王：周成王。孚：令人信服。

⑥ 下土：天下百姓。式：范式，模范。

⑦ 《吕刑》：又作《甫刑》，《尚书·周书》篇名，内容记录西周刑罚，由吕侯受命而作，故名《吕刑》。

⑧ 庆：福运、福气。

⑨ 赖：仰仗，依靠。

子曰："下之事上也①，不从其所以命，而从其所行②。上好此物也③，下必有甚焉者矣④，故上之好恶，不可不慎也，民之表也⑤。"

《诗》^⑥云："赫赫师尹^⑦，民俱尔瞻^⑧。"

注释

① 事：侍奉。

② 从：听从，遵从。命：命令。行：行动。

③ 此物：泛指个人爱好。

④ 甚：超过。焉：语气词，相当于"之"。

⑤ 表：表率。

⑥ 《诗》：指《诗经·小雅·节南山》。

⑦ 赫赫：显赫的。师尹：周太师尹氏，也泛指各属官首长。

⑧ 尔：通"迩"，亲近。瞻：向上看，崇拜。

子曰："长民者衣服不改^①，从容有常^②，则民德一^③。"《诗》^④云："其容不改^⑤，出言有慎^⑥，黎民所信^⑦。"

注释

① 长（zhǎng）：同"掌"，统治，治理。衣服：衣裳，服饰。改：偏离（规制）。

② 常：既定的规矩。

③ 一：始终不改，专一不变。

④ 《诗》：指《诗经·小雅·都人士》。

⑤ 容：仪态。

⑥ 有：词缀，无实义。慎：谨慎。

⑦ 所：结构助词，无实义。黎：众多。黎民：庶民，泛指普通平民。
信：信从。

子曰："大人不亲其所贤，而信其所贱①。教此以失，民此以烦②。"《诗》云："彼求我则，如不我得③。执我仇仇④，亦不我力⑤。"《君陈》⑥云："未见圣，如其弗克见⑦；我既见，我弗由圣⑧。"

| 注释 |

① 亲：与"信"对应，亲近，信任。所：结构助词，无实义。贱：与"贤"对应，德行低下的人。

② 失：背离。烦：纷乱。参见《国语·楚语上》"若民烦，可教训"。

③ 则：语末助词。如不我得：即"如不得我"，生怕得不到我。

④ 执：对待。仇仇：倨傲。

⑤ 力：任用，重用。不我力：宾语前置句，即"不力我"，不重用我。

⑥ 《君陈》：《尚书》篇名。

⑦ 如：如同，好像。克：能。

⑧ 由：尊崇。

子曰："大臣之不亲也，则忠敬不足，而富贵已过也①。邦家之不宁也，则大臣不治②，而亵臣托也③。此以大臣不可不敬，民之蕝也④。故君不与小谋大⑤，则大臣不怨。"祭公之顾命云⑥："毋以小谋败大图⑦，毋以卑御息庄后⑧，毋以卑士息大夫、卿、士⑨。"

| 注释 |

① 过：僭越，超过。

② 邦家：国家。宁：安宁。治：执政管事。

③ 亵臣：奸佞之臣。托：受重用。

④ 蕝（jué）：古时演习朝会礼仪时标志位次的茅束，标志，表率。

⑤ 小：小臣。大：大事。

⑥ 祭（zhài）公：名谋父（fǔ），周公旦的后人。顾命：遗言。

⑦ 谋：计谋，计策。图：计划、规划。

⑧ 卑御：地位低下的宠妾。息：疏远、厌弃。庄后：名正言顺的后妃。

⑨ 卑士：内宫的近侍小臣。

子曰："长民者教之以德①，齐之以礼②，则民有劝心③；教之以政④，齐之以刑⑤，则民有免心⑥。故慈以爱之，则民有亲；信以结之⑦，则民不悖⑧；恭以莅之⑨，则民有逊心⑩。"《诗》⑪云："吾大夫恭且俭，靡人不敛⑫。"《吕刑》云："（苗民）非用晋⑬，制以刑⑭，惟作五虐之刑曰法⑮。"

| 注释 |

① 长（zhǎng）：同"掌"，统治，治理。

② 齐：约束。

③ 劝：通"欢"，喜乐。参见《韩非子·八奸》"处约言事，事成则进爵益禄，以劝其心，使犯其主"。

④ 政：政令。

⑤ 刑：刑罚。

⑥ 免：通"勉"，努力，勤勉。参见《荀子·王制》"使百吏免尽而众庶不偷，冢宰之事也"，《吕氏春秋·辩士》"免耕杀匿，使农事得"。

⑦ 结：结交，笼络。

⑧ 悖：背叛。

⑨ 莅：结交，笼络。

⑩ 逊：归顺，顺从。

⑪ 《诗》：引文不见于传世本《诗经》，当为佚诗。

⑫ 靡：无。敛：节制，收敛。

⑬ 苗民：指三苗部落，原住在长江中游。缺文据文意补。非用：不施行。晋：中正完善（之法）。

⑭ 制以刑：以刑罚来管束。制：管束，用强力约束。

⑮ 惟：发语词。作：制定。五虐：古时指大辟、割鼻、断耳、宫、黥（qíng）五种酷刑。

子曰："政之不行①，教之不成也②，则刑罚不足耻③，而爵不足劝也④。故上不可以亵刑而轻爵⑤。"《康诰》⑥云："敬明乃罚⑦。"《吕刑》云："播刑之迪⑧。"

| 注释 |

① 政：政令。行：推行。

② 教：教化。成：实施。

③ 不足耻：不足以使人感到耻辱。

④ 爵：官位，爵位。不足劝：不足以使人勤勉上进。

⑤ 上：统治者。亵刑：滥用刑罚。轻爵：轻易赐予官爵。

⑥ 《康诰》：《尚书·周书》的篇名，内容为西周早期周武王姬发在其同母弟康叔受封时对康叔的诫勉言辞。

⑦ 敬明：谨慎严明。乃：第二人称代词，你，你的。罚：刑罚。

⑧ 播：宣讲，传布。迪：道，道理。

子曰："王言如丝，其出如纶①；王言如索②，其出如绋③。故大人不倡流④。"《诗》⑤云："慎尔出话⑥，敬尔威仪⑦。"

注释

① 缗（mín）：串铜钱的细绳。

② 索：大绳子。

③ 綍（fú）：同"绋"，引棺的大索，比"索"更加粗长。

④ 倡：宣扬，传布。流：虚浮不实之词。

⑤《诗》：指《诗经·大雅·抑》。

⑥ 慎：谨慎，小心。尔：你，你的。出话：说话，讲话。

⑦ 敬：严肃、庄重。威仪：仪态举止。

子曰："可言，不可行，君子弗言①；可行，不可言，君子不行。则民言不危行，（行）不危言②。"《诗》③云："淑慎尔止④，不愆于仪⑤。"

注释

① 可：可以，能够。不可：不值得，不应该。

② 危：高，高于。言不危行：言不高于行，即言行一致。或据清王引之《经义述闻·礼记下》，将"危"读为"诡"，违背，背反。漏字据文意补。

③《诗》：指《诗经·大雅·抑》。

④ 淑：善良，美好。止：行为举止。

⑤ 愆（qiān）：违背，损。仪：礼仪。

子曰："君子道人以言①，而极以行②。故言则虑其所终③，行则稽其所敝④，则民慎于言而谨于行。"《诗》⑤云："穆穆文王⑥，於缉熙敬止⑦。"

27

注释

① 道：同"导"，引导。

② 极：谨慎。行：行动。

③ 终：结果。

④ 稽：盘算，核查。敝：同"弊"，弊端。

⑤《诗》：指《诗经·大雅·文王》。

⑥ 穆穆：深厚广博。文王：指周文王。

⑦ 於（wū）：叹词。缉熙：光明。敬止：敬慎。"止"是语气助词。敬止，或释为"敬仰之"。

子曰："言从行之，则行不可匿①，故君子顾言而行②，以成其信，则民不能大其美而小其恶③。"《大雅》④云："白珪之石，尚可磨也；此言之玷⑤，不可为也⑥。"《小雅》⑦云："允也君子⑧，展也大成⑨。"《君奭》⑩云："昔在上帝⑪，割申观文王德⑫，其集大命于厥身⑬。"

注释

① 言从：即"从言"。从：遵循，按照。匿：掩饰。

② 顾：反复考虑。

③ 大：夸大，放大。小：缩小，忽略。

④《大雅》：指《诗经·大雅·抑》。

⑤ 玷（diàn）：白玉上的斑点。

⑥ 为：消除。

⑦《小雅》：指《诗经·小雅·车攻》。

⑧ 允：诚信。

⑨ 展：诚然，的确。成：成功、成就。

⑩《君奭（shì）》：《尚书·周书》篇名。奭为周召公之名，篇章内
　容为西周早期周公旦劝勉周召公的言辞。

⑪ 在：通"哉"，语气助词。上帝：借指君王。

⑫ 割：分开，分别；或解为"分割，割地"。申：一再，反复；或
　解为"西周诸侯国名"。观：观察，考察。

⑬ 大命：天命。厥：其。

　　子曰："君子言有物，行有格①，此以生不可夺志②，死不可夺名。
故君子多闻③，齐而守之④；多志，齐而新之⑤；精知，略而行之⑥。"
《诗》⑦云："淑人君子，其仪一也⑧。"《君陈》⑨云："出入自尔师⑩，
于庶言同⑪。"

| 注释 |

① 物：实际内容。格：规矩。

② 夺：动摇，更改。志：志向，志愿。

③ 多闻：广泛听取意见。

④ 齐：揣度，斟酌。守：遵照，恪守。

⑤ 多志：即"多识"，多结识，广泛与人交往。新：使之新，创新，
　更新。

⑥ 精知：深入了解。略：谋划、计划。

⑦《诗》：指《诗经·曹风·鸤鸠》。

⑧ 仪：举止仪态。一：纯，专，纯一不二。

⑨《君陈》：《尚书》篇名。

⑩ 师：众，众人。

⑪ 于庶言同：即"与庶言同"。庶：众，众人。言同：意见一致。

子曰："苟有车，必见其辙①；苟有衣，必见其蔽②。人苟有言，必闻其声；苟有行，必见其成③。"《诗》④云："服之亡斁⑤。"

| 注释 |

① 辙：车轮碾出的痕迹。

② 蔽：遮蔽。

③ 成：结果。

④ 《诗》：指《诗经·周南·葛覃》。

⑤ 服：穿（衣服）。斁（yì）：厌烦，厌弃。

子曰："私惠不怀德①，君子不自留焉②。"《诗》③云："人之好我④，旨我周行⑤。"

| 注释 |

① 私惠：私自的馈赠，私下的恩惠。怀德：感念恩德。

② 留：接受。焉：语气助词。

③ 《诗》：指《诗经·小雅·鹿鸣》。

④ 好（hào）：喜欢，喜爱。好我：对我友善。

⑤ 旨：同"指"，指引，指示。周行（háng）：大道，比喻道理、正理。

子曰："唯君子能好其匹①，小人岂能好其匹？故君子之友也有乡②，其恶也有方③。此以迩者不惑，而远者不疑④。"《诗》⑤云："君子好述⑥。"

| 注释 |

① 好（hào）：喜欢，欣赏。匹：匹配，志同道合。

② 乡：准则，选择。

③ 恶（wù）：厌恶。方：准则，选择。

④ 此以：所以，因此。迩：靠近的。惑：迷惑。远：疏离的。疑：猜疑。

⑤《诗》：指《诗经·周南·关雎》。

⑥ 好（hǎo）逑：理想的配偶。或解为"好（hào）逑"，乐意追求。

子曰："轻绝贫贱，而厚绝富贵①，则好仁不坚②，而恶恶不著也③。人虽曰不利④，吾弗信之矣。"《诗》⑤云："朋友攸摄，摄以威仪⑥。"

| 注释 |

① 轻绝：轻率断绝（交往）。厚：慎重，不轻率。

② 好（hào）：喜欢，喜爱。仁：好人。坚：坚定，不改变。

③ 恶（wù）：厌恶。（后一个）恶（è）：不好的（人、物）。著：显著，明显。

④ 不利：没有利益考量。

⑤《诗》：指《诗经·大雅·既醉》。

⑥ 攸：语气助词，相当于"所"。摄：辅佐，帮助，这里指帮助祭礼。威仪：这里指祭祀的仪式。

子曰："宋人有言曰①：'人而亡恒，不可为卜筮也②。'其古之遗言欤③？龟筮犹弗知④，而况于人乎？"《诗》⑤云："我龟既厌⑥，不我告犹⑦。"

| 注释 |

① 宋人：殷商后裔，殷人好卜。

② 亡恒：没有恒心。卜筮：占（zhān）卜。用龟甲占卜叫卜，用蓍（shī）

草占卜叫筮。

③ 欤：疑问助词。

④ 龟筮：卜筮。

⑤ 《诗》：指《诗经·小雅·小旻》。

⑥ 龟：龟卜。既：已经。厌：厌烦。

⑦ 犹：再。参阅成语"龟厌不告"，过度龟卜，致使龟灵不再显吉凶。

二十又三①

① 本篇有二十三章。

| 阅读链接 |

礼记·缁衣

子言之曰："为上易事也，为下易知也，则刑不烦矣。"

子曰："好贤如《缁衣》，恶恶如《巷伯》，则爵不渎而民作愿，刑不试而民咸服。"《大雅》曰："仪刑文王，万国作孚。"

子曰："夫民，教之以德，齐之以礼，则民有格心；教之以政，齐之以刑，则民有遁心。故君民者，子以爱之，则民亲之；信以结之，则民不倍；恭以莅之，则民有孙心。《甫刑》曰：'苗民匪用命，制以刑，惟作五虐之刑曰法。'是以民有恶德，而遂绝其世也。"

子曰："下之事上也，不从其所令，从其所行。上好是物，下必有甚者矣。故上之所好恶，不可不慎也，是民之表也。"

子曰："禹立三年，百姓以仁遂焉，岂必尽仁？"《诗》云："赫赫师尹，民具尔瞻。"《甫刑》曰："一人有庆，兆民赖之。"《大雅》曰："成王之孚，下土之式。"

子曰:"上好仁,则下之为仁争先人。故长民者章志、贞教、尊仁,以子爱百姓,民致行己以说其上矣。"《诗》云:"有梏德行,四国顺之。"

子曰:"王言如丝,其出如纶;王言如纶,其出如绰。故大人不倡游言。可言也,不可行,君子弗言也;可行也,不可言,君子弗行也。则民言不危行,而行不危言矣。"《诗》云:"淑慎尔止,不愆于仪。"

子曰:"君子道人以言,而禁人以行。故言必虑其所终,而行必稽其所敝,则民谨于言而慎于行。"《诗》云:"慎尔出话,敬尔威仪。"《大雅》曰:"穆穆文王,於缉熙敬止。"

子曰:"长民者,衣服不贰,从容有常,以齐其民,则民德壹。"《诗》云:"彼都人士,狐裘黄黄,其容不改,出言有章;行归于周,万民所望。"

子曰:"为上可望而知也,为下可述而志也,则君不疑于其臣,而臣不惑于其君矣。"《尹吉》曰:"惟尹躬及汤,咸有壹德。"《诗》云:"淑人君子,其仪不忒。"

子曰:"有国者,章善瘅恶,以示民厚,则民情不贰。"《诗》云:"靖共尔位,好是正直。"

子曰:"上人疑则百姓惑,下难知则君长劳。故君民者,章好以示民俗,慎恶以御民之淫,则民不惑矣。臣仪行,不重辞,不援其所不及,不烦其所不知,则君不劳矣。"《诗》云:"上帝板板,下民卒瘅。"《小雅》曰:"匪其止共,惟王之邛。"

子曰:"政之不行也,教之不成也,爵禄不足劝也,刑罚不足耻也。故上不可以亵刑而轻爵。"《康诰》曰:"敬明乃罚。"《甫刑》曰:"播刑之不迪。"

子曰:"大臣不亲,百姓不宁,则忠敬不足,而富贵已过也;大臣不治,而迩臣比矣。故大臣不可不敬也,是民之表也;迩臣不可不慎也,是民之道也。君毋以小谋大,毋以远言近,毋以内图外,则大臣不怨,迩臣不疾，而远臣不蔽矣。"叶公之顾命曰："毋以小谋败大作，毋以嬖御人疾庄后，毋以嬖御士疾庄士——大夫、卿、士。"

子曰："大人不亲其所贤，而信其所贱；民是以亲失，而教是以烦。"《诗》云："彼求我则，如不我得；执我仇仇，亦不我力。"《君陈》曰："未见圣，若己弗克见；既见圣，亦不克由圣。"

子曰："小人溺于水，君子溺于口，大人溺于民，皆在其所亵也。夫水近于人而溺人，德易狎而难亲也，易以溺人；口费而烦，易出难悔，易以溺人；夫民闭于人而有鄙心，可敬不可慢，易以溺人。故君子不可以不慎也。"《太甲》曰："毋越厥命以自覆也。""若虞机张，往省括于厥度则释。"《兑命》曰："惟口起羞，惟甲胄起兵，惟衣裳在笥，惟干戈省厥躬。"《太甲》曰："天作孽，可违也；自作孽，不可以逭。"尹吉曰："惟尹躬天，见于西邑夏，自周有终，相亦惟终。"

子曰："民以君为心，君以民为体；心庄则体舒，心肃则容敬。心好之，身必安之；君好之，民必欲之。心以体全，亦以体伤；君以民存，亦以民亡。"《诗》云："昔吾有先正，其言明且清，国家以宁，都邑以成，庶民以生。""谁能秉国成？不自为正，卒劳百姓。"《君雅》曰："夏日暑雨，小民惟曰怨；资冬祁寒，小民亦惟曰怨。"

子曰："下之事上也，身不正，言不信，则义不壹，行无类也。"

子曰："言有物而行有格也，是以生则不可夺志，死则不可夺名。故君子多闻，质而守之；多志，质而亲之；精知，略而行之。"《君陈》曰："出入自尔师虞，庶言同。"《诗》云："淑人君子，其仪一也。"

子曰："唯君子能好其正，小人毒其正。故君子之朋友有乡，其恶有方；是故迩者不惑，而远者不疑也。"《诗》云："君子好仇。"

子曰："轻绝贫贱，而重绝富贵，则好贤不坚，而恶恶不著也。人虽曰'不利'，吾不信也。"《诗》云："朋友攸摄，摄以威仪。"

子曰："私惠不归德，君子不自留焉。"《诗》云："人之好我，示我周行。"

子曰："苟有车，必见其轼；苟有衣，必见其敝；人苟或言之，必闻其声；苟或行之，必见其成。"《葛覃》曰："服之无射。"

子曰："言从而行之，则言不可饰也；行从而言之，则行不可饰也。故君子寡言而行，以成其信，则民不得大其美而小其恶。"《诗》云："白圭之玷，尚可磨也；斯言之玷，不可为也。"《小雅》曰："允也君子，展也大成。"《君奭》曰："昔在上帝，周田观文王之德，其集大命于厥躬。"

子曰："南人有言曰：'人而无恒，不可以为卜筮。'古之遗言与？龟筮犹不能知也，而况于人乎？"《诗》云："我龟既厌，不我告犹。"《兑命》曰："爵无及恶德，民立而正事。纯而祭祀，是为不敬；事烦则乱，事神则难。"《易》曰："不恒其德，或承之羞。""恒其德侦，妇人吉，夫子凶。"

诗经·郑风·缁衣

缁衣之宜兮，敝，予又改为兮。适子之馆兮，还，予授子之粲兮。

缁衣之好兮，敝，予又改造兮。适子之馆兮，还，予授子之粲兮。

缁衣之席兮，敝，予又改作兮。适子之馆兮，还，予授子之粲兮。

这首诗，历代学者多以为是赞美郑武公好贤之德的诗篇。西周诸侯国郑国开国之君郑桓公为周幽王时的司徒，他的儿子郑武公则为周平王时的司徒。因此，唐代司马贞在《史记索隐》的《郑世家》"述赞"中说："厉王之子，得封于郑，代职司徒，《缁衣》在咏。"宋代朱熹在《诗集传》中说："旧说，郑桓公、武公，相继为周司徒，善于其职，周人爱之，故作是诗。"清代的姚际恒、方玉润则以为这是"美武公好贤之诗"。当代学者高亨先生也说："郑国某一统治贵族遇有贤士来归，则为他安排馆舍，供给衣食，并亲自去看他。这首诗就是叙写此事。"至于郑国统治者的"好贤"是出于内心还是政治谋略，论者各有看法。清代王夫之就认为所谓"好贤"，不过是"好贤者"巩固其统治地位的权术。

撇开诗篇创作的"背景"，就诗面本身而言，《郑风·缁衣》充满了温馨的亲情，与其说这是一首描写国君与臣下关系的诗，还不如说是一首亲情诗，一首赠衣诗。诗中"予"，应该是穿缁衣人的妻妾。"予"亲手为丈夫缝制黑色的朝服，又极口称赞丈夫穿上朝服合体称身。她再三表示，如果这件朝服破旧了，将再为丈夫做新的；丈夫去官署回来，就试穿刚做好的新衣。

全诗三节，属赋体，以《诗经》中常见的复沓联章形式直叙其事。诗中形容缁衣之合身，虽用了三个形容词："宜""好""席"，实际上都是一个意思，无非是说，好得不能再好；准备为丈夫改制新的朝衣，也用了三个动词："改为""改造""改作"，实际上也都是一个意思，只是变换语气而已。每节的最后两句都是相同的。全诗用的是夫妻之间的寻常话语，一唱三叹，把"予"对丈夫的挚爱描摹得淋漓尽致。

| 阅读延伸 |

《康诰》

西周时周成王任命康叔治理殷商旧地民众的命令，《尚书》中的一篇。《尚书》是中国上古历史文件的汇编。"尚"即"上"，《尚书》意即上古之书。相传由孔子编选而成，传本有些篇是后人追述补充进去的，如《尧典》《皋陶谟》《禹贡》等。西汉初存二十八篇，用当时通行文字书写，即《今文尚书》。

《吕刑》

西周的法典，主要记述了其时的法律原则和详尽的赎刑及一般司法制度。西周大臣吕侯建议，废止严酷的旧法，以"明德慎罚"为指导原则，"作修刑辟"，制定《吕刑》。《今文尚书》中存《吕刑》一篇，是吕侯制定法律后遗存的官方档案文献。而作为法典的《吕刑》，原本已失传，但其有关内容由于《尚书·吕刑》篇得以保存下来，其内容共分三章合计三千条。

《君陈》

《尚书·周书》篇名。君陈，姬姓，本名姬陈，君是尊称。周公姬旦的次子，鲁公伯禽之弟。周公去世后，周成王遵从周公的遗愿，也是出于时政的需要，命令大臣君陈去朝廷东郊的成周（洛阳）主政（"周公既没，命君陈分正东郊成周，作《君陈》"）。《君陈》内容涉及商汤灭夏史。现今部分逸文在清华大学 2008 年所入藏的"清华简"中被发现，收录于《清华大学藏战国竹简（壹）》中。

《君奭》

《尚书》中的一篇诰词，篇名取自篇首"君奭"二字。君奭，即周召公，君为尊称，奭为名。《史记》记载周公摄政，召公疑之，因作此篇。另有观点认为，它是史官记录周公劝勉召公的一篇语录。周公先谈守业的艰难，再从商周两朝交替的历史中总结教训，强调辅政大臣对王朝兴衰的重要作用；最后周公再次告诫召公以殷商为鉴，君臣同心协力，把国家治理好。全文充溢着汲取历史经验教训的忧患意识，文中召公"天不可信"之语，把西周时代怀疑上天思潮推上了一个新台阶，对后世社会思想的发展具有重要影响。

魯穆公告子思

一 鲁 穆 公 问 子 思 一

鲁穆公问子思

本篇存简 8 枚，其中残简 2 枚，总字数 145 个。完整简的两端皆削成梯形，长 26.4 厘米，上下两道编线间距为 9.6 厘米。篇末有长方形墨块。竹简规格形制与《穷达以时》篇一致，内容与《穷达以时》可能是一篇的两章。原无题，由整理者拟加。

本篇记述的是鲁穆公与子思、成孙弋关于"忠"的对话。鲁穆公是战国初期鲁国国君。鲁国是周公旦的始封地，作为与周王朝关系最为亲密的姬姓"宗邦"，在礼崩乐坏的春秋时期，鲁国完整继承和发扬了周文化，是名副其实的礼仪之邦，却在群雄逐鹿的战争中逐渐走向衰落，成为岌岌可危的积弱小国。战国初期，七雄格局正式形成，列国纷纷厉行变法以图强，在变法浪潮席卷之下，鲁穆公也顺应潮流，实行了一系列改革。其最为人所称道的举措是废除依赖血统关系的世卿世禄制，在用人制度上作出重大创新，不拘一格广纳人才，并为之提供施展才能的平台，最终使得鲁国的政体、官制以及选拔制度发生改变，给鲁国带来了相对安定繁荣的局面。

鲁国与儒学渊源甚深。孔子创立儒学，志在恢复周礼，推行"王道"于天下，而"周礼尽在鲁矣"，孔子的儒家思想与鲁国特定的文化土壤相得益彰，因之得以在此诞生并迅速发展，成为当时社会的主流思潮。鲁穆公以儒治国，重才也惜才，能广泛听取贤才意见，在位期间礼贤下士，与当时的贤士多有交流，其中尤以子思为甚。子思有很高的个人理想，很大的政治抱负，期望能辅助贤君成就一番事业，但其秉性率真，耿直孤傲，一生并不得志，其治国主张未受重视。《孟子》记载：鲁穆公曾向子思请教"友士"之道。子思认为君是君，臣是臣，地位不一样不可为友，国君应该尊贤者为师，而不应该视之为友。鲁穆公十分尊重子思，派人在子思左右侍候，又经常馈赠酒肉，但并不能取悦于子思。

先秦文献中，"忠"主要有两层含义：个人为人处世的忠厚品德及公共领域的角色忠诚。前者为私德，属人伦道德范畴；后者为公德，是人伦道德在政治领域的延伸。子思的"忠""为义而远爵禄"，既恪守自己的独立人格，又具有大无畏的批判精神，与周初兴起的民本思潮一脉相承，显示了对民主平等的渴望与追求。子思的"忠臣"观在后世的《韩非子》《墨子》《吕氏春秋》等经典著作中得到进一步弘扬，并演变为中国传统知识分子的基本人格精神之一。

《孟子》《韩非子》《礼记》《说苑》《孔丛子》等书中皆记有子思与鲁穆公的对话，但所谈内容与本篇不同。鲁穆公与子思均生活在战国初期，距离竹简楚墓的下葬年代当在百年之内。

鲁穆公问于子思曰①："何如而可谓忠臣？"子思曰："极称其君之恶者②，可谓忠臣矣。"公不悦，揖而退之③。成孙弋见，公曰："向者吾问忠臣于子思④，子思曰：'极称其君之恶者，可谓忠臣矣。'寡人惑焉⑤，而未之得也⑥。"成孙弋曰："噫，善哉言乎⑦！夫为其（君）之故杀其身者⑧，尝有之矣⑨。极称其君之恶者，未之有也⑩。夫为其君之故杀其身者，效禄爵者也⑪。极（称其君）之恶（者，远）禄爵者（也。为）义而远禄爵⑫，非子思⑬，吾恶闻之矣⑭。"

注释

① 于：向。

② 极称：直接指出，直言规劝。极：直接。称：举，指出。

③ 揖：拱手行礼。退之：使之退，让离开。

④ 向者：以往，从前。

⑤ 惑：迷惑。焉：代词，相当于"之"。

⑥ 未之得：宾语前置，即"未得之"，没有得到答案。

⑦ 善哉言乎：意即"这话说得好啊"。乎：语气助词。

⑧ 缺文据文意补。杀：牺牲，损害。

⑨ 尝有之：曾经有过这样的情况。尝：曾经。

⑩ 未之有：宾语前置，即"未有之"，意即"从来没有过"。

⑪ 效：追求，求取。禄爵：薪俸和官位。

⑫ 三处缺文均据文意补。

⑬ 非：除了。

⑭ 恶（wū）：同"乌"，没有。

阅读链接

孟子·告子下（节录）

淳于髡（kūn）曰："先名实者，为人也；后名实者，自为也。夫子在三卿之中，名实未加于上下而去之，仁者固如此乎？"

孟子曰："居下位，不以贤事不肖者，伯夷也；五就汤，五就桀者，伊尹也；不恶污君，不辞小官者，柳下惠也。三子者不同道，其趋一也。一者何也？曰：仁也。君子亦仁而已矣，何必同？"

曰："鲁缪公之时，公仪子为政，子柳、子思为臣，鲁之削也滋甚。

若是乎，贤者之无益于国也！"

曰："虞不用百里奚而亡，秦缪公用之而霸。不用贤则亡，削何可得与？"

曰："昔者王豹处于淇，而河西善讴；緜驹处于高唐，而齐右善歌；华周杞梁之妻善哭其夫而变国俗。有诸内，必形诸外。为其事而无其功者，髡未尝睹之也。是故无贤者也，有则髡必识之。"

曰："孔子为鲁司寇，不用，从而祭，燔（fán）肉不至，不税冕而行。不知者以为为肉也，其知者以为为无礼也。乃孔子则欲以微罪行，不欲为苟去。君子之所为，众人固不识也。"

苏轼《子思论》（节录）

昔三子之争，起于孟子。孟子曰："人之性善。"是以荀子曰："人之性恶。"而扬子又曰："人之性，善恶混。"孟子既已据其善，是故荀子不得不出于恶。人之性有善恶而已，二子既已据之，是以扬子亦不得不出于善恶混也。为论不求其精，而务以为异于人，则纷纷之说，未可以知其所止。

且夫夫子未尝言性也，盖亦尝言之矣，而未有必然之论也。孟子之所谓性善者，皆出于其师子思之书。子思之书，皆圣人之微言笃论。孟子得之而不善用之，能言其道而不知其所以为言之名，举天下之大，而必之以性善之论，昭昭乎自以为的于天下，使天下之过者，莫不欲援弓而射之。故夫二子之为异论者，皆孟子之过也。

若夫子思之论则不然，曰："夫妇之愚，可以与知焉。及其至也，虽圣人亦有所不知焉。夫妇之不肖，可以能行焉。及其至也，虽圣人亦有所不能焉。"圣人之道，造端乎夫妇之所能行，而极乎圣人之所不能；知造端乎夫妇之所能行，是以天下无不可学；而极乎圣人之所不能知，是以学者不知其所穷。夫如是，则恻隐足以为仁，而仁不止于恻隐；羞恶足以为义，而义不止于羞恶。此不亦孟子之所以为性善之论欤！子思论圣人之道出于天下之所能行，而孟子论天下之人皆可以行圣人之道，此无以异者。而子思取必于圣人之道，孟子取必于天下之人。故夫后世之异议皆出于孟子。而子思之论，天下同是而莫或非焉。然后知子思之善为论也。

| 阅读延伸 |

鲁穆公

鲁穆公（前409—前377年在位），名显，战国时期鲁国第29任君主，又称鲁缪公。他为鲁元公儿子，在位33年。他注重礼贤下士，曾隆重礼拜孔伋（子思），咨以国事；容许墨翟在鲁授徒传道，组织学派，使鲁国一度出现安定局面。

子思

《史记·孔子世家》记子思年六十二，而不详其生卒年；又说，子思曾困于宋，"子思作《中庸》"。《汉书·艺文志》记有"《子思》二十三篇"，班固解读说子思"名伋，孔子孙，为鲁穆公卿"。《子思》二十三篇失传已久。《中庸》为《礼记》所收，流传于世。《孔丛子》记有子思困于宋的细节及子思与鲁穆公的问答。

成孙弋

《礼记》中载有县子琐（suō）及与鲁穆公的问答，县子琐是否与成孙弋为同一人？待考。

五行

五行

本篇有竹简 50 枚。竹简两端作梯形，简长 32.5 厘米。有上下两道编线，相隔约 13 厘米。全篇现存 1 144 字（含残字 7 个），分章符号 27 个。篇名系整理者据简文首句拟定。

简本的发现证明，《五行》是东周时期子思学派的著作，对研究儒家的道德学说有重要学术价值。文中"五行（wǔ héng）"，指仁、义、礼、智、圣五事，与金、木、水、火、土五行（wǔ xíng）有别。仁义礼智圣之改为仁义礼智信，及其与金木水火土的配搭，是西汉时的事；五行（wǔ héng）亦以避文帝刘恒讳而改称五常。《荀子·非十二子》批判的子思、孟子的五行说则是将作为元素的五行与道德范畴的五行结合为一，所依据的思想资料是《尚书·洪范》。

本篇与马王堆汉墓帛书《五行》（以下简称帛书本）的"经"大体相同，第十章后半至第二十一章的次序与帛书本有较多不同。学术界对该篇的竹简排序和分章意见不一。

五行①：仁形于内谓之德之行②，不形于内谓之行③。义形于内谓之德之行，不形于内谓之行。礼形于内谓之德之行，不形于内谓之（行。智形）于内谓之德之行④，不形于内谓之行。圣形于内谓之德之行，不形于内谓之德之行。

| 注释 |

① 五行（wǔ héng）：指儒家学说的"仁、义、礼、智、圣"。

② 形于内：指自然形成于内在心性的道德。内：内心。德之行（héng）：道德德性（内在的）。下文对应同解。

③ 行（xíng）：道德善行（外在的）。参见《通典》卷五十三引《周礼·地官·师氏》马融注："德行，内外之称。在心为德，施之为行。"下文对应同解。

④ 缺文据文意补。

德之行五，和谓之德①，四行和谓之善②。善，人道也。德，天道也③。君子亡中心之忧则亡中心之智④，亡中心之智则亡中心（之说）⑤，亡中心（之说则不）安⑥，不安则不乐，不乐则亡德⑦。

| 注释 |

① 德之行五，和谓之德：语意为"德之行（héng）"有五种（仁义礼智圣），五种全和叫"德"。和：调和，融洽。

② 四行（héng）和谓之善：四行（仁义礼智）调和叫"善"。

③ 人道：人性的范畴。天道：天性的范畴。

④ 亡：同"无"，下同。中心之忧：内心的忧虑。中心之智：内心的智慧。

⑤ 缺文据文意补。说：观点，主张。

⑥ 缺文据文意补。

⑦ 亡德：无法体现真正的德。

五行皆形于内而时行之①，谓之君（子）②。士有志于君子道谓之志士③。善弗为亡近，德弗之不成④，智弗思不得⑤。思不精不察⑥，思不长（不得，思不轻）不形⑦，不形不安，不安不乐，不乐亡德。

| 注释 |

① 时行之：经常践行之（五行）。

② 缺文据文意及帛书本补。

③ 志士：有明确意志和坚定节操的人。

④ 为：行动。近：追求。之：往，行。成：成功。

⑤ 思：思考，思虑。得：得到，收获。

⑥ 精：深思熟虑。察：明察。

⑦ 长：长久。得：得到要领。轻：心情放松。形：（让智）形于内心。漏文据帛书本补。

不仁，思不能精。不智，思不能长①。不仁不智，未见君子，忧心不能惙惙②；既见君子③，心不能悦。"亦既见之，亦既观之，我心则（悦）④"，此之谓（也）。（不）仁⑤，思不能精。不圣，思不能轻。不仁不圣⑥，未见君子，忧心不能忡忡⑦；既见君子，心不能降⑧。

| 注释 |

① 精：精进，深刻。长（zhǎng）：增长，长进。

② "不仁"三句：（不仁不智的人）见没见到君子都很麻木，不忧不喜，无动于衷。不仁不智：紧缩复句，即"不仁则不智"。惙（chuò）

惙：忧伤愁苦的样子。

③ 既见：已经见到。

④ 亦：如，若。既：已经。参见《诗经·召南·草虫》"亦既见止，
亦既觏止，我心则降"。

⑤ 缺文据文意及帛书本补。

⑥ 不仁不圣：紧缩复句，即"不仁则不圣"。

⑦ 忡（chōng）忡：形容心绪不安。

⑧ 降（jiàng）：放下，心情平复。对照注解④，参见《诗经·召南·草
虫》"未见君子。忧心忡忡，亦既见止，亦既觏止，我心则降"。

仁之思也精①，精则察，察则安，安则温②，温则悦，悦则戚③，
戚则亲，亲则爱④，爱则玉色⑤，玉色则形⑥，形则仁。

| 注释 |

① 仁之思：仁者的思想。精：深思熟虑。

② 安：安宁，心静。温：柔和，宽厚。

③ 戚：姻亲为戚，关系亲近。

④ 亲：血亲为亲，关系密切。爱：对人或事物的真挚感情。

⑤ 玉色：容色如玉，比喻美貌，实指内心温润。参见屈原《楚辞·远
游》："玉色頩以脕（wàn）颜兮，精醇粹而始壮。"

⑥ 形：形成于内心。

智之思也长，长则得①，得则不忘，不忘则明②，明则见贤人③，
见贤人则玉色，玉色则形，形则智。圣之思也轻，轻则形，形则不忘，
不忘则聪④，聪则闻君子道⑤，闻君子道则玉音，玉音则形，形则圣。

注释

① 长（zhǎng）：增长，长进。得：有收获，获益。

② 明：视力好，贤明。

③ 见：理解，知道。

④ 聪：听力好，聪慧。

⑤ 闻：领悟，理解。

"淑人君子，其仪一也①。"能为一②，然后能为君子，（君子）慎其独也③。

注释

① 仪一：仪态始终如一。参见《诗经·曹风·鸤鸠》"淑人君子，其仪一兮"。

② 为一：意即"五行调和而为德"。

③ 缺文据文意补。慎其独：独处无人监督时谨慎从事、恪守各种道德规范。参见帛书本《五行》之《说》"一也，乃德已"。

"（瞻望弗及）①，泣涕如雨②"。能差池其羽③，然后能至哀④。君子慎其（独也）⑤。

注释

① 缺文据文意补。瞻望：远望，仰望。及：至，达到。

② 参见《诗经·邶（bèi）风·燕燕》"燕燕于飞，差池其羽。之子于归，远送于野。瞻望弗及，泣涕如雨"。

③ 差（cī）池其羽：（燕子）上下振翅扑打。差池：高低不平的样子。

④ 至哀：极度悲痛。

⑤ 缺文据文意补。

（君）子之为善也①，有与始，有与终也②。君子之为德也，（有与）始，无（与）终也③。金声而玉振之④，有德者也。

| 注释 |

① 缺文据文意补。下同。

② 有与始，有与终：意即"（为善）有始有终"。

③ （有与）始，无（与）终：意即"（为德）有始无终"。

④ 金声而玉振之:（有德者）始于金声，终于玉色。参见《孟子·万章下》"孔子之谓集大成。集大成也者，金声而玉振之也。金声也者，始条理也。玉振之也者，终条理也。始条理者，智之事也。终条理者，圣之事也"；《韩诗外传》卷一"在内者皆玉色，在外者皆金声"。

金声，善也①；玉音，圣也②。善，人道也；德，天（道也。唯）有德者，然后能金声而玉振之。不聪不明③，不圣不智，不智不仁，不仁不安，不安不乐，不乐亡德。

| 注释 |

① 金声，善也：善如金声，表现于外。

② 玉音，圣也：圣如玉音，内修于心。

③ 不聪不明：紧缩复句，即"不聪则不明"，下同。

不䎽不悦①，不悦不戚，不戚不亲②，不亲不爱，不爱不仁③。

注释

① 不昇（biàn）不悦：紧缩复句，即"不昇则不悦"。下同。昇：喜乐的样子。参见《说文》"昇，喜乐貌"。悦：内心愉悦。在外为昇，在内为悦。

② 戚：关系亲近。亲：关系密切，感情深厚。在外为戚，在内为亲。

③ 爱：对人或事物的真挚感情。仁：儒家以爱人为核心的道德范畴。在外为爱，在内为仁。

不直不肆①，不肆不果，不果不简②，不简不行③，不行不义。

注释

① 不直不肆：紧缩复句，即"不直则不肆"，下同。直：正直。肆：任性率真。参见《史记·乐书》"广肆直而慈爱者宜歌《商》"。

② 果：果侠，果敢仗义。参见《国语·晋语》"其身果而辞顺"，《国语·周语中》"故制戎以果毅，制朝以序成"。简：质朴平易，不以小害大，不以轻害重。

③ 行：实施，付诸行动。

不远不敬①，不敬不严，不严不尊②，不尊不恭③，不恭亡礼。

注释

① 不远不敬：紧缩复句，即"不远则不敬"，下同。远：人际交往的尺度或距离，以礼相交。敬：敬畏。

② 严：庄严。尊：尊重。

③ 恭：谦恭。

未尝闻君子道，谓之不聪[1]。未尝见贤人，谓之不明[2]。闻君子道而不知其君子道也，谓之不圣[3]。见贤人而不知其有德也，谓之不智[4]。

注释

① 不聪：耳朵不灵敏，不聪明。

② 不明：眼睛不明亮，不明智。

③ 不圣：内心不圣明。

④ 不智：思想不智慧。

见而知之，智也。闻而知之，圣也。明明[1]，智也。虩虩[2]，圣也。"明明在下，虩虩在上"[3]，此之谓也。

注释

① 明明：光明通透的样子。

② 虩（xì）虩：使人敬畏的样子。参见《叔夷钟铭》"虩虩成唐，有严在帝所，敷受天命，剪伐夏嗣，败厥灵师"。

③ 参见《诗经·大雅·大明》"明明在下，赫赫在上。天难忱斯，不易维王。天位殷適，使不挟四方"。

闻君子道，聪也[1]。闻而知之[2]，圣也。圣人知天道也[3]。知而行之，义也。行之而时，德也。见贤人，明也[4]。见而知之，智也。知而安之[5]，仁也。安而敬之，礼也。圣，智礼乐之所由生也[6]，五（行之所和）也[7]。和则乐，乐则有德[8]，有德则邦家兴。文王之见也如此。"文（王在上，於昭）於天[9]"，此之谓也。

① 闻：耳朵听，听说。聪：聪睿，聪慧。参见《管子·宙合》"闻审谓之聪"，《庄子·外物》"耳彻为聪"。

② 知：领悟，明察。参见《孟子·梁惠王上》"王如知此，则无望民之多于邻国也"。

③ 天道：天理，自然界的运动变化规律。

④ 行：施行，付诸行动。时：适时。见：认识，理解。明：眼光正确，对事物现象看得清。参见《老子·第三十三章》"知人者智，自知者明"。

⑤ 安：安于内心。

⑥ 由生：由此产生。

⑦ 缺文据文意补。和：调和，协调。

⑧ 有德：有德行。

⑨ 缺文据《诗经·大雅·文王》补。於（wū）：叹词，相当于"呜""啊"。昭：光明显耀。参见《诗经·大雅·文王》"文王在上，於昭于天。周虽旧邦，其命维新"。

见而知之，智也。知而安之，仁也。安而行之，义也。行而敬之，礼也。仁，义礼所由生也，四行之所和也^①。和则同，同则善^②。

① 和：调和，协调。

② 同：步调一致。善：好，美好。

颜色容貌温，变也^①。以其中心与人交^②，悦也。中心悦旃迁于兄弟^③，戚也。戚而信之^④，亲也。亲而笃之^⑤，爱也。爱父，其继爱人^⑥，仁也。

① 温：温和，宽厚。变：变通，改变。

② 中心：内心。

③ 旃（zhān）："之焉"的合音。迁：转移。

④ 戚：亲属，亲戚。信：诚实不欺。

⑤ 笃：忠诚专一。

⑥ 继：接着，随后。

中心辩然而正行之^①，直也。直而遂之，肆也^②。肆而不畏强御^③，果也。不以小道害大道，简也^④。有大罪而大诛之，行也^⑤。贵贵，其等尊贤^⑥，义也。

| 注释 |

① 辩然：明晰是非。正行之：不偏不倚践行之。

② 遂：践行。肆：有担当，大胆。

③ 强御：豪强，有权势的人。

④ 简：简练，明确。

⑤ 行：施行（刑罚）。

⑥ 贵贵：以"贵"为贵，敬重显贵。等：等同，使一样。

以其外心与人交，远也^①。远而庄之^②，敬也。敬而不懈^③，严也。严而畏之^④，尊也。尊而不骄^⑤，恭也。恭而薄交^⑥，礼也。

| 注释 |

① 外心：礼，礼节。参见《礼记·礼器》"礼之以多为贵者，以其

外心者也"，郑玄注："外心，用心于外，其德在表也。"远：指
人际交往的距离。

② 远而庄之：保持距离而尊敬对方。

③ 敬而不懈：（对人）恭敬而不懈怠。

④ 严而畏之：保持威严而敬畏对方。

⑤ 尊而不骄：（对人）尊重而不骄纵。

⑥ 恭而薄交：恭敬行事而泛泛交往。

不简，不行^①。不匿，不察于道^②。有大罪而大诛之，简也。有小罪而赦之，匿也。有大罪而弗大诛也，不（行）也^③。有小罪而弗赦也，不察于道也。

| 注释 |

① 不简，不行：即不简则不行。简：简约，简练。行：施行，实施。

② 匿：隐瞒，隐匿。察：明辨。道：道理。

③ 缺文据文意补。

谏之为言犹间也^①，大而罕者也^②。匿之为言也犹匿慝也^③，小而轸者也^④。简，义之方也^⑤。匿，仁之方也。刚，义之方。柔，仁之方也。"不竞不絿^⑥，不刚不柔^⑦"，此之谓也。

| 注释 |

① 谏：直言规劝，使改正错误。为言：说起来。间（jiàn）：阻止。

② 罕：稀少，罕见。

③ 慝（tè）：邪恶，罪恶。

④ 轸：众多，常见的。参见《淮南子·兵略训》"甲坚兵利，车固马良，

畜积给足，士卒殷轸"。

⑤ 方：道，术，表现。

⑥ 竞：争辩，争斗。絿（qiú）：急躁。

⑦ 刚：刚猛。柔：柔弱，柔懦。

君子集大成^①。能进之，为君子；弗能进也，各止于其里^②。大而罕者，能有取焉^③。小而轸者，能有取焉。胥儢儢达诸君子道^④，谓之贤。君子知而举之^⑤，谓之尊贤；知而事之^⑥，谓之尊贤者也^⑦。后，士之尊贤者也。

| 注释 |

① 集大成：融汇众家之长而自成一体。

② 里：范围，范畴。

③ 罕：稀少，罕见。能有取：值得取法。焉：于此。

④ 胥儢（lǔ）儢：不费力的样子。达：达到。诸：之于。

⑤ 知：了解，明白。举：举荐。

⑥ 事：事奉。

⑦ 帛书本此处有"前，王公之尊贤者也"。

耳目鼻口手足六者，心之所役也^①。心曰唯^②，莫敢不唯；诺^③，莫敢不诺；进，莫敢不进；后^④，莫敢不后；深，莫敢不深；浅，莫敢不浅。和则同，同则善^⑤。

| 注释 |

① 役：操控，驱使。

② 唯：是，可以。

③ 诺：行，可以。

④ 后：后退。

⑤ 和则同：（耳目鼻口手足六者）和谐就会一致。同则善：一致合于心就是"善"。

目而知之，谓之进之①。喻而知之②，谓之进之。譬而知之③，谓之进之。几而知之，天也④。"上帝临汝，毋贰尔心⑤"，此之谓也。

| 注释 |

① 目：观察，注视。知：领悟。之：仁义之道，君子之道。进：进于仁义，进于君子道。

② 喻：晓喻，开导。

③ 譬：打比方，比喻。

④ 几（jī）：细微之迹，萌兆之始。天：天才，秉性聪颖。

⑤ 上帝临汝，毋贰尔心：上天监视着你们，不要有贰心妄想。参见《诗经·大雅·大明》。

天施诸其人，天也①。其人施诸人，狎也②。

| 注释 |

① 天：大自然。施：施恩，赐惠。诸：之于。（后一个）天：自然而然，顺应天道。

② 狎：挟私，心怀私念。

闻道而悦者，好仁者也①。闻道而畏者②，好义者也。闻道而恭者③，好礼者也。闻道而乐者，好德者也④。

注释

① 悦：内心愉悦。好（hào）：喜爱，崇尚。下同。

② 畏：内心敬畏。

③ 恭：内心谦恭。

④ 乐：内心高兴。

阅读链接

帛书本《五行》

第一章

五行：仁形於内谓之德之行，不形於内谓之行。

义形於内谓之德之行，不形於内谓之行。

礼形於内谓之德之行，不形於内谓之行。

智形於内谓之德之行，不形於内谓之行。

圣形於内谓之德之行，不形於内谓之行。

德之行五，和谓之德。四行和，谓之善。善，人道也。德，天道也。

第二章

君子无中心之忧则无中心之智，无中心之智则无中心之悦，无中心之悦则不安，不安则不乐，不乐则无德。

君子无中心之忧则无中心之圣，无中心之圣则无中心之悦，无中心之悦则不安，不安则不乐，不乐则无德。

第三章

五行皆形於厥内，时行之，谓之君子。

士有志於君子道，谓之志士。

第四章

善弗为无近，德弗志不成，智弗思不得。

思不精不察，思不长不得，思不轻不形。

不形则不安，不安则不乐，不乐则无亡德。

第五章

不仁，思不能精。不智，思不能长。不仁不智，未见君子，忧心不能惙惙。既见君子，心不能悦。《诗》曰："未见君子，忧心惙惙。亦既见之，亦既觌之，我心则悦。"此言仁之思也精。

不仁，思不能精。不圣，思不能轻。不仁不圣，未见君子，忧心不能忡忡。既见君子，心不能降。

第六章

仁之思也精，精则察，察则安，安则温，温则悦，悦则戚，戚则亲，亲则不忧，不忧则玉色，玉色则形，形则仁。

智之思也长，长则得，得则不忘，不忘则明，明则见贤人，见贤人则玉色，玉色则形，形则智。

圣之思也轻，轻则形，形则不忘，不忘则聪，聪则闻君子道，闻君子道则玉言，玉言则形，形则圣。

第七章

《诗》曰："鸤鸠在桑，其子七兮。淑人君子，其仪一兮。"能为一，然后能为君子，君子慎其独。

《诗》曰："燕燕于飞，差池其羽。之子于归，远送于野。瞻望弗及，泣涕如雨。"能差池其羽，然后能至哀，君子慎其独也。

第八章

君子之为善也，有与始也，有与终也。君子之为德也，有与始也，无与终也。

第九章

金声而玉振之，有德者也。金声，善也。玉言，圣也。善，人道也。德，天道也。唯有德者，然后能金声而玉振之。

第十章

不继不悦，不悦不戚，不戚不亲，不亲不爱，不爱不仁。

第十一章

不直不泄，不泄不果，不果不简，不简不行，不行不义。

第十二章

不远不敬，不敬不严，不严不尊，不尊不恭，不恭不礼。

第十三章

不聪不明，不聪明则不圣，不圣不智。不智不仁，不仁不安，不安不乐，不乐无德。

第十四章

颜色容貌继继也。以其中心与人交，悦也，乃悦焉。迁于兄弟，戚也。戚而信之，亲也。亲而笃之，爱也。爱父，其杀爱人，仁也。

第十五章

中心辨焉而正行之，直也。直而遂之，泄也。不畏强御，果也。而不以小道害大道，简也。有大罪而大诛之，行也。贵贵，其等尊贤，义也。

第十六章

以其外心与人交，远也。远而庄之，敬也。敬而不懈，严也。严而威之，尊也。尊而不骄，恭也。恭而博交，礼也。

第十七章

未尝闻君子道，谓之不聪；未尝见贤人，谓之不明。闻君子道而不知其君子道也，谓之不圣。见贤人而不知其有德也，谓之不智。

见而知之，智也。闻而知之，圣也。明明，智也。赫赫，圣也。《诗》曰"明明在下，赫赫在上"，此之谓也。

第十八章

闻君子道，聪也。闻而知之，圣也。圣人知天道。知而行之，义也。行之而时，德也。

见贤人，明也。见而知之，智也。智而安之，仁也。安而敬之，礼也。

仁义，礼智所由生也，五行之所和，和则乐，乐则有德，有德则国家兴。文王之见也如此，《诗》曰："文王在上，於昭于天"，此之谓也。

第十九章

见而知之，智也。智而安之，仁也。安而行之，义也。行而敬之，礼也。

仁义，礼之所由生也，四行之所和，和则同，同则善。

第二十章

不简，不行。不匿，不辨於道。有大罪而大诛之，简也。有小罪而赦之，匿也。有大罪弗诛，不行。有小罪而弗赦，不辨於道。

简之为言也，犹衡，大而罕者。匿之为言也，犹匿匽，小而轸者。简，义之方也；匿，仁之方也。刚，义之方也。柔，仁之方也。《诗》曰："不竞不絿，不刚不柔"，此之谓也。

第二十一章

君子集大成。能进之，为君子。不能进，各止於其里。大而罕者，能有取焉。小而轸者，能有取焉。索纑（lú）纑达於君子道，谓之贤。君子知而举之，谓之尊贤。君子从而事之，谓之尊贤。前，王公之尊贤者也。后，士之尊贤者也。

第二十二章

耳目鼻口手足六者，心之役也。心曰唯，莫敢不唯。心曰诺，莫敢不诺。心曰进，莫敢不进。心曰退，莫敢不退。心曰深，莫敢不深。心曰浅，莫敢不浅。和则同，同则善也。

第二十三章

目而知之，谓之进之。

第二十四章

譬而知之，谓之进之。

第二十五章

喻而知之，谓之进之。

第二十六章

禨而知之，天也。《诗》曰：“上帝临汝，毋贰尔心”，此之谓也。

第二十七章

天生诸其人，天也。其人施诸人，人也。其人施诸人，不得其人不为法。

第二十八章

闻君子道而悦，好仁者也。闻道而畏，好义者也。

闻道而恭，好礼者也。闻道而乐，有德者也。

诗经·曹风·鸤鸠

鸤鸠在桑，其子七兮。淑人君子，其仪一兮。其仪一兮，心如结兮。

鸤鸠在桑，其子在梅。淑人君子，其带伊丝。其带伊丝，其弁（biàn）伊骐（qí）。

鸤鸠在桑，其子在棘。淑人君子，其仪不忒（tè）。其仪不忒，正是四国。

鸤鸠在桑，其子在榛（zhēn）。淑人君子，正是国人。正是国人，胡不万年？

诗经·邶风·燕燕

燕燕于飞，差池其羽。之子于归，远送于野。瞻望弗及，泣涕如雨。

燕燕于飞，颉（xié）之颃（háng）之。之子于归，远于将之。瞻望弗及，伫立以泣。

燕燕于飞，下上其音。之子于归，远送于南。瞻望弗及，实劳我心。

仲氏任只，其心塞（sè）渊。终温且惠，淑慎其身。先君之思，以勖（xù）寡人。

诗经·大雅·大明

明明在下，赫赫在上。天难忱（chén）斯，不易维王。

天位殷適（dí），使不挟四方。挚仲氏任，自彼殷商，来嫁于周，曰嫔于京。

乃及王季，维德之行。大任有身，生此文王。

维此文王，小心翼翼。昭事上帝，聿（yù）怀多福。

厥德不回，以受方国。天监在下，有命既集。

文王初载，天作之合。在洽（hé）之阳，在渭之涘（sì）。

文王嘉止，大邦有子。大邦有子，伣（qiàn）天之妹。

文定厥祥，亲迎于渭。造舟为梁，不显其光。

有命自天，命此文王。于周于京，缵（zuǎn）女维莘（shēn）。

长子维行，笃生武王。保右命尔，燮（xiè）伐大商。

殷商之旅，其会（kuài）如林。矢于牧野，维予侯兴。

上帝临女，无贰尔心。牧野洋洋，檀车煌煌，驷騵（yuán）彭（páng）彭。

维师尚父，时维鹰扬。凉（liàng）彼武王，肆伐大商，会朝清明。

诗经·大雅·文王

文王在上，於（wū）昭于天。周虽旧邦，其命维新。

有周不显，帝命不时。文王陟降，在帝左右。

亹（wěi）亹文王，令闻不已。陈锡（cì）哉周，侯文王孙子。

文王孙子，本支百世。凡周之士，不显亦世。

世之不显，厥犹翼翼。思皇多士，生此王国。

王国克生，维周之桢。济济多士，文王以宁。

穆穆文王，於（wū）缉熙敬止。假哉天命。有商孙子。

商之孙子，其丽不亿。上帝既命，侯于周服。

侯服于周，天命靡常。殷士肤敏，裸（guàn）将于京。

厥作裸将，常服黼（fǔ）冔（xǔ）。王之荩（jìn）臣，无念尔祖。

无念尔祖，聿修厥德。永言配命，自求多福。

殷之未丧师，克配上帝。宜鉴于殷，骏命不易！

命之不易，无遏尔躬。宣昭义问，有虞殷自天。

上天之载，无声无臭（xiù）。仪刑文王，万邦作孚。

诗经·商颂·长发

濬（ruì）哲维商，长发其祥。洪水芒芒，禹敷下土方。

外大国是疆，幅陨（yuán）既长。有娀（sōng）方将，帝立子生商。

玄王桓拨，受小国是达，受大国是达。

率履不越，遂视既发。相士烈烈，海外有截。

帝命不违，至于汤齐。汤降不迟，圣敬日跻（jī）。

昭假（gé）迟迟，上帝是祗（zhī），帝命式于九围。

受小球大球，为下国缀旒（liú），何天之休。

不竞不絿（qiú），不刚不柔。敷政优优，百禄是遒。

受小共大共，为下国骏厖（máng）。何天之龙，敷奏其勇。

不震不动，不戁（nǎn）不竦，百禄是总。

武王载斾（pèi），有虔秉钺。如火烈烈，则莫我敢曷。

苞有三蘖（niè），莫遂莫达。九有有截，韦顾既伐，昆吾夏桀。

昔在中叶，有震且业。允也天子，降予卿士。

实维阿衡，实左右商王。

| 阅读延伸 |

关于圣与智

一、圣：听的能力；智：判断的能力。

郭沫若《卜辞通纂考释畋游》："古听、声、在乃一字。其字即作和，从口耳会意。言口有所言，耳得之而为声，其得声动作则为听。至、声、听均后起之字也。圣从耻，壬声，仅于取之初文符以声符而已。"《说文解字》："圣，通也，从耳。"段玉裁注："圣从耳者，谓其耳顺。《风俗通》曰：'圣者，声也。言闻声以知情。'"按声圣字古相假借。所谓"圣从耳者"，应该如郭沫若所言，"古听、圣、声乃一字。"其字作取，从口耳会意，段注所引《风俗通》之言，正是以"声"解"圣"。

传世本《老子》中的"圣"，在帛甲本中多写作"声"，在帛乙本中多写作"取"，而在传世本中作"声"的地方，在郭店竹简本中又写作"圣"，如"大音希圣""音圣之相和也"。和帛书《老子》一起出土的马王堆《五行》篇却和郭店竹简《五行》一样，以"圣"代"声"。帛书《五行》："（聪）者，圣之臧（藏）于耳者也，犹孔子之闻轻者之敷（击）而得夏之卢也。"竹简《五行》："金圣，善也；玉音，圣也。""金圣而玉晨（振）之。"

郭店竹简中应作"听"的地方，亦写作"圣"：

视之不足见，圣之不足（闻）。

——《老子》丙组

容，目也。圣，耳也。

——《语丛一》

可见，《说文解字》段注"谓其耳顺"暗引孔"圣人""六十耳顺"之言，偏离了"圣"的本义，而帛乙本《老子》中"圣"写作"取"更说明"圣"和"声""听"皆有内在的同源关系。

关于智，《说文解字》曰："识词也。"段玉裁注认为常省作"知"，徐锴《说文解字系传》解释"知"说"如矢之速也"。我们可以说，智，就是知（判断）的能力——对事物的判断不仅迅速（能把握"无形""无声""未萌""人所未见""人所未稳"的现象、苗头、玄机）而且准确（不准确叫作"惑"或者"愚"）。在新近出土的文献中，知和智也往往是通用的，为了讨论的方便，根据现代汉语的习惯，我们把作为智慧之意的名词写为"智"，把作为认识或判断之意的动词写为"知"。

二、圣：闻而知之；智：见而知之。

在郭店竹简《五行》、马王堆帛书《五行》、八角廊简《文子》等出土文献，以及《大戴礼记》《新书》等传世典籍中，都以"闻而知之"来解释"圣"，以"见而知之"来解释"智"。所以，"圣"之为"圣"不仅在于"闻"或"听"，更在于"知"或"智"。因为大多数的人对周围的事物都是"视而不见""听而不闻"。

在简帛《五行》中，智的属性和表现"明""见贤人""玉色"等都是"看"的内容，而圣的属性和表现"聪""闻君子之道""玉音"等都是"听"的对象：

> 智之思也长，长则得，得则不忘，不忘则明，明则见贤人，见贤人则玉色，玉色则形，形则智。
> 圣之思也轻，轻则形，形则不忘，不忘则聪，聪则闻君子道，闻君子道则王言（玉音），王言（玉音）则形，形则圣。

《论语·述而》："子曰：'盖有不知而作之者，我无是也。多闻，择其善者而从之，多见而识之，知之次也。'"孔子强调"知"是"作"

的前提，并重视对见闻的选择和判断。这里我们需要注意的是，"闻而知之"和"见而知之"的区别，这种区别，在孔子那里就隐约出现了，"多见而识之"是次一等的"知"。《五行》等篇显然是发挥了孔子的这些思想。

简单地说，"见而知之"是所谓的"感性认识"，"闻而知之"是所谓的"理性认识"；或者说"见而知之"是"在场"的经验证明，而"闻而知之"是"不在场"的逻辑判断。"见而知之"需要借助于一定的材料，而"闻而知之"则依靠认识主体自身的智慧，所以叫作"圣"，这也就是为什么"听道"更加被重视的原因。

除此之外，还有一个有意思的现象，就是"道"和"言说"之间的关系。"圣人"弘道一方面要"身体力行"，锲而不舍；另一方面要"著书立说""喋喋不休"。我们在看圣贤之书的时候，实际上是在"听"他"说"道，而不是"看"他"行"道；我们在研究他们的思想的时候，实际上是在和他们对话。

郭店竹简中有可以题为《说之道》的一组竹简，对于"道"的训释就是从说的角度：

> 凡说之道，急者为首。既得其急，言必有以及之。
>
> 言以始，情以久。非言不雠，非德无复。言而苟，墙有耳。往言伤人，来言伤己。言之善，足以终世，三世之富，不足以出亡。

文中"急者为首""言以始"的说法显然是以道在字形上从"首"为根据的。这样一来，"道"和"听"的关系就更加密切了。

三、圣：知天道；智：知人道。

郭店竹简《五行》对"圣""智"有类似的定义：

> 闻君子道，聪也。闻而知之，圣也，圣人知天道也。

帛书《五行》篇对"圣""知"的理解和郭店楚简相似:

> 闻君子之道,聪也;闻而知之,圣也;圣人知天道,知而行之,义也。见而知之,知也,知而安之,仁也。
>
> 圣始天,知始人。
>
> 圣为崇,知为广。

可见,"圣"还是要比"智"高超一些。《孟子·尽心下》中"圣"的地位也是最高的:

> 仁之于父子也,义之于君臣也,礼之于宾主也,智之于贤者也,圣(人)之于天道也,命也,有性焉,君子不谓命也。

四、圣:收韵;智:发声。

简帛《五行》对"圣智"的讨论不厌其烦,又提出了条理、始终和集大成的问题:

> 君子之为善也,有与始,有与终也。君子之为德也,有与始,无与终也。
>
> 金声而玉振之,有德者也。金声,善也;玉音,圣也。善,人道也;德,天道也。唯有德者,然后能金声而玉振之。

颜师古注《急就篇》:"钟则以金,磬则以石。""金、石"之间有根本的一致性:"故圣人所由曰道,所为曰事。道犹金石,一调不更;事犹琴瑟,每弦改调。"(《淮南子·氾论训》)但是,钟和磬的声音各不相同,"钟之与磬也,近之则钟音充,远之则磬音章,物固有近不若远,远不若近者"(《淮南子·说山训》)。它们的作用也有区别,分别对应于"圣"(收韵)"智"(发声)。

古人对玉有特殊的兴趣,思想家们也作了精致的发挥,大体上认为它是集各种美德于一身的。《说文解字》："玉，石之美者，有五德者。"（段玉裁补者字）分别为："仁、义、智、勇、絜"。《管子·水地》更提出："夫玉之所贵者，九德出焉。夫玉温润以泽，仁也；邻以理者，知也；坚而不蹙，义也；廉而不刿，行也；鲜而不垢，洁也；折而不挠，勇也；瑕适皆见，精也；茂华光泽，并通而不相陵，容也；叩之，其音清抟彻远，纯而不淆，辞也；是以人主贵之，藏以为室，剖以为符瑞，九德出焉。"

与发声、收韵相同的是，在音韵学上，"收韵"也被认为是最重要的事情。

五、圣与知（智）圣：终条理者；智：始条理者。金声玉振为集大成。

《司马法·仁本》中提到："知终知始，是以明其智也。"发声和收韵也是和始终的问题紧密联系在一起。

简帛《五行》有云：

> 君子之为善也，有与始，有与终也。君子之为德也，有与始，无与终也。
>
> 君子集大成。能进之，为君子，弗能进也，各止于其里。

"君子集大成。"成也者，犹造之也，犹具之也。大成也者，金声玉振之也。唯金声而玉振之者，然后己仁而以人仁，己义而以人义。大成至矣，神耳矣！人以为弗可为也，无由至焉耳，而不然。

孟子以"金声玉振"评价孔子，对圣智作出了比较系统的解释。

孟子曰："伯夷，圣之清者也；伊尹，圣之任者也；柳下惠，圣之和者也；孔子，圣之时者也。孔子之谓集大成，集大成也者，金声而玉振之也；金声也者，始条理也；玉振之也者，终条理也；始条理者，智之事也；终条理者，圣之事也。智，譬则巧也；圣，譬则力也。由射于百步之外也：其至，尔力也；其中，非尔力也。"（《孟子·万章下》）

　　不难发现，圣智五义实际上可以归结为两类，一是从"见闻"的角度，另一是从"始终"的角度，把两者沟通的则是"条理"二字。圣智最后的指向则是"天人"。在其他一些文献中，"圣智"是直接作为评判人的标准或处理事务的能力被使用的。不同思想家对"圣智"的态度也是很不一样的。

（摘自张丰乾《听的哲学——以"圣""智"为线索》）

成之闻之

一 成之闻之 一

成之闻之

本篇存简 40 枚，总字数 966 个，其中 38 枚完整，2 枚残断。竹简两端均削成梯形，简长 32.5 厘米，残存编连线痕两道。编线两道，间距 17.5 厘米。整简字数多在 23 ~ 25 字之间，字迹清晰。本篇与《性自命出》《尊德义》《六德》用简形制相同，内容相关，当时可能抄写于同一卷。

本篇以天道论证"求己"，主要论述"求己以用民"，将"求己"的道德修养与"用民"的政治追求联结起来，其对道德和修身的要求，主要是针对统治者提出来的；其论及人性，强调后天的原因才造成圣人与常人的区别，与孔子的"性相近，习相远"之说接近，与孟子的性善论明显不同，又与荀子的贱性重为之说相近。

本篇的"求己"思想与孔子的思想一致，并发展成孟子"反求诸己"说。《孟子》的"爱人者，人恒爱之；敬人者，人恒敬之"及"与民同乐"的思想与《成之闻之》也是一脉相承的。《成之闻之》全篇无句读和分章标识，篇末有勾形分篇符号。文本无篇题，现用篇名是整理者依照惯例，取 1 号简的前几字拟定。后期文本研究中，学者多认为本篇 1 号简不应在篇首，简序既作出调整，篇题也当随之更改。但因简序编排分歧较大，目前尚无定论，故而该篇章暂沿用原拟篇名。

《成之闻之》的行文用语较为古朴，是儒家较早期的文献。本篇主旨是求己以用民，从人性、人伦的角度论述君子教化民众的理论和方法，认为最重要的治民之策是君主率先修身进德,以身作则笃行善道,从而引导民众向善。其思想特点是将"求己"的道德修养与"用民"的政治效果联结起来。

"求己""修德"是先秦儒家的传统议题,也是儒家政治的基本理念。在儒家看来,正心修身立德不仅是为人处世的根本,也是为官理政的根本。子曰:"政者,正也。""其身正,不令而行;其身不正,虽令不从。""正"即是对为政者提出的道德要求。孔子认为,为政者品行端正,无须严词强令,百姓也会照做;为政者持身不正,即便三令五申,百姓也不会服从。《成之闻之》所阐述的正是这个道理。

"上不以其道,民之从之也难。""上苟身服之,则民必有甚焉者。""故君子之莅民也,身服善以先之,敬慎以守之,其所在者入矣,民孰弗从?"《成之闻之》指出,在上者不行善道,民众是很难服从他的,倘若以身服善,那么民众必然纷纷效仿。君子统治民众,当以身作则,率先垂范,其身体力行而倡导的道德和准则,民众少有不从的。

上行下效,是儒家政治秉持"求己"理念的事实依据。君之所为,百姓之所从。所以儒家强调君主正己以正人,身正民行,上感下化,才能施不言之教,对百姓产生潜移默化的影响。《成之闻之》指明,古来用民之人,以求己为恒常之德,君子求己是本,不求其本而追逐其末是不能成功的,并从天道与人伦的角度对"求己"加以论证。

"天降大常,以理人伦",天指自然之天,也指自然之德、自然法则。人伦道德既是人为的,也是合乎自然的。"圣人天德",说的就是谨慎地反求于自我,便可以顺应天之常道。君子通过"求己"的人道去体现天道,"治人伦以顺天德",这是早期儒家的重要思想特征。

《成之闻之》的"求己"直承孔子"君子求诸己"的思想而来,后又发展成孟子的"反求诸己"说。建本于一己,而直达于天下,最终成为中国传统文化精神的内核。而本篇由"求己"所生发的"欲人之爱己也，则必先爱人；欲人之敬己也，则必先敬人。"也被《孟子》"爱人者，人恒爱之；敬人者，人恒敬之"所继承。

《成之闻之》也论及人性。认为圣人之性与普通人之性生来并无分别，君子之所以受人尊敬，就在于其能"求之于己为恒"，而一般人却很难做到这一点。人之性是与生俱来的，对道的爱好却不是天生的，要达到圣人的境界，需要反复习养，持之以恒。《成之闻之》的人性论与孔子"性相近，习相远"之说接近，明显不同于孟子的性善论，反倒与荀子的性朴论相近，或可视作孔子到荀子人性论的桥梁。

　　君子之于教也，其导民也不浸①，其淳也弗深矣②。是故亡乎其身而存乎其辞③，虽厚其命④，民弗从之矣⑤。是故威服刑罚之屡行也⑥，由上之弗身也⑦。昔者君子有言曰：战与刑人⑧，君子之坠德也⑨。是故上苟身服之⑩，则民必有甚焉者。君子袀冕而立于阼⑪，一宫之人不胜其敬。君衰绖而处位⑫，一宫之人不胜（其哀。君冠胄带甲而立于军）⑬，一军之人不胜其勇。上苟倡之⑭，则民鲜不从矣⑮。唯然⑯，其存也不厚⑰，其动也弗多矣⑱。是故君子之求诸己也深。不求诸其本而攻诸其末⑲，弗得矣⑳。

注释

① 导：教导，引导。浸：渐进，潜移默化。参见《易·遁（dùn）》《彖（tuàn）传》"浸而长也"，《正义》"浸者，渐进之名"。

② 淳（zhūn）：浇灌，浸润。

③ 亡：同"无"，下同。身：身体力行。存乎：停留在。辞：言辞。

④ 厚：强调。命：令，指令。

⑤ 从：服从，跟从。

⑥ 威服：以威力慑服。屡行：经常实施，反复推行。

⑦ 由：因为。上：身处上位的人。之：助词，取消句子的独立性。身：身体力行。

⑧ 刑人：对人用刑。参见《尚书·康诰》"非汝封刑人杀人，无或刑人杀人"，《史记·项羽本纪》"杀人如不能举，刑人如恐不胜"。

⑨ 君子：意指君主。坠德：道德丧失。

⑩ 身：亲自。服：从事。参见《孟子·滕文公上》孔子语"上有好者，下必有甚焉者矣"，《礼记·缁衣》"子曰：'下之事上也。不从其所令，从其所行。上好是物，下必有甚者矣'"。

⑪ 袀（jūn）冕：穿祭服而戴礼帽。袀：上下同色的军服，此处当借指祭服。阼（zuò）：古代指堂前东面的台阶，主人由此阶上下迎接宾客。此处借指帝位。

⑫ 衰绖（dié）：（穿）丧服。处（chǔ）位：立于高位。

⑬ 缺文据传世文献补。或补为"其哀。君冠胄（zhòu，头盔）带甲而立于军"，或补为"其哀；君甲胄立于桴（fú，鼓槌）鼓之间"。

⑭ 倡：倡导，宣导。

⑮ 鲜（xiǎn）：不多，非常少。

⑯ 唯然：正因为如此。

⑰ 存：（德行）蓄积。厚：深厚。

⑱ 动：行动。

⑲ 求诸其本：探求事物的根本。攻诸其末：致力于探究事物的细枝末节。

⑳ 得：收获，得到。

是（故）君子之于言也①，非从末流者之贵②，穷源反本者之贵③。

苟不从其由④，不反其本⑤，未有可得也者。君上向成不唯本⑥，功（弗成矣）⑦。农夫务食不强耕⑧，粮弗足矣。士成言不行⑨，名弗得矣。是故君子之于言也，非从末流者之贵，穷源反本者之贵。苟不从其由，不反其本，虽强之弗入矣⑩。

① 缺文据文意补。

② 从：依照，依顺。末流者：末次，事物不重要的部分。贵：重要。

③ 穷源反本：探寻事物的本源。反：同"返"，下同。

④ 由：缘由，来源。

⑤ 反其本：复归其本原。

⑥ 向成：期待成功。不唯本：不从根本上下功夫。

⑦ 缺文据下文文例补。

⑧ 务食：谋求饭食。强耕：勉力耕作。参见《淮南子·齐俗训》《墨子·非命下》。

⑨ 成言：订约，成议，完整的论断，引申为"豪言壮语"，参见《楚辞·离骚》"初既与余成言兮，后悔遁而有他"，《左传·襄公二十七年》"壬戌，楚公子黑肱先至，成言于晋"。行：行动，付诸实施。

⑩ 虽：即使。强：强加。入：（被人们）接纳。

上不以其道①，民之从之也难。是以民可慎导也②，而不可掩也③；可驭也，而不可擎也④。故君子不贵僻物⑤，而贵与民有同也⑥。智而比次⑦，则民欲其智之遂也⑧。富而分贱⑨，则民欲其富之大也⑩。贵而能让，则民欲其贵之上也⑪。反此道也⑫，民必因此重也以复之⑬，可不慎乎？故君子所复之不多⑭，所求之不远⑮，察反诸己而可以知人^⑯。是故，欲人之爱己也，则必先爱人；欲人之敬己也，则必先敬人。

注释

① 以其道：行君道。以：用，遵循。其：代词，他，那个。道：规律，方法。

② 慎导：谨慎疏导，小心引导。

③ 掩：蒙蔽，堵塞。

④ 驭：驾驭。挈（qiān）：束缚得不能动弹，管死。

⑤ 僻物：奇珍异物。参见《伪尚书·旅獒》"不贵异物贱用物"。

⑥ 与民有同：意即"与民同乐同心"。后文有"有同"具体情形的论述。参见《孟子·梁惠王下》"今与百姓同乐，则王矣！"

⑦ 智而比次：意同"智而教愚"。比：接近，亲近。次：资质低（的人）。

⑧ 欲：希望。智之遂：才智通达。

⑨ 分（fèn）：置身于，（甘愿）处于。贱：地位低。

⑩ 富之大：更加富有。参见《礼记·坊记》"贫而好乐，富而好礼"。大：增长，扩大。

⑪ 让：谦让，退让。贵之上：更加高贵。上：进一步。

⑫ 反：违背。此道：上述的道理、方法。

⑬ 重：加倍。复：报复，回应。

⑭ 复：回报。

⑮ 求：贪图。

⑯ 察反诸己：即"反察诸己"。察：省（xǐng）察。诸："之于"的合音。

天降大常，以理人伦^①。制为君臣之义^②，图为父子之亲^③，分为夫妇之辨④。是故小人乱天常以逆大道，君子治人伦以顺天德。《大禹》曰："余兹宅天心⑤"。盖此言也⑥，言余之此而宅于天心也⑦。是故君子簟席之上⑧，让而受幼⑨；朝廷之位，让而处贱⑩。所宅不陵矣⑪。小人不逞人于刃⑫，君子不逞人于礼⑬。栫梁争舟⑭，其先也不若其后也。言语嗓之⑮，其胜也不若其已也⑯。君子曰：从允释过⑰，则先者除，来者信⑱。

| 注释 |

① 天降：参见《尚书·大诰》"天降威"，《诗经·大雅·荡》"天降滔德"。大常：本指日月及天象经行有常。文中指本性，常道。理：规整，使……有序。

② 制：制定，拟定。义：义理。

③ 图：规划，演绎。亲：人伦关系。

④ 辨：差别。

⑤ 余：我。兹：现在，此处。宅：顺应。天心：天意，天德。

⑥ 盖：大概。

⑦ 之此：在这里。宅于：归顺于。

⑧ 簟（diàn）席：竹席。

⑨ 让：礼让。受幼：甘于不尊之位。与下文"处贱"互文见义。

⑩ 处贱：居于贱者之位。参见《礼记·坊记》"衽席之上，让而坐下，民犹犯贵。朝廷之位，让而就贱，民犹犯君"。

⑪ 宅：居。陵：凌驾。

⑫ 逞：显示，夸耀。刃：刀刃，借指勇力、暴力。

⑬ 礼：礼仪，规制。

⑭ 栫（jiàn）梁：桥梁上争路。栫：阻塞，阻挡。争舟：争相上船。

⑮ 嗥（háo）：吼叫。

⑯ 已：停止，罢休。

⑰ 从允：取法公允。释过：赦宥过失。

⑱ 先者：从前的人。除：离开。来者：依附归顺的人。信：相信，信任。

《君奭》曰："曩我二人，毋有合在言^①"，盖道不悦之始也^②。君子曰：虽有其亟而可能^③，终之为难^④。"槁木三年，不必为邦旗^⑤"，盖言寅之也^⑥。是以君子贵诚之^⑦。闻之曰：古之用民者，求之于己为亟^⑧。行不信则令不从^⑨，信不著则言不乐^⑩。民不从上之命，不信其言，而能含德者^⑪，未之有也。故君子之莅民也^⑫，身服善以先之^⑬，敬慎以守之^⑭，其所在者入矣^⑮。民孰弗从？形于中，发于色^⑯，其诚也固矣，民孰弗信？是以上之亟务在信于众^⑰。《说命》曰："允师济德"^⑱，盖此言也，言信于众之可以济德也^⑲。

注释

① 曩（nǎng）：从前，过去。我二人：指周公与召公。合在言：言辞和谐。

② 不悦之始：不和谐的开始。

③ 虽：即使。亟：积极努力。可能：能及，能够达到。参见《礼记·祭义》"养可能也，敬为难；敬可能也，安为难；安可能也，卒为难"。

④ 终之为难：坚持到最后则很难。

⑤ 槁木三年：枯槁多年的木柱。邦旗：疆界的标志。

⑥ 寅：不恒，易毁。

⑦ 诚之：择善而坚持追求。

⑧ 用民：治理民众。亟（qì）：经常。参见《论语·卫灵公》《孟子·公

孙丑上》《礼记·射义》。

⑨ 信：诚信。从：听从，服从。参见《礼记·中庸》"不信则民不从"。

⑩ 著：显著。乐：愿意接受。

⑪ 含德：怀藏道德。

⑫ 莅民：在民众面前。

⑬ 服善：施行善举。先：尊崇，重视。参见《管子·权修》"上身服以先之"。

⑭ 敬慎：恭敬谨慎。守：守护，守候。

⑮ 入：接纳。

⑯ 形于中：形成于内心。发于色：显现于表面。

⑰ 亟（jí）务：要务。

⑱ 允师：取信于众。允：取信于人，《说文》"允，信也"。师：易传《象》"师，众也"。济德：成就道德。济：补益，助益。

⑲ 言：说的是，意思是。信于众：取信于众。

圣人之性与中人之性①，其生而未有非之②。即于儒也③，则犹是也。唯其于善道也④，亦非有择数以多也⑤。及其博长而厚大也则圣⑥，人不可由与效之⑦。此以民皆有性而圣人不可慕也⑧。

| 注释 |

① 中人：普通人。

② 非：区别，分别。

③ 即于儒：指儒学受六艺教育。

④ 唯：只是。于善道：对于善道的态度。

⑤ 有择：刻意择选。数以多：次数频繁而累积。数（shuò）：屡次。

⑥ 及：及至，等到。博长：广大。厚大：厚实。参见伪《尚书·说

命上》"唯木从绳则圣"，《管子·君臣上》"夫民别而听之则愚，
合而听之则圣"。

⑦ 由：遵从。效：效仿。

⑧ 此以：因此，所以。慕：向往，追慕。参见《孟子·公孙丑上》。

是故凡物在疾之①。《君奭》曰："唯冒丕单称德②"，盖言疾也③。
君子曰：疾之，行之不疾，未有能深之者也④。勉之遂也⑤，强之
工也⑥；椭之弇也⑦，治之工也⑧，是以知而求之不疾⑨，其去人
弗远矣⑩。勇而行之不果，其疑也弗往矣⑪。

注释

① 疾：尽力，努力。

② 唯：发语词。冒：勤勉。丕：大。单：才可以。称德：推行德教。

③ 盖：大概。

④ 疾之，行之不疾：心里想努力，行动上不努力。深之：使之深，
使事情进一步。

⑤ 勉：勉力。遂：完成，成功。

⑥ 强：勤勉。工：通"功"，成效，下同。

⑦ 椭：椭圆。弇（yǎn）：近正圆形。

⑧ 治：整治，修整。

⑨ 是以：因此。知：明白（事理）。疾：尽心竭力。

⑩ 去：背离。弗远：时候将近。

⑪ 勇：敢于（面对）。不果：不果决，犹疑。往：归附。

唯君子道可近求而可远措也①。昔者君子有言曰："圣人天

德^②"，盖言慎求之于己^③，而可以至顺天常矣^④。《康诰》曰："不还大雅，文王作罚，刑兹亡赦^⑤"，盖此言也，言不溯大常者^⑥，文王之刑莫重焉。是故君子慎六位以祀天常^⑦。

注释

① 君子道：君子之道。求：求取。而：并且。措：运用，施行。参见《礼记·乐记》"致礼乐之道，举而措之天下无难矣"。

② 天德：即孔子所说的"三德"（天德、地德、人德）之一。参见《大戴礼记·四代》"有天德，有地德，有人德，此谓三德"。

③ 慎求：认真求取，谨慎反省。

④ 顺：顺应。天常：天之常道，纲常伦理。

⑤ 还：归于。作罚：制定处罚律令。刑：处罚。兹：指乱五常者。赦：赦免，宽宥。

⑥ 溯：违逆。大常：本性，常道。

⑦ 慎：顺从，遵循。六位：指上文所指的君臣、父子、夫妇。祀：敬祭。天常：天之常道。参见《左传·哀公六年》孔子所引《夏书》。

阅读链接

孟子·滕文公上（节录）

孟子曰："然，不可以他求者也。孔子曰：'君薨（hōng），听于冢宰，歠（chuò）粥，面深墨，即位而哭，百官有司莫敢不哀，先之也。'上有好者，下必有甚焉者矣。君子之德，风也；小人之德，草也。草尚之风，必偃。是在世子。"

礼记·祭统（节录）

及时将祭，君子乃齐。齐之为言齐也。齐不齐以致齐者也。是故君子非有大事也，非有恭敬也，则不齐。不齐则于物无防也，嗜欲无止也。及其将齐也，防其邪物，讫其嗜欲，耳不听乐。故记曰："齐者不乐"，言不敢散其志也。心不苟虑，必依于道；手足不苟动，必依于礼。是故君子之齐也，专致其精明之德也。故散齐七日以定之，致齐三日以齐之。定之之谓齐。齐者精明之至也，然后可以交于神明也。是故先期旬有一日，宫宰宿夫人，夫人亦散齐七日，致齐三日。君致齐于外，夫人致齐于内，然后会于太庙。君纯冕立于阼，夫人副袆（huī）立于东房。君执圭瓒裸（guàn）尸，大宗执璋瓒亚裸。及迎牲，君执纼（zhèn），卿大夫从，士执刍。宗妇执盎从，夫人荐涗（shuì）水。君执鸾刀羞哜（jì），夫人荐豆，此之谓夫妇亲之。

墨子·非命下（节录）

是故子墨子曰："今天下之君子之为文学出言谈也，非将勤劳其惟舌，而利其唇呡（wěn）也，中实将欲其国家邑里万民刑政者也。"今也王公大人之所以蚤朝晏退，听狱治政，终朝均分而不敢怠倦者，何也？曰：彼以为强必治，不强必乱；强必宁，不强必危，故不敢怠倦。今也卿大夫之所以竭股肱之力，殚其思虑之知，内治官府，外敛关市、山林、泽梁之利，以实官府而不敢怠倦者，何也？曰：彼以为强必贵，不强必贱；强必荣，不强必辱，故不敢怠倦。今也农夫之所以蚤出暮入，强乎耕稼树艺，多聚叔粟而不敢怠倦者，何也？曰：彼以为强必富，不强必贫；强必饱，不强必饥，故不敢怠倦。今也妇人之所以夙兴夜寐，强乎纺绩织纴（rèn），多治麻统葛绪，捆布縿（shān），而不敢怠倦者，何也？曰：彼以为强必富，不强必贫；强必暖，不强必寒，故不敢怠倦。今虽毋在乎王公大人，蒉若信有命而致行之，则必怠乎听狱治政矣，卿大夫必怠乎治官府矣，农夫必怠乎耕稼树艺矣，妇人必怠乎纺绩织纴矣。王公大人怠乎听狱治政，卿大夫怠乎治官府，则我以为天下必乱矣；农夫怠乎耕稼树艺，妇人怠乎纺绩织纴，则我以为天下衣食之财将必不足矣。若以为政乎天下，上以事天鬼，天鬼不使，下以持养百姓，百姓不利，必离散，不可得用也。是以入守则不固，出诛则不胜。故虽昔者三代暴王桀、纣、幽、厉之所以共抎（yǔn）其国家，倾覆其社稷者，此也。是故子墨子言曰：今天下之士君子，中实将欲求兴天下之利、除天下之害，当若有命者之言，不可不强非也。曰：命者，暴王所作，穷人所术，非仁者之言也。今之为仁义者，将不可不察而强非者，此也。

阅读延伸

　　《成之闻之》一章简文古奥，学者们已经有所注重，但仍然在缀联、释读和理解上有可以商榷之处。李学勤先生曾著文《试说〈成之闻之〉两章》，首先对圣人之性章进行了重新训释和解读，概括了此章的大意，并将其与孔子论性的话进行比较，指出这一章的性质属于性论，其目的是对孔子的性论给予进一步的阐释。文章又对天常章进行了讨论，李学勤认为，竹简文本文字始于"天降大常"，终于"以已天常"，一气呵成，故暂称为天常章。李先生还对文本文字重新进行训释，如"天降大常"之"降"应释为"徵"，此句即天明大常，就是天常。天常表现为人伦，即君臣、父子、夫妇六位。小人乱天常也即违反人伦，君子治人伦也即上顺天德；"以已天常"之"已"疑读为"似"，即《说文》所说"象也"。君子慎六位，处好君臣、父子、夫妇的关系，使天常获得体现，这也就是以象天常。李学勤说，假如将上述两章与《大学》《中庸》合读，可能会得出更好的结果。如章文"民皆有性"参照《中庸》"天命之谓性"，章文"慎求之于己"参照《大学》的"慎独"，都不难窥见其间的脉络。郭店简《六德》申论六位，当在此篇之后，属同一著作。

《成之闻之》引《书》

——《成之闻之》：《君奭》曰："惟冒丕单称德。"【简22】

《尚书·君奭》：惟兹四人，昭武王，惟冒丕单称德。

——《成之闻之》：《说命》曰："允师济德。"【简25】

——《成之闻之》：《君奭》曰："曩我二人，毋有合在音。"【简29】

《尚书·君奭》：予惟曰："襄我二人，汝有合哉？"言曰："在时二人。"

——《成之闻之》：《大禹》曰："予兹宅天心。"【简33】

——《成之闻之》：《康诰》曰："不还大雅"，"文王作罚，【简38】刑兹亡赦"。【简39】

《尚书·康诰》：乃其速由文王作罚，刑兹无赦。不率大戛，矧惟外庶子训人？

其中，《君奭》《康诰》三条，见于今、古文篇；《说命》一条当为佚篇逸文；《大禹》可能亦为佚篇逸文，或与《古文尚书·大禹谟》有关。

语丛（一、二、三、四）

语丛

（一、二、三、四）

　　《语丛》诸篇原无篇题，整理者认为，其内容和体例与《说苑·谈丛》《淮南子·说林》类似，故以"语丛"为题。有学者认为，《语丛》诸篇"在内容上是与《性自命出》诸篇相出入，在形式上则类似古代注解。盖杂录先儒之说，以备诸篇之'说'。'说'在古代是传授经籍，与'传''记'相辅翼的一种注解体裁，也许称为'儒家杂说'更好"。

　　《语丛一》竹简113枚，是郭店楚简中单篇存简数量最多的一篇，其中8号简残损，有5枚简文字残缺。简长约17厘米，编线3道，整简一般书写8字，总字数687个，字迹清晰。内容为义理格言类短句，句末一般标有短横形句读。

　　《语丛一》主要谈论了天人关系以及儒家核心思想：仁、义、智、善、忠、信、礼、乐、德等。全篇内容较零散，但大多与郭店楚简《性自命出》《尊德义》《六德》等儒家典籍的思想内容相关，涉及儒家学说的诸多命题。

　　首先是天人关系和天命观。《语丛一》中的"天"指自然之天，类似于自然秩序和自然规律。"有天有命，有物有名。天生伦，人生化。""天"是万物之源，也是万物之理，它生成万物，同时规定了万物存在与发展的具体模式和根本原则。"天"与"命"对万物本性有着决定性的影响，"有生有知，而后好恶生"，其基本理念与《性自命出》的"性自命出，命自天降，道始于情，情生于性"一致。

《语丛一》认为，天所造化的万物中，以人最为尊贵。"夫生百物，人为贵。人之道也，或由中出，或由外入。"人道源于人心、人性、人情以及人与外界的关系。基于天人关系，人道中又包含有天道，人能知天道，知人道，就能知仁义之道，也就能"知命"。简文总结，"知天所为，知人所为，然后知道，知道然后知命。"就人道而言，"知己而后知人，知人而后知礼，知礼而后知行。其知博，然后知命。"这里的"知命"，与孔子"知天命"意义相同，即懂得命运是怎么回事。《语丛一》指出，只有了解自己，才能懂得别人，进而理解人与人的相处之道，也就明白该如何行事。此论与《尊德义》对"知"的陈述逻辑相仿，该篇认为只有知己，才能知人、知命、知道，最后落脚为知行，而《语丛一》的落脚点则是知命。

借由人道观，简文接着探讨了儒家的人伦道德规范。"人之道也，或由中出，或由外入。由中出者，（仁）、忠、信。""仁生于人，义生于道。或生于内，或生于外。""仁，人也。义，（道也）。（厚于仁，薄）于义，亲而不尊。厚于义，薄于仁，尊而不亲。"所述内容与《六德》有着较强的关联性，相似记载也见于《礼记》《孝经》等文献。《语丛一》认为，对父辈的孝和对兄长的悌，应发自内心，否则就不是真正的孝悌。孝悌尊亲，建立在血缘之上，朋友、君臣则无血缘关系，是可以互相选择的。"友、君、臣，无亲也。""君臣、朋友，其择者也。"体现了血缘至上的原则，血缘关系高于社会关系，与《六德》所反映的思想一致。

除此之外，简文还谈及儒家"六经"。《六德》有"观诸《诗》《书》则亦在矣，观诸《礼》《乐》则亦在矣，观诸《易》《春秋》则亦在矣"。《诗》《书》《礼》《乐》《易》《春秋》是孔子晚年整理的六部先秦典籍，后人称之为"六经"。《语丛一》分别总结了"六经"的核心内容："《易》，所以会天道人道也。《诗》，所以会古今之志也者。《春秋》，所以会古今之事也。《礼》，交之行述也。《乐》，或生或教者也。"《易》载道，《诗》言志，《春秋》记史，《礼》述行，《乐》生教。《书》所载之简残，参照《荀子·儒效》"《书》言是其事也"，可大略推知残缺简文的内容。《语丛一》关于"六经"的总述与《庄子·天下》之"《诗》以道志，《书》以道事，《礼》以道行，《乐》以道和，《易》以道阴阳，《春秋》以道名分"大致相当，亦可与《荀子》《春秋繁露》《新书·道德说》等文献记载相互参照。先秦两汉对"六经"纲要之评述与认识演变，由此可窥一斑。

《语丛二》存简 54 枚，其中残简 2 枚。整简长约 15 厘米，是郭店楚简中最短的一类。编线三道，整简写满文字一般为 8 字，字迹清晰。内容主要谈论由"性"和"欲"衍变出来的各种情绪或情感行为等。句末一般有短横形标志。标题是整理者拟加。

《语丛三》存简 73 枚，其中 66 枚完整，7 枚残断。

《语丛四》存简 27 枚，简长 15 厘米左右，简两端平齐。有上下两道编线，相隔约 6 厘米。现存 403 字，句读符号 34 个，分章符号 4 个。其中 27 号简背面写有 14 字。内容由类似格言的句子组成，直接反映了东周士级阶层对社会的看法。

语丛一

凡物由亡生[1]。

有天有命，有物有名[2]。天生伦，人生化[3]。有命有文有名[4]，而后有伦。有地有形有尽[5]，而后有厚[6]。有生有知[7]，而后好恶生[8]。有物有由有归[9]，而后教生[10]。

① 凡：所有的，全部。亡：通"无"，下同。句意参见《老子》"天下万物生于有，有生于无"。

② 命：生命。物：天下万物。名：称呼。

③ 生：衍生，滋生。伦：秩序，伦理。化：风气，风俗习惯。

④ 文：规律，自然界及人类社会中带规律性的现象。

⑤ 有地有形：参见《黄帝内经·素问·阴阳应象大论篇第五》。尽：穷尽，指地的广度。

⑥ 厚：指地的厚度。参见《庄子·天下》"无厚，不可积也，其大千里"。

⑦ 生：生命力。知：理智。参见《荀子·王制》"人有气、有生、有知，亦且有义，故最为天下贵也"。

⑧ 好（hào）恶（wù）：喜欢与厌恶。参见《乐记》"人生而静，天之性也；感于物而动，性之欲也。物至知知，然后好恶形焉"。

⑨ 由：开始。归：结束。

⑩ 教：教化。参见《礼记·祭统》"尽其道，端其义，而教生焉"。

有天有命，有地有形，有物有容①，有嗅有名②。有物有容，有尽有厚，有美有善③。有仁有智④，有义有礼，有圣有善⑤。

注释

① 容：外表，物的形态。

② 嗅：气味。

③ 参见《荀子·乐论》"故乐行而志清……天下皆宁，美善相乐"。

④ 参见《荀子·君道》"故智而不仁，不可；仁而不智，不可；既智且仁，是人主之宝也"。

⑤ 参见《诗经·邶风·凯风》"母氏圣善，我无令人"。

夫生百物，人为贵①。人之道也，或由中出，或由外入②。由中出者，（仁）、忠、信。由（外入者，礼、乐、刑）③。仁生于人，义生于道④。或生于内，或生于外⑤。

注释

① 夫：疑为"天"字之讹。"天生百物，人为贵"是孔子的话，如《孝经》"子曰：天地之性，人为贵"，《大戴礼记·曾子大孝》"曾子闻诸夫子曰：天之所生，地之所养，人为大矣"，等等。

② 或：指示代词，有的。中：内心。外：外界。

③ 缺文据文意补。"礼、乐、刑"或补为"义、智、礼""圣、智、义""义、礼、乐"。

④ 句意参见《礼记·表记》"仁者人也，道者义也"。

⑤ 句意参见《孟子·告子上》《墨子·经上》及《六德》篇的"仁内义外"说。

（性生仁，仁生忠，忠生信，信）生德，德生礼，礼生乐，由乐知刑①。

知己而后知人，知人而后知礼，知礼而后知行②。其知博，然后知命③。知天所为，知人所为，然后知道，知道然后知命④。

注释

① 缺文据空档及文意补。生：产生，滋生。参见《老子》"道生一，一生二，二生三，三生万物"。刑：哀伤。参见《尊德义》篇"由乐知哀"。

② 行：行为，行动。

③ 知博：认知广博。参见《春秋繁露·王道通》"知广大有而博，唯人道可以参天"，《荀子·荣辱》"自知者不怨人，知命者不怨天"。

④ 参见《庄子·大宗师》"知天之所为，知人之所为者，至矣"，《尊德义》："察者出所以知己，知己所以知人，知人所以知命，知命而后知道，知道而后知行"。

礼，因人之情而为之节文者也①，善理而后乐生②。礼生于庄，乐生于宁③。礼齐乐零则蹙④，乐繁礼零则慢⑤。

注释

① 因：因循，根据。情：性情。节文：制定礼仪（使行之有度）。参见《礼记·坊记》"礼者，因人之情而为之节文"。

② 理：指圣人对"乐"的整理。

③ 庄：端正，庄重。宁：安宁。

④ 齐：完备。零：零落，稀少。蹙：局促不安，拘谨。

⑤ 繁：繁琐，繁多。慢：轻慢，轻佻。

《易》，所以会天道人道也①。《诗》，所以会古今之志也者②。《春秋》，所以会古今之事也③。礼，交之行述也④。乐，或生或教者也⑤。（书，言是其事）者也⑥。

注释

① 所以：介宾短语，相当于"以所"，即"用它来""靠它来"的意思。会：会集。参见帛书《要》篇"故《易》有天道焉……有地道焉……有人道焉"。

② 志：心志，情志。参见《尚书·尧典》"诗言志，歌咏言，声依咏，律和声"。

③ 参见《慎子》佚文"《春秋》，往事也"，《春秋繁露·楚庄王》"《春秋》之于世事也，善复古，讥易常，欲其法先王也"。

④ 交：交往，交际。行述：遵循，规则，参见《说文》"行，道也"，"述，循也"。

⑤ 或：叙述句里表示选择或列举。参见《汉书·韩安国传》"吾势已定，或营其左，或营其右，或当其前，或绝其后，单于可禽，百全可取"。生：培育。参见《周礼·天官·大宰》"六曰事典，以富邦国，以任百官，以生万民"。教：教化。

⑥ 缺文据《荀子·儒效》补。言是：说的是，记载的是。参见《荀子·儒效》"《诗》言是其志也，《书》言是其事也，《礼》言是其行也，《乐》言是其和也，《春秋》言是其微也"。

凡有血气者，皆有喜有怒，有易有庄①；其体有容有色②，有声有嗅有味③，有气有志④。凡物有本有末，有终有始⑤。

注释

① 有血气者：指身心健康的人。易：轻率，易慢。庄：庄重。

② 体：身体，形体。容：脸色，面貌。色：颜色，气色。

③ 嗅：气味。

④ 气：气色。志：思想。

⑤ 本：根本。末：末梢。参见《礼记·大学》"物有本末，事有终始，知所其后，则近道矣"。

容色，目司也①。声，耳司也。嗅，鼻司也。味，口司也。气，容司也^②。志^③，心司。义亡能为也^④。贤者能理之^⑤。

注释

① 容色：面容神色。参见《论语·乡党》："享礼，有容色。私觌
（dí），愉愉如也"。司：掌管，控制。

② 气：气色。容：面容。

③ 志：思想。

④ 亡：通"无"。为：刻意而为，做作。

⑤ 贤者：有能有德的人。理：整理，治理，使有条理、有秩序。

父子，识上下也^①；兄弟，识先后也。为孝，此非孝也^②；为弟^③，此非弟也。不可为也^④，而不可不为也^⑤。为之，此非也；弗为，此非也^⑥。

注释

① 识（zhì）：标志。

② 为：刻意而为。此：则，乃。非：不是，不合于。

③ 弟：顺敬兄长。汉以后作"悌"。

④ 为：刻意作为。

⑤ 为：做，作为。

⑥ 参见《墨子·大取》"权非为是也，亦非为非也。……求为之，非也。害之中取小，求为义，非为义也"。

政其然而行^①，治安尔也^②。政不达文^③，生乎不达其然也^④。学，学己也^⑤。

注释

① 政：政令。其：表示假设，相当于"如果、假如"，参见《诗经·小雅·小旻》"谋之其臧，则具是违；谋之不臧，则具是依"。然：合适，正确。行：施行。

② 治安：社会安宁，秩序安定。

③ 达：遵循。文：典法。

④ 生：作为（施政）。参见《文选·扬雄〈解嘲〉》"吾闻上世之士，人纲人纪，不生则已，生必上尊人君，下荣父母"。吕向注"生，犹为也"。不达其然：不能达到预期效果。

⑤ 学：学习，觉悟。学己：使自己觉悟。

其生也亡为乎？其刑^①。

注释

① 生：生来，一开始。亡为：不刻意作为。其刑：此处疑编连有误。

知礼然后知刑^①。刑非严也^②。

注释

① 刑：法理。

② 非严：不宜严苛。

上下皆得其所之谓信^①。信非至齐也^②。

注释

① 得其所：言行与其身份地位匹配。信：诚实不欺。

② 至齐：达到同样的高度。

政其然而行，治安①。

| 注释 |

① 治安：社会安宁，秩序安定。

察天道以化民气①。

| 注释 |

① 察：审度，观察。化：教化。民气：民众的精神、气概。参见《黄帝内经·素问·六元正纪大论》"天地可见，民气可调"。

亡物不物①，皆至焉②，而亡非己取之者③。

| 注释 |

① 亡物不物：意即"万物皆物"；或解后一个"物"字为动词，役使。参见《庄子·山水》"物物而不物于物"，《管子·内业》"君子使物，不为物使"。
② 皆至焉：指万物皆至。
③ 取：求取。本段意思是说没有"物"能够脱离"物"的范畴。物由外入，都是己与物关联的结果。

悲丧其所也①，亡非是之弗也②。
受者，遇寇不逮③，从一道④。
（道者）义，然不然⑤。

注释

① 悲丧（sāng）：哀悼逝者。所：缘由。

② 亡非是：无非是，都是。之：至，为了。弗：通"祓（fú）"，除去不祥，参见《诗经·大雅·生民》："生民如何？克禋（yīn）克祀，以弗无子。"郑玄笺："弗之言祓也……以祓除其无子之疾而得其福也"。

③ 受：遭受，受敌。遇寇不逮：意近《孙子兵法》"穷寇勿追"。

④ 从一道：语意不明。

⑤ 缺文据文意补。然不然：以不是为是。参见《庄子·天地》《吕氏春秋·正名》。

仁，人也。义，（道也）。（厚于仁，薄）于义，亲而不尊①。厚于义，薄于仁，尊而不亲②。

注释

① 缺文参见《礼记·表记》："仁者，人也。道者，义也。厚于仁者薄于义。亲而不尊。厚于义者薄于仁，尊而不亲。"亲而不尊：只能亲其亲而不能尊其贤。

② 尊而不亲：只能尊其贤而不能亲其亲。

（君，尊而不亲。母，亲而不尊。）父，有亲有尊①，长弟②，亲道也。友、君、臣，无亲也③。

人亡能为④。

有察善⑤，亡为善。察所知⑥，察所不知。势与声为可察也⑦。

注释

① 缺文参见《孝经·士》"故母取其爱，而君取其敬，兼之者父也。"另，《礼记·表记》"有父之尊，有母之尊……母，亲而不尊；父，尊而不亲"，与简文表述不同。

② 长（zhǎng）弟：兄弟。

③ 无亲：没有亲情。无：原简文不写作"亡"字。

④ 为：刻意而为，做作。

⑤ 察：审度，观察。

⑥ 察所知：揣摩审度已知的。察：观察。

⑦ 势：势力。声：声望。

君臣、朋友，其择者也①。

宾客，清庙之文也②。

多好者，亡好者也③。

数，不尽也④。

缺，生乎未得也⑤。

爱善之谓仁⑥。

仁义为之臬⑦。

备之谓圣⑧。

時由敬作⑨。

有生乎名⑩。

注释

① 君臣、朋友相择的思想见于《大戴礼记·卫将军文子》"君择臣而使之，臣择君而使之"，《晏子春秋·内篇问上》"故君者择臣

而使之，臣虽贱，亦得择君而事之"，《新书·大政下》"君必择其臣，而臣必择其所与"，《大戴礼记·主言》"上亲贤而下择友"，《新书·杂事》"诸侯自择师者王，自择友者霸"。

② 清庙：古帝王的宗庙。另为《诗经·周颂》篇名，指古帝王祭祀祖先的乐章。此处或指周王室的宗庙祭祀活动。参见《诗经·周颂·清庙》"於穆清庙，肃雝显相。济济多士，秉文之德。对越在天，骏奔走在庙。不显不承，无射于人斯"。文：文饰，装饰。

③ 多：过分，过度。此句意即"好得过分就不好了"。参见《老子》"天下皆知美之为美，斯恶已"。

④ 数：道数。尽：穷尽。

⑤ 缺：缺乏，短少。生：发生，产生。得：得到。

⑥ 爱善：仁爱良善。

⑦ 枭：法度。或读为"恒"，典常。

⑧ 备：顺利，周全。参见《礼记·祭统》"备者，百顺之名也，无所不顺者谓之备"。

⑨ 畤（zhì）：祭坛，古代祭祀天地五帝的固定处所，参见《史记·孝武本纪》"于是以荐五畤，畤加一牛以燎。赐诸侯白金，以风符应合于天地"。

⑩ 有生乎名："有"即"物"。参见《老子》"有名，万物之母"。

丧，仁之端也①。

求者，无有自来也②。

盈听之谓圣③。

权，可去可徙④。

凡痛者踊⑤。

礼不同，不丰，不杀⑥。

凡物由亡生⑦。

物各止于其所，我行皆有之⑧。

决与信，器也，各以谵辞毁也⑨。

乎与容与夫其行者⑩。

食与色与疾⑪。

止之⑫。

乐正⑬。

| 注释 |

① 丧：丧礼（体现恻隐之心）。端：首，开始，开端。参见《孟子·尽心上》"恻隐之心，仁之端也"。

② 参见《孟子·尽心上》所谓"求在我者"，属心术之论。

③ 盈：充分。参见《周易·说卦》"圣人南面而听天下"。

④ 权：权势。去：失去，失掉。徙：变化，贬谪。

⑤ 踊：顿足，参见《孝经·丧亲》"擗（pǐ）踊哭泣，哀以送之"。这里特指丧礼中的规定。

⑥ 丰：奢侈，增加。杀（shài）：吝音，减少。参见《礼记·礼器》"礼不同、不丰、不杀"，《孔子家语》卷十"礼不同不异，不丰不杀"。

⑦ 参见《老子》"天下万物生于有，有生于无"。

⑧ 止：处于。其所：其相应的位置。有之：与之相关。参见《淮南子·原道》"物便其所"，《列子·天瑞》"物职所宜"。

⑨ 决：决心，决断。信：信念，信心。器：气度，才能。谵（zhān）辞：妄言，荒诞不经的话。

⑩ 乎：同"呼"，称呼。与：连词，和，同。容：外貌，容貌。（第

二个）与：匹配，相当。夫（fú）：发语词。行：流行，流传。

此句大意是说"称呼与外貌相当，才能流传"。

⑪ 食与色与疾：参见《孟子·告子上》"食、色，性也"。与：连词，和。

⑫ 止之：使之停止。

⑬ 乐正：《礼记》中"乐正"是司掌乐政的官名。

语丛二

情生于性①，礼生于情，严生于礼②，兢生于严，望生于兢③，耻生于望，利生于耻，廉生于利④。文生于礼，博生于文⑤。大生（于）……愠生于忧⑥。

| 注释 |

① 情：（外显）的情感。性：（内在的）本性。参见《性自命出》。

② 严：威严，庄严。参见《礼记·曲礼》"非礼，威严不行"。

③ 兢：恐惧，戒慎。望：责怨，责望。

④ 利：参见《左传·襄公九年》"利者，义之和也"，《广雅·释诂》"利，仁也"。耻：羞愧，内疚。廉：正直。

⑤ 文：指"六艺"之文。博：博学。参见《庄子·缮性》"文减质，博溺心"，《荀子·非相》"文而致实，博而党正"。

⑥ "（于）"后缺文，或为一字，或为五字。愠：恼怒。

爱生于性①，亲生于爱，忠生于亲。欲生于性，虑生于欲，悟生于虑，争生于悟，党生于争②。贪生于欲，怀生于贪，忡生于怀③。谖生于欲，讦生于谖，妄生于讦④。浸生于欲，恶生于浸，逃生于恶⑤。急生于欲，忮生于急⑥。

| 注释 |

① 爱：孝亲，仁爱。参见《礼记·哀公问》"弗爱不亲"，《礼记·祭义》"立爱自亲始"。

② 虑：算计，图谋。悜（chè）：生气，小怒。党：朋党，私党。争：斗争。参见《论语·卫灵公》"君子矜而不争，群而不党"。

③ 怀（pī）：通"背"，背叛。忡：忧愁。

④ 谖（xuān）：欺诈，欺骗。讦（xū）：诡诈。妄：荒诞，狂乱。

⑤ 浸：沉溺。恧（nù）：惭愧。逃：逃避。

⑥ 急：急躁，狭隘。忮（zhì）：忤逆，逞强。

智生于性，谋生于智①，悦生于谋，好生于悦，从生于好②。子生于性，易生于子③，肆生于易，容生于肆④。

| 注释 |

① 参见《孟子·尽心上》"君子所性，仁义礼智根于心"，《韩非子·显学》"夫智，性也；寿，命也"。

② 悦：悦服。谋：参见《管子·霸言》"令人主一喜一怒者，谋也"，《管子·内业》"喜怒取予，人之谋也"。好（hào）：喜欢，欣赏。从：服从，跟从。

③ 子：慈爱，指人君爱民。易：平易，和悦。

④ 肆：中正。容：包容。

恶生于性，怒生于恶，胜生于怒，惎生于胜，贼生于惎①。喜生于性，乐生于喜，悲生于乐②。愠生于性，忧生于愠，哀生于忧③。惧生于性，慊生于惧，望生于慊④。强生于性，立生于强，断生于立⑤。

弱生于性，疑生于弱，背生于疑^⑥。

注释

① 胜：争强好胜。恳（jì）：忌恨。贼：伤害，祸害。

② 喜：喜好，爱好。乐：极度高兴。

③ 愠：恼怒，怨恨。忧：发愁，担心。哀：悲痛，悲伤。

④ 慊（qiàn）：怨恨，不满。惧：恐惧。望：责怨，埋怨。

⑤ 强：刚强，自强。立：独立，不依附。断：果断，武断。

⑥ 弱：软弱。疑：猜疑。背：背离。本段文字参见《左传·昭公二十五年》。

凡悔，已寡者也^①。

凡必，有不行者也^②。

凡过，正一以失其它者也^③。

凡悦，作于誉者也^④。

华，自宴也^⑤。侧，退人也。

名，数也^⑥，由□鲧生。

未有善事人而不返者。未有华而忠者^⑦。

知命者亡必^⑧。

有德者不移^⑨。

疑取再^⑩。

毋失吾势，此势得矣^⑪。

小不忍，伐大谋。

其所之同^⑫，其行者异，有行而不由，有由而不行。

① 凡：凡是，一切。已：太，过。参见《孟子·离娄下》"仲尼不为已甚者"。寡：少，缺少。

② 必：坚持，固执己见。有：或者，可能。不行：行不通。

③ 过：通"祸"，灾祸，参见《周礼·天官·太宰》"八曰诛，以驭其过"。正一：独尊。

④ 誉：赞扬。

⑤ 宴：喜乐。

⑥ 名：指名目、种类。数：多。

⑦ 善事人：善于与人交往。返：回报。华：浮虚。

⑧ 亡必：不确定。

⑨ 不移：不改变。

⑩ 疑：不确定。取：求，选择。再：反复。

⑪ 势：势力。

⑫ 之：往。

语丛三

父亡恶^①。君犹父也^②，其弗恶也^③，犹三军之旆也、正也^④，所以异于父，君臣不相存也^⑤，则可已^⑥；不悦，可去也^⑦；不义而加诸己^⑧，弗受也^⑨。

注释

① 亡：通"无"，没有。

② 犹：犹如。

③ 弗：没有。

④ 三军：前军、中军、后军，军队的统称。旃（zhān）：旌旗。正：中心（地位）。

⑤ 相存：相互依存，相互慰恤。

⑥ 已：止，罢了，结束。

⑦ 悦：愉悦，高兴。去：离开。

⑧ 而：如果。加：强加。诸："之于"的合音。

⑨ 受：接受。

友君①，臣之道也。长弟，孝之方也②。父孝子爱，非有为也③。

| 注释 |

① 友君：支持佐助国君。友：给予帮助或支持。

② 长：抚育，培养。方：准则，规制。

③ 有为（wèi）：有目的刻意而为。

与为义者游，益①。与庄者处②，益。起习文章③，益。与亵者处，损④。与不好学者游，损。处而亡列习也⑤，损。自示其所能⑥，损。自示其所不足⑦，益。游侠，益。高志，益。存心，益⑧。所不行，益。必行⑨，损。从所少好，与所少乐⑩，损。

| 注释 |

① 为义者：做事讲求道义的人。游：结交，交往。益：增加，受益。下同。

② 庄者：行为仪态庄重的人。处：相处，交往。

③ 起习文章：行动起来习读文章。

④ 亵者：轻慢无礼的人。损：减损，蒙受害处。下同。

⑤ 列：长幼次序。习：习惯，习性。

⑥ 自示其所能：自己显摆自己的长处。参见《大戴礼记·文王官人》"伐其所能，曰日损者也"。

⑦ 自示其所不足：意即"自揭其短"。参见《大戴礼记·文王官人》"见（疑'示'之讹）其所不足，曰日益者也"。

⑧ 游佚：优游安逸，参见《墨子·尚同》"是故古者天子之立三公、诸侯、卿之宰、乡长、家君，非特富贵游佚而择之也，将使助治乱刑政也"。高志：崇高远大的志向，参见《荀子·修身》"抗之以高志"。存心：心存意念，用心，专心，参见《孟子·离娄下》"君子所以异于人者，以其存心也"。

⑨ 所不行：疑句前脱漏"有"字，有所不行，即有所不为。必行：执意而为。

⑩ 从：跟从。少：缺乏。好：益处。与：交往。乐：快乐。

天刑成人^①，与物斯理^②。（与）物以日，物有理^③，而地能含之生之者^④，在早^⑤。春秋亡不以其生也亡耳^⑥。

| 注释 |

① 天刑：上天的法则，参见《国语·周语下》"上非天刑，下非地德，中非民则"。成：造就。

② 与：给予。物：万物。斯：这样的，同样的。理：万物运作的规律，天理。参见《礼记·乐记》"好恶无节于内，知诱于外，而不能反躬，天理灭矣"。

③ 缺文据文意补。日：时间。有理：形成（自身发展变化的）规律。

④ 含之生之：指大地生养万物。

⑤ 在早：在起初时，在开始的时候。

⑥ 春秋：一年四季。亡：通"无"。以：因为。其：指万物。生：产生。
　 亡：消亡。

仁，厚之（端）也①。（丧，仁）之端也②。义，德之进也③。
义，善之方也④。德至区者⑤，治者至亡间⑥。未有其至⑦，则仁
治者至亡间，则成名⑧。爱治者亲⑨。智治者寡悔⑩。（善）治者谋。
兼行则治者中⑪。交：交行则……⑫

注释

① 端：发端，开始。

② 缺文据《语丛一》补。

③ 进：长进，进步。

④ 方：方向或法度、法则。

⑤ 德至区：意即"德无所不至"。区：微小。

⑥ 亡间（jiàn）：即"无间"，没有间隙，无所不至。

⑦ 至：极致。

⑧ 成名：成就名望。

⑨ 爱治：用仁爱治理天下。亲：可亲，值得依附。

⑩ 智治：用智慧治理天下。寡悔：即"少悔"，少懊悔，参见《论
　 语·为政》。

⑪ 中：中正，合适。

⑫ 残简缺文，语意不明。

丧，仁也①。义，宜也。爱，仁也。义处之也，礼行之也②。
不善择③，不为智。物不备④，不成仁。

爱亲则其次爱人。踊，哀也。三踊，文也⑤。

文依物以情行之者⑥，或由其避，或由其不进，或由其可⑦。

谋则难犯也⑧。

注释

① 参见《语丛一》"丧，仁之端也"。

② 义处：以义相处。礼行：以礼行事。

③ 善择：善于选择。

④ 备：齐备，完备。

⑤ 踊：顿足。三踊：特指丧礼中的规定。文：节文，各种礼节规定。

⑥ 依物：根据对象。以情：根据情况。行：施行。

⑦ 由：听任。避：回避，避开。进：奉上，敬上。可：愿意，主观意愿。

⑧ 谋：谋划。犯：侵犯。参见《语丛四》"君有谋臣，则壤地不削"。

强之树也，强取之也①。

莫得善其所②。

思亡疆，思亡期，思亡邪，思亡不由我者③。

志于道，狎于德，依于仁，游于艺④。

善日化我，我日化善，贤者唯其止也以异⑤。

乐，备德者之所乐也⑥。

宾客之用币也，非征⑦；纳货也，礼必及⑧。

进食之道，此食乍安⑨。

注释

① 强：硬物，刚性的东西。树：树立，立起来。取：引发，导致。

111

参见《荀子·劝学》"强自取柱，柔自取束"，《性自命出》"刚之树也，刚取之也"。

② 善：恰当，合适。其所：一个预定的位置。此句编连存疑。

③ 思：《诗经》原文"思"为句首虚词，无实义，此处似应解为"思想"。亡疆：无疆，（空间）没有止境。亡期：无期，（时间）没有止境。亡邪：无邪，（方向）不偏斜。由我：顺随个人主观。参见《诗经·鲁颂·駉（jiōng）》。

④ 志：立志。狎：习狎，靠近。依：凭借，依凭。游：悠游，游刃有余，熟稔于心。艺：孔子所说的礼、乐、射、御、书、数六艺。参见《缁衣》"德易狎而难亲"，《论语·述而》"志于道，据于德，依于仁，游于艺"及《礼记·少仪》"依于德，游于艺"。

⑤ 日：每日，每天。化：教化，感化。化善：化性为善，参见《荀子·性恶》。止：通"职"，职事，职分。参见《诗经·小雅·巧言》"匪其止共，惟王之邛"。

⑥ 备：具备。此句参见《礼记·乐记》"乐也者，圣王之所乐也"。

⑦ 宾客：外交使节和游说之士。币：礼物，财物。征：索取。

⑧ 纳货：收受财物。及：给，给予，回赠。

⑨ 此：乃。食：作动词，吃。乍：恰好，正好。安：合适。

人之性非与？止乎其①。

有性有生，呼生。有孽……②

得者乐，失者哀。

孝。

行煦，此友矣③。

中则会④。

亡意，亡固，亡我，亡必⑤。

亡物不物，皆至焉⑥。

亡亡由也者。亡非乐者⑦。

名二，物三。生为贵⑧。

有天有命，又有性有生⑨，呼。

……名⑩。

生。为其形⑪。

命与文奴⑫，有性有生。

呼物。者⑬。

注释

① 人之性非与？止乎其：残简缺文，语意不明。

② 有性有生，呼生。有孳：残简缺文，语意不明。

③ 行：远行。赆（jìn）：临别时馈赠的礼物。参见《孟子·公孙丑下》"行者必以赆"。此：乃，则。

④ 中：中正，合适。会：合调，意趣相投。

⑤ 意：通"臆"，主观臆测。固：固执坚持。我：自私，自以为是。必：绝对。参见《论语·子罕》"子绝四：毋意、毋必、毋固、毋我"。

⑥ 亡物不物：没有"物"没有存在的道理。至：充分，充足。

⑦ 亡亡由：没有无缘由的。非乐：反对奢靡的音乐活动，提倡节约人财物力，"非乐"是墨家的主张，参见《墨子·非乐上第三十二》。

⑧ 名二，物三：事物先有名称而后有物。关于形名与事物的关系，参见《尹文子·大道上》"形以定名，名以定事，事以检名。察

其所以然，则形名之与事物，无所隐其理矣"。生为贵：即"贵生"，以生命为贵重，珍爱生命。参见《老子》《荀子·强国》等。

⑨ 天：指自然。命：天命，命运。性：天性，秉性。生：生命。

⑩ ……名：残简缺文，语意不明。

⑪ 生。为其形：残简缺文，语意不明。

⑫ 命：《尔雅·释诂》"命，名也"。与：连词，和，同。文：与"质"相对，指文饰或外貌。

⑬ 呼物。者：残简缺文，语意不明。

语丛四

言以始①，情以旧②。靡言不雠③，靡德亡复④。言而苟，墙有耳⑤。往言伤人，来言伤己⑥。口不慎而户之闭⑦，恶言复己而死无日⑧。

| 注释 |

① 言：言语交流。以：给予。参见《诗经·小雅·小明》"神之听之，式谷以女"。《集传》"则神之听之，而以谷禄与女矣"。王引之《经传释词》卷一"以，与也"。始：人之初，指小孩，年轻人。

② 情：感情交往。旧：故人，故友。

③ 靡：无，没有。雠：以言对之，应和。参见《诗经·大雅·抑》"无言不雠，无德不报"。

④ 亡：不。复：回报，报答。参见《淮南子·天文训》"东北为报德之维也"，高诱注"报，复也"。

⑤ 而：如果。苟：草率，随意。墙有耳：比喻秘密容易外泄。参见《诗经·小雅·小弁》"君子无易由言，耳属于垣"，《管子·君臣下》"古者有二言，'墙有耳''伏寇在侧'"。

⑥ 往言：说出去的话。来言：听到的话，传过来的话。

⑦ 口不慎：说话不谨慎。而：如同。户之闭：疑为"户不闭"之讹，门户不关闭。

⑧ 恶言：悖逆歹毒的话。参见《礼记·祭义》"是故恶言不出于口，怨言不反于身"。复己：再次由自己说出。而：则，就。无日：不日，为期不远。

凡说之道，及者为首①。既得其及言，必有及②。及之而弗恶③，必尽其故④。尽之而疑⑤，必审喻之⑥。喻之而不可⑦，必文以讹⑧，毋令知我⑨。彼邦亡将⑩，流泽而行⑪。

注释

① 说（shuì）：游说。及：触及（听话人的内心），（内心）关联。

② 及言：触及内心的话。及：感触，感觉到。

③ 恶（wù）：反感，憎恶。

④ 尽其故：倾力结交，尽力笼络。尽：努力，尽力。故：刻意而为。

⑤ 疑：不信任。

⑥ 审喻：明白地告知。参见《礼记·文王世子》"少傅奉世子，以观大傅之德而审喻之"。

⑦ 可：认可，接受。

⑧ 必：必定，一定。文：掩饰。参见《性自命出》。讹：假话。参见《诗经·小雅·正月》"民之讹言"，郑玄笺"讹，伪也"。

⑨ 毋令：不要使，不能让。知：觉察，了解。

⑩ 彼邦亡（wáng）将：即"彼邦将亡"。彼邦：指被游说的邦国。将亡：行将消亡，有亡邦的趋势。

⑪ 流泽而行：（如同）水泽流泻顺势自然而行。参见《荀子·礼论》"积厚者流泽广，积薄者流泽狭也"及《史记·礼书》《大戴礼

记·礼三本》等。

山无堕则阤，城无衰则阤①，士亡友不可②。君有谋臣，则壤地不削③。士有谋友，则言谈不䶂④。虽勇力闻于邦⑤，不如材⑥。金玉盈室，不如谋。众强甚多，不如时⑦。故谋为可贵。一言之善足以终世⑧。三世之福⑨，不足以出妄⑩。

① 山：高山。无：此句两个"无"字原简文写作"無"而非"亡"。堕：小山。阤（tuó）：小崩。衰：衰减，指城墙的坡度。参见《淮南子·谬称》"城峭者必崩，岸崝（zhēng）者必阤"，《说苑·政理》"城峭则必崩，岸竦则必阤"。

② 亡友：没有朋友，失去朋友。

③ 壤地：领土。削：削减，减少。参见《战国策·赵策三》"今王既受先王之传，欲宗庙之安，壤地不削社稷之血食乎"。

④ 䶂（diào）：《广雅·释诂》"䶂，挐（rú）也"，挐，杂乱，纷乱。

⑤ 邦：邦国。

⑥ 材：才能。

⑦ 众：兵，军队。《左传·昭公元年》"既聘，将以众逆，子产患之"，《管子·轻重乙》"谁能陷陈破众者赐之百金"。时：时势，时运。

⑧ 终世：安享一生。

⑨ 福：福祉。

⑩ 出妄：口出妄言。

窃钩者诛，窃邦者为诸侯。诸侯之门，义士之所存①。

车辙之鲵鳅^②，不见江湖之水。匹妇偶夫^③，不知其乡之小人^④。君子食韭恶知终其世^⑤。造与贤人，是谓薄行^⑥。贤人不在侧，是谓迷惑。不举智谋，是谓自欺。早举智谋，是谓重基^⑦。邦有巨雄^⑧，必先与之以为朋，唯夔其兴^⑨。如将有败，雄是为介^⑩。利木阴者，不折其枝^⑪。利其潴者^⑫，不塞其溪。善使其下，若蚨蚶之足，众而不割，割而不仆^⑬。善事其上者，若齿之事舌而终弗啮^⑭。善（事其君）者，若两轮之相转而终不相败^⑮。善使其民者，若四时一遣一来而民弗害也^⑯。家事乃有度^⑰。三雄一雌，三弧一媞^⑱，一王母保三婴儿^⑲。听君而会，视朝而入^⑳。入之或纳之，至之或致之^㉑，之至而亡极也已^㉒。

| 注释 |

① 参见《庄子·盗跖（zhí）》"小盗者拘，大盗者为诸侯。诸侯之门，义士存焉"及《庄子·胠（qū）箧（qiè）》。

② 车辙：车轮在地上碾压出来的小凹沟。鲵鳅：泛指小鱼。

③ 偶夫：匹夫。偶：匹配。

④ 人：疑为衍文。

⑤ 食韭：意指卑贱的生活，韭是古人日常食用的"五菜"之一。参见《穀梁传·宣公十五年》《庄子·徐无鬼》。恶（wū）：怎么，如何，何。终其世：终老一生。

⑥ 造：假装。参见《诗经·王风·兔爰》"我生之初，尚无造"，毛公注"造，伪也"；《后汉书·刘焉传》"（张陵）造作符书，以惑百姓"。与：结交。参见《管子·霸言》"此天下之所载也，诸侯之所与也，百姓之所利也，是故天下王之"。薄行：品行轻薄，不厚道。

⑦ 举：荐举，任用。智谋：有智有谋的人。重基：厚基，增厚根基，参见《淮南子·泰族训》"故人，义者为厚基者也"。

⑧ 邦：国家。巨雄：有权势的家族或个人，地方豪强。

⑨ 戁（nǎn）：恐惧，戒惧。参见《诗经·商颂·长发》"不震不动，不戁不竦，百禄是总"。兴：强大。

⑩ 介：佐助，依凭。

⑪ 利：有利的。阴：遮阴（的枝条）。参见《韩诗外传》卷二"食其食者，不毁其器；阴其树者，不折其枝"。

⑫ 潴（zhū）：水停聚的地方。

⑬ 蚈（qiān）：马陆，又叫"千足虫"。蛩（qióng）：蝗虫，蟋蟀，多足虫。割：断。仆：僵仆，趴伏不能动。

⑭ 啗（dàn）：通"啖"，咬。

⑮ 缺文或可补为"事其友"。败：干扰，碰损。

⑯ 四时：一年四季。遣：往。害：遭受祸害。

⑰ 度：规制，法度。

⑱ 三雄一雌：意即一个女人顶三个男人。三弧一媞（shì）：三个男孩一个母亲。弧：《说文》"弧，木弓也"；《礼记·射义》"故男子生，桑弧，蓬矢六，以射天地四方"，郑玄注"男子生则设弧于左"。媞：江淮之间对母亲的称呼。

⑲ 王母：祖母。保：保育。

⑳ 听：顺从，服从。君：国君。会：见面。视：察看，考察。朝：朝廷，君臣议事的地方。入：进入。

㉑ 或：又。纳：委质，归附。至：到达。致：致仕，做官。

㉒ 之：疑为衍文。亡极：无极，无穷尽。

阅读链接

左传·昭公二十五年（节录）

夏，会于黄父，谋王室也。赵简子令诸侯之大夫，输王粟，具戍人，曰："明年将纳王。"子大叔见赵简子，简子问揖让、周旋之礼焉。对曰："是仪也，非礼也。"简子曰："敢问何谓礼？"对曰："吉也闻诸先大夫子产曰：'夫礼，天之经也，地之义也，民之行也。'天地之经，而民实则之。则天之明，因地之性，生其六气，用其五行。气为五味，发为五色，章为五声，淫则昏乱，民失其性。是故为礼以奉之。为六畜、五牲、三牺，以奉五味。为九文、六采、五章，以奉五色。为九歌、八风、七音、六律，以奉五声。为君臣、上下，以则地义。为夫妇、外内，以经二物。为父子、兄弟、姑姊、甥舅、昏媾、姻亚，以象天明。为政事、庸力、行务，以从四时。为刑罚、威狱，使民畏忌，以类其震曜（yào）杀戮。为温慈、惠和，以效天之生殖长育。民有好、恶、喜、怒、哀、乐，生于六气。是故审则宜类，以制六志。哀有哭泣，乐有歌舞，喜有施舍，怒有战斗。喜生于好，怒生于恶。是故审行信令，祸福赏罚，以制死生。生，好物也。死，恶物也。好物，乐也。恶物，哀也。哀乐不失，乃能协于天地之性，是以长久。"简子曰："甚哉，礼之大也！"对曰："礼，上下之纪，天地之经纬也，民之所以生也，是以先王尚之。故人之能自曲直以赴礼者，谓之成人。大，不亦宜乎？"简子曰："鞅也，请终身守此言也。"

墨子·非乐（节录）

子墨子言曰：仁之事者，必务求兴天下之利，除天下之害，将以为法乎天下，利人乎即为，不利人乎即止。且夫仁者之为天下度也，非为其目之所美，耳之所乐，口之所甘，身体之所安，以此亏夺民衣食之财，仁者弗为也。是故子墨子之所以非乐者，非以大钟、鸣鼓、琴瑟、竽笙之声，以为不乐也；非以刻镂、华文章之色，以为不美也；非以犓（chú）豢煎炙之味以为不甘也；非以高台厚榭邃野之居以为不安也，虽身知其安也，口知其甘也，目知其美也，耳知其乐也，然上考之，不中圣王之事；下度之，不中万民之利。是故子墨子曰："为乐，非也！"

尹文子·大道上（节录）

大道无形，称器有名。名也者，正形者也。形正由名，则名不可差。故仲尼云"必也正名乎！名不正，则言不顺"也。大道不称，众有必名。生于不称，则群形自得其方圆。名生于方圆，则众名得其所称也。大道治者，则名、法、儒、墨自废。以名、法、儒、墨治者，则不得离道。老子曰："道者万物之奥，善人之宝，不善人之所宝。"是道治者，谓之善人；藉名、法、儒、墨者，谓之不善人。善人之与不善人，名分日离，不待审察而得也。道不足以治则用法，法不足以治则用术，术不足以治则用权，权不足以治则用势。势用则反权，权用则反术，术用则反法，法用则反道，道用则无为而自治。故穷则徼终，徼终则反始。始终相袭，无穷极也。

诗经·鲁颂·駉（节录）

駉駉牡马，在坰（jiōng）之野。薄言駉者，有骃（yù）有皇，有骊有黄，以车彭（páng）彭。思无疆，思马斯臧。

駉駉牡马，在坰之野。薄言駉者，有骓（zhuī）有駓（pī），有骍（xīng）有骐，以车伾（pī）伾。思无期，思马斯才。

駉駉牡马，在坰之野。薄言駉者，有驒（tuó）有骆，有駵（liú）有雒（luò），以车绎绎。思无斁（yì），思马斯作。

駉駉牡马，在坰之野。薄言駉者，有骃（yīn）有騢（xiá），有驔（diàn）

有鱼，以车祛祛。思无邪，思马斯徂（cú）。

| 阅读延伸 |

　　有学者认为：《语丛一》《语丛三》凸显当时儒家人格，这种儒家人格思想具有由孔子礼、仁、人（《论语》）结构向思孟学派天、命、性、情、道、人（《性自命出》）框架的转折背景，因而具有重大的理论价值，在重构中国文化的今天，其现实意义尤为凸显。《语丛二》只讲情、欲的一般性规则，并不涉及人格问题。

　　《语丛四》似不属于儒家文献。

　　该篇宣扬游说之道和南面之术，近乎法家、纵横家思想。

——庞朴

　　其内容与阴谋游说、纵横长短之术有关，类乎《太公》《鬼谷》。

——李零

　　该篇阐述游说之道。

——林素清

九章

六德

本篇存简 49 枚，其中 39 枚完整，10 枚残断，残简主要位于全篇前半。竹简两端呈梯形，整简长 32.5 厘米。编线两道，间距 17.5 厘米。33、34、36、44 号简的契口在左侧，其他简的契口在右侧。整简字数多在 20～22 字，总字数 969 个，字迹清晰。篇题系整理者据 1 号简文字拟加。

本篇提出"六位""六职""六德"三组概念，论述夫妇、父子、君臣之间的人伦道德关系。认为社会关系中最根本、最核心的是夫、妇、父、子、君、臣六种角色的位置秩序，即"六位"；六种角色履行相应的社会职责，即"六职"——夫夫、妇妇，父父、子子，君君、臣臣；六种社会职责对应不同的道德要求，即"六德"——智、信，圣、仁，义、忠，其中，"圣"为父德，"智"为夫德，"仁"为子德，"义"为君德，"忠"为臣德，"信"为妇德，基于此，进一步推导出"六德"之间的关系为"圣生仁，智率信，义使忠"。

《六德》强调夫妇有辨，父子有亲，君臣有义，规定了君子立身处世的基本道德准则，并认为"六位"也有内外之别。"内位父、子、夫也，外位君、臣、妇也"，"仁"是内位的准则，"义"是外位的准则，而"礼乐"则无内外之分。子对父与君，夫对兄弟、妻子以及对宗族、朋友要给予相同的礼仪，但如果两相冲突，就应该先内后外，舍外保内。即以丧礼为例，当同时面对内、外两种丧事时，应"为父继君，不为君继父。为昆弟继妻，不为妻继昆弟。为宗族丽朋友，不为朋友丽宗族"。依照血缘的亲疏有无来区别关系之远近是礼制的核心内容（"亲亲"），也是宗法制的主要表现，血缘关系要高于社会关系，其根本原则是以宗族为上，以孝悌为本。而社会治理方式也随之有了内外之别，"门内之治恩掩义，门外之治义斩恩"，家门内的治理要用恩情掩盖道义，家门外的治理要用道义切断恩情。

《六德》提出的六位、六职、六德以及仁内义外、孝为本等一系列命题都是早期儒家学说所讨论的内容，在儒家典籍中均可找到相似记载，如《礼记·郊特牲》《大戴礼记·本命》《说苑·建本》《仪礼·丧服》《孟子·告子上》等。

"六德"的思想源于孔子，是孔子及其后学极力倡导的话题。《论语·阳货》载孔子有"六言六蔽"说，"六言"即仁、智、信、直、勇、刚六种德行；《周礼·地官·大司徒》云，"一曰六德：智、仁、圣、义、忠、和"。可见"六德"是先秦儒家思想很常见的提法，而早期文献对"六德"的不同定义也说明其思想尚处于初始阶段，并未固定成型。

《六德》"男女，别生焉；父子，亲生焉；君臣，义生焉"的思想也源于孔子。《礼记·哀公问》记孔子曰："夫妇别，父子亲，君臣严。"夫妇、父子、君臣在《六德》中被奉为"君子所以立身大法三"，更是郭店楚简《成之闻之》中的人伦之本，"天降大常，以理人伦。制为君臣之义，图为父子之亲，分为夫妇之辨""是故君子慎六位以已天常"。而与"六德"并行于世的还有"五行"说，郭店楚简《五行》篇提出"仁、义、礼、智、圣"为德之"五行"，充分说明，至迟在战国中后期，儒家学说中已形成了不同的流派和较为系统的伦常思想。

《六德》上承孔子，下启汉儒，其完整而系统的论述是连接孔孟之间儒家伦理道德学说的纽带。经过孟子的发展，《六德》"圣生仁，智率信，义使忠"之论，成为后世"君为臣纲，父为子纲，夫为妇纲"之"三纲说"

的源头，开汉儒"三纲六纪"思想之先河。

君子如欲求人道①，（必慎六位，分六职，以裕六德，以祀天常）②。（凡治民必由其道。苟不）由其道③，虽尧求之弗得也④。生民（斯必有夫妇、父子、君臣，此）六位也⑤。有率人者，有从人者；有使人者，有事人（者；有教）者⑥，有学者；此六职也⑦。既有夫六位也⑧，以任此（六职）也⑨。六职既分，以别六德⑩。六德者⑪。

注释

① 求：追求。人道：人伦之道，此处指六德。

② 缺文酌补。慎：敬畏。裕：滋养、增广。祀：祭祀。天常：天的常道，伦理纲常。

③ 缺文酌补。由：遵从。苟：如果。道：即"夫妇、父子、君臣"之道。

④ 虽：即使。尧：唐尧，帝尧，参见《吕氏春秋·处方》"本不审，虽尧、舜不能以治"，或读为"傜（yáo）"，傜求，非分贪求，参见《后汉书·吴汉传》李贤注"傜，犹求也"。

⑤ 生民：人民，百姓。缺文酌补。此：这就是。六位：即夫、妇、父、子、君、臣。

⑥ 率：带领。从：跟从。使：役使，使唤。事：侍奉。缺文酌补。教（jiāo）：教授。

⑦ 六职：即夫夫、妇妇，父父、子子，君君、臣臣。

⑧ 夫（fú）：表示远指，那，那些；或表示近指，这，这些。

⑨ 缺文酌补。

⑩ 别：区别。原简文或读为"裕"，增广。六德：智、信、圣、仁、
　　义、忠。

⑪ 残简缺文。

……此①。何谓六德？圣、智也，仁、义也，忠、信也。圣与智就矣。仁与义就矣，忠与信就（矣）②。作礼乐，制刑法，教此民黎③，使之有向也④，非圣智者莫之能也⑤。亲父子，和大臣，寝四邻之抵牾⑥，非仁义者莫之能也。聚人民⑦，任土地⑧，足此民黎生死之用⑨，非忠信者莫之能也。君子不偏如道⑩，道，人之⑪……

| 注释 |

① "此"字前缺文不详。

② 就：靠近，趋近。疑漏文，依上文补。

③ 民黎：即民众。参见《后汉书·延笃传》"其政用宽仁，忧恤民黎"。
　　下同。黎：众。

④ 有向：有所适从。向：方向，目标。

⑤ 莫之能：即"莫能之"，不能做到这些。下同。

⑥ 寝：平息。抵牾（wǔ）：矛盾。

⑦ 聚人民：使民众聚集。聚：聚集。

⑧ 任：使用，引申为"开垦"。参见《孟子·离娄上》《吕氏春秋·任
　　地》，陈奇猷《校释》"任用土地种植之谓"。

⑨ 足：使之足，满足。生死之用：指养生送死之所需。

⑩ 偏：偏离。如道：或读为"尔道"，此道。参见《尚书·洪范》"无
　　偏无党，王道荡荡"。如：依照，按照。

⑪ 此句后竹简残断，缺文不详，句型参见《孟子·离娄上》"仁，
　人之安宅也；义，人之正路也"。

（大者，以治）人民①；小者，以修其身②，为道者必由此③。
新旧远近④，唯其人所在。得其人则举焉⑤，不得其人则止也⑥。

| 注释 |

① 缺文据文意补。治：或可为"安"。参见《论语·宪问》"修己以
　安人""修己以安百姓"。
② 参见《管子·禁藏》"大者以失其国，小者以危其身"。
③ 为道：修道。由：经由，经过。
④ 新旧：新人与老臣。远近：人伦或人际关系的远近。
⑤ 得其人：得到有才德的人。举：起用，推荐。
⑥ 止：使之止，弃用。

（□□□□□□□□）赏庆焉①，知其以有所归也②。

| 注释 |

① 缺文约8个字位。赏庆：奖赏。焉：代词，相当于"之"。
② 归：结果。参见《吕氏春秋·当赏》"凡赏非以爱之也，罚非以
　恶之也，用观归也。所归善，虽恶之，赏；所归不善，虽爱之，罚"，
　观归，指观其结果。

材，虽在草茅之中①，苟贤，（必谋）（诸）父兄②，任诸子弟③。
大材设诸大官，小材设诸小官④，因而施禄焉⑤，使之足以生，足以死，
谓之君，以义使人也⑥。义者，君德也。非我血气之亲⑦，畜我如

其子弟[8]，故曰：苟济夫人之善[9]，虽劳其股肱之力弗敢惮也[10]，危其死弗敢爱也[11]，谓之（臣）[12]，以忠事人也。忠者，臣德也。知可为者，知不可为者；知（可）行者[13]，知不（可）行者，谓之夫，以智率人也[14]。智也者，夫德也。一与之齐[15]，终身弗改之矣[16]。是故夫死有主，终身不嫁，谓之妇，以信从人多也。信也者，妇德也。既生畜之，又从而教诲之[17]，谓之圣。圣也者，父德也。子也者，会埻长材以事上[18]，谓之义，上恭，下之义，以奉社稷[19]，谓之孝，故人则为（人也，谓之）仁[20]。仁者，子德也。

注释

① 材：有才能的人。或同"裁"，取舍裁定。虽：即使。草茅：比喻贫贱卑下之位。参见《汉书·爰盎晁错传》"臣错草茅臣"。

② 苟：如果。必谋：缺文据文意补，一定设法推荐。诸：漏文，据下文补，"之于"的合音。

③ 任：任用。

④ 设：授，安排。大官：重要的职位。小官：不重要的职位。

⑤ 施禄：给予薪俸。焉：代词，相当于"之"。

⑥ 使人：驾驭人。

⑦ 血气之亲：血缘至亲。

⑧ 畜（xù）：抚养，养育。

⑨ 济：补益，增加。夫（fú）人：即人，"夫"为虚词，无实意。

⑩ 劳其股肱之力：用尽其全身力气，形容做某事竭尽全力。股肱：大腿与胳膊。惮：畏惧，害怕。

⑪ 危其死：危及其生死。爱：吝惜。

⑫ 脱字漏文，据文意补。

⑬ 脱字漏文，据文意补。

⑭ 率：带领。

⑮ 一：一经。齐：在一起，共同生活。参见《礼记·郊特牲》"一与之齐，终身不改"。

⑯ 改：更改，改变。

⑰ 生畜（xù）：生养。教诲：教导训诫。

⑱ 会：聚合。会埻（zhǔn）：看齐。埻：箭靶的中心。长材：优秀的人。事：侍奉。

⑲ 恭：肃敬。之：向。奉社稷：从事土地耕作。奉：事奉。社稷：土地神和五谷神。

⑳ 缺文据文意补。父、子、君、臣四德说见于《说苑·建本》，即所谓"四道"——父道圣、子道仁、君道义、臣道忠。另参见《管子·五辅》。

故夫夫、妇妇、父父、子子、君君、臣臣①，六者各行其职，而狱谳亡由作也②。观诸《诗》《书》则亦在矣③，观诸《礼》《乐》则亦在矣，观诸《易》《春秋》则亦在矣。亲此多也，密此多（也）④，美此多也，道行亡止⑤。

注释

① 夫夫：按丈夫的规范做丈夫。下五组词同解。参见《论语·颜渊》《礼记·中庸》《荀子·王制》《吕氏春秋·处方》。

② 狱谳（yàn）：指刑狱议罪之事。参见《韩诗外传》卷三"三军大败，不可诛也。狱谳不治，不可刑也"。亡：同"无"。由：由来。作：发生。

③ 观：观察，阅览。诸："之于"的合音。在：存在，有记载。

④ 亲：和睦。此：承接连词，相当于"则"。多：指程度深、范围大，普遍，广泛。密：关系密切，亲密。"也"疑为漏文，据上下文意补。

⑤ 道行（héng）：指六经所含六德之道。原简文只有一个"道"字，字下面有一短横，应该是重文符或合文符，或读为"行道""道导"等。亡止：无止境。

仁，内也。义，外也①。礼、乐，共也②。内位父、子、夫也③，外位君、臣、妇也。疏斩布绖杖④，为父也，为君亦然。疏衰齐牡麻绖⑤，为昆弟也，为妻亦然。袒免⑥，为宗族也，为朋友亦然。为父继君⑦，不为君继父。为昆弟继妻，不为妻继昆弟。为宗族丽朋友⑧，不为朋友丽宗族。人有六德，三亲不断⑨。门内之治恩掩义⑩，门外之治义斩恩⑪。仁类柔而束⑫，义类直而绝⑬。仁柔而匿⑭，义刚而简⑮。匿之为言也⑯，犹匿匿也⑰，少而涅多也⑱。逸其志⑲，求养亲之志盍⑳？亡不以也㉑。是以匿也㉒。

注释

① 内：血缘宗族内。外：血缘宗族外，泛指国家社会。

② 共：通行。文意指礼乐通行于六位，无内外之别。

③ 位：所处的地方，含敬意。

④ 疏：粗糙的。斩布：即斩服、斩衰（cuī），用最粗的生麻布做而不缝边的丧服。斩：裁剪不缝边。绖（dié）：丧服上是麻布带子，也指丧服。杖：孝杖。

⑤ 衰齐：即"齐（zī）衰（cuī）"，古丧服，等级仅次于斩衰。牡麻：大麻的雄株，又称"枲（xǐ）麻"。

⑥ 袒（tǎn）免：礼制用语。袒：解脱上衣露出左臂行礼。免：摘去帽冠行礼。宗族朋友行袒免礼，所以用"袒免"指代五服之外的宗族远亲。

⑦ 继：比附。

⑧ 丽：比照。

⑨ 三亲：父系三亲指宗亲、外亲、妻亲，母系三亲指家亲、出亲、嫁亲。或指父、昆弟、宗族，又或指父、子、夫。

⑩ 门内之治：管理血缘家族。恩掩义：感情超越道义。

⑪ 门外之治：治理国家社会。义斩恩：道义超越感情。

⑫ 类：品类。下同。柔而束：温和却有约束力。

⑬ 直而绝：刚直而决断。

⑭ 柔而匿：温和而不显现。

⑮ 刚而简：刚直而简略。

⑯ 匿之为言：无言而言。

⑰ 犹匿匿：继续沉默不语。

⑱ 涅：孵化。

⑲ 逸其志：隐藏自己的想法。

⑳ 求：追求，探求。养亲之志：奉养父母的想法。盍：何不，疑问副词后置。

㉑ 亡不以：无所不用。

㉒ 是以匿：所以沉默不语。

　　男女，别生焉；父子，亲生焉；君臣，义生焉①。父圣，子仁，夫智，妇信，君义，臣忠。圣生仁，智率信，义使忠②。故夫夫、妇妇、父父、子子、君君、臣臣，此六者各行其职，而狱谳蔑由作也③。君子言信焉尔④，言阳焉尔⑤，设外内皆得也⑥。其反，夫不夫，妇不妇，父不父，子不子，君不君，臣不臣，昏所由作也⑦。君子不谛明乎民微而已⑧，又以知其一矣⑨。男女不别，父子不亲。父子不亲，君臣亡义。是故先王之教民也，始于孝弟⑩。君子于此一偏者亡所废⑪。

| 注释 |

① 别生：基于差别而形成。别：有差别。生：形成。焉：语气助词。亲生：基于血缘而形成。义生：基于道义而形成。

② 圣生仁：圣产生于仁。智率信：智遵循于信。义使忠：义导致忠。

③ 狱谳：指刑狱议罪之事。蔑由作：无从兴起。蔑：无。

④ 言信：话语诚实。焉尔：语气助词，于是，而已。下同。

⑤ 言阳：话语虚饰。

⑥ 设：施用，施设。参见《广雅·释诂》"设，合也""设内外皆得也"，外内指君、臣、妇及父、子、夫。得：合适，融洽。

⑦ 昏：乱。参见《国语·齐语》"为君不君，为臣不臣，乱之本也"。由作：由此产生。

⑧ 谛（dì）：细察，详审。明：了解。乎：语气助词。民微：具体而细微的民情。

⑨ 一：一部分，局部。

⑩ 孝弟：孝顺父母，敬爱兄长。汉以后作"孝悌（tì）"。

⑪ 此一偏：这一点。文中指"孝弟"。废：偏废。

是故先王之教民也，不使此民也忧其身①，失其伦②。孝，本也。下修其本，可以断狱③。生民斯必有夫妇、父子、君臣。君子明乎此六者，然后可以断狱。道不可遍也^④，能守一曲焉^⑤，可以违其恶^⑥，是以断狱速^⑦。

| 注释 |

① 此民：民众。

② 伦：基本伦常、秩序，指"孝弟"。

③ 断狱：审理判决案件，或解为"断绝刑狱"。下同。

④ 遍：周全，周遍。

⑤ 一曲：某一局部。曲：细小的部分。参见《庄子·天下》"不该不偏，一曲之士也"及《庄子·天道》《庄子·阳则》《荀子·解蔽》《淮南子·缪称训》等。

⑥ 违：避开，远离。参见《庄子·臣道》"崇其美，扬其善，违其恶，隐其败"。

⑦ 速：急速，快疾。

凡君子所以立身大法三^①，其绎之也六^②，其衍十又二^③。三者通，言行皆通。三者不通，非言行也^④。三者皆通，然后是也^⑤。三者，君子所生与之立，死与之毙也^⑥。

| 注释 |

① 所以：所依凭的，所依仗的。大法三：三个根本原则。参见《大戴礼记·哀公问与孔子》"夫妇别，父子亲，君臣言。三者正，则庶物从之矣"。

② 绎：演绎。六：指六德，即圣、智、仁、义、忠、信。

③ 衍：衍生。十又二：十二，即六位任六职。

④ 三者：即夫妇、父子、君臣。通：贯通，通畅。非言行：即"言

行非"，言行不正确，说话做事乖张违逆。

⑤ 是：正确。

⑥ 此句意即"同兴同散，同死同生"。

……生①。故曰：民之父母亲民易②，使民相亲难③。

| 注释 |

① 断简缺文。

② 民之父母：指"君子圣人""君王"，或指"法"。

③ 使民相亲：让民众相互亲近。

| 阅读链接 |

礼记·丧服四制

凡礼之大体，体天地，法四时，则阴阳，顺人情，故谓之礼。訾之者，是不知礼之所由生也。夫礼，吉凶异道，不得相干，取之阴阳也。丧有四制，变而从宜，取之四时也。有恩有理，有节有权，取之人情也。恩者仁也，理者义也，节者礼也，权者知也。仁义礼智，人道具矣。

其恩厚者，其服重，故为父斩衰三年，以恩制者也。门内之治，恩掩义；门外之治，义断恩。资于事父以事君，而敬同，贵贵尊尊，义之大者也。故为君亦斩衰三年，以义制者也。三日而食，三月而沐，期而练，毁不灭性，不以死伤生也。丧不过三年，苴（jū）衰不补，坟墓不培；祥之日，鼓素琴，告民有终也；以节制者也。资于事父以事母，而爱同。天无二日，土无二王，国无二君，家无二尊，以一治之也。故父在，为母齐衰期者，见无二尊也。

始死，三日不怠，三月不解，期悲哀，三年忧，恩之杀也。圣人因杀以制节，此丧之所以三年。贤者不得过，不肖者不得不及，此丧之中庸也，王者之所常行也。《书》曰："高宗谅闇（àn），三年不言。"善之也。王者莫不行此礼，何以独善之也？曰：高宗者武丁；武丁者，殷之贤王也。继世即位而慈良于丧，当此之时，殷衰而复兴，礼废而复起，故善之。善之，故载之《书》中而高之，故谓之高宗。三年之丧，君不言，《书》云："高宗谅闇（àn），三年不言。"此之谓也。然而曰"言不文"者，谓臣下也。

礼：斩衰之丧，唯而不对；齐衰之丧，对而不言；大功之丧，言而不议；缌（sī）小功之丧，议而不及乐。父母之丧，衰冠绳缨菅屦，三日而食粥，三月而沐，期十三月而练冠，三年而祥。比终兹三节者，仁者可以观其爱焉，知者可以观其理焉，强者可以观其志焉。礼以治之，义以正之，孝子弟弟贞妇，皆可得而察焉。

礼记·郊特牲（节录）

郊特牲，而社稷大牢。天子适诸侯，诸侯膳用犊；诸侯适天子，天子赐之礼大牢；贵诚之义也。故天子牲孕弗食也，祭帝弗用也。大路繁缨一就，先路三就，次路五就。郊血，大飨腥，三献爓（xún），一献孰；至敬不飨味而贵气臭也。诸侯为宾，灌用郁鬯（chàng）。灌用臭也，大飨，尚腶（duàn）修而已矣。大飨，君三重席而酢（zuò）焉。三献之介，君专席而酢焉。此降尊以就卑也。飨禘（dì）有乐，而食尝无乐，阴阳之义也。凡饮，养阳气也；凡食，养阴气也。故春禘而秋尝；春飨孤子，秋食耆老，其义一也。而食尝无乐。饮，养阳气也，故有乐；食，养阴气也，故无声。凡声，阳也。鼎俎奇而笾（biān）豆偶，阴阳之义也。笾豆之实，水土之品也。不敢用亵味而贵多品，所以交于旦明之义也。宾入大门而奏《肆夏》，示易以敬也。卒爵而乐阕，孔子屡叹之。奠酬而工升歌，发德也。歌者在上，匏竹在下，贵人声也。乐由阳来者也，

礼由阴作者也，阴阳和而万物得。旅币无方，所以别土地之宜而节远
迩之期也。龟为前列，先知也，以钟次之，以和居参之也。虎豹之皮，
示服猛也。束帛加璧，往德也。庭燎之百，由齐桓公始也。大夫之奏《肆夏》
也，由赵文子始也。朝觐，大夫之私觌（dí），非礼也。大夫执圭而使，
所以申信也；不敢私觌，所以致敬也；而庭实私觌，何为乎诸侯之庭？
为人臣者，无外交，不敢贰君也。大夫而飨君，非礼也。大夫强而君杀之，
义也；由三桓始也。天子无客礼，莫敢为主焉。君适其臣，升自阼阶，
不敢有其室也。觐礼，天子不下堂而见诸侯。下堂而见诸侯，天子之
失礼也，由夷王以下。诸侯之宫县，而祭以白牡，击玉磬，朱干设锡，
冕而舞《大武》，乘大路，诸侯之僭礼也。台门而旅树，反坫，绣黼（fǔ），
丹朱中衣，大夫之僭礼也。故天子微，诸侯僭；大夫强，诸侯胁。于
此相贵以等，相觌以货，相赂以利，而天下之礼乱矣。诸侯不敢祖天子，
大夫不敢祖诸侯。而公庙之设于私家，非礼也，由三桓始也。

　　天子存二代之后，犹尊贤也，尊贤不过二代。诸侯不臣寓公。故古
者寓公不继世。君之南乡，答阳之义也。臣之北面，答君也。大夫之臣
不稽首，非尊家臣，以辟君也。大夫有献弗亲，君有赐不面拜，为君之
答己也……天子适四方，先柴。郊之祭也，迎长日之至也，大报天而主
日也。兆于南郊，就阳位也。扫地而祭，于其质也。器用陶匏，以象天
地之性也。于郊，故谓之郊。牲用骍（xīng），尚赤也；用犊，贵诚也。
郊之用辛也，周之始郊，日以至。卜郊，受命于祖庙，作龟于祢（mí）
宫，尊祖亲考之义也。卜之日，王立于泽，亲听誓命，受教谏之义也。
献命库门之内，戒百官也。大庙之命，戒百姓也。祭之日，王皮弁（biàn）
以听祭报，示民严上也。丧者不哭，不敢凶服，氾扫反道，乡为田烛。
弗命而民听上。祭之日，王被衮以象天，戴冕，璪（zǎo）十有二旒（liú），
则天数也。乘素车，贵其质也。旗十有二旒，龙章而设日月，以象天也。
天垂象，圣人则之。郊所以明天道也。帝牛不吉，以为稷牛。帝牛必在

涤三月，稷牛唯具。所以别事天神与人鬼也。万物本乎天，人本乎祖，此所以配上帝也。郊之祭也，大报本反始也。

天子大蜡八。伊耆氏始为蜡，蜡也者，索也。岁十二月，合聚万物而索飨之也。蜡之祭也：主先啬，而祭司啬也。祭百种以报啬也。飨农及邮表畷（zhuì），禽兽，仁之至、义之尽也。古之君子，使之必报之。迎猫，为其食田鼠也；迎虎，为其食田豕也；迎而祭之也。……冠义：始冠之，缁布之冠也。大古冠布，齐则缁之。其緌也，孔子曰："吾未之闻也。冠而敝之可也。"适子冠于阼，以着代也。醮（jiào）于客位，加有成也。三加弥尊，喻其志也。冠而字之，敬其名也。委貌，周道也。章甫，殷道也。毋追，夏后氏之道也。周弁，殷冔（xú），夏收。三王共皮弁素积。无大夫冠礼，而有其昏礼。古者，五十而后爵，何大夫冠礼之有？诸侯之有冠礼，夏之末造也。天子之元子，士也。天下无生而贵者也。继世以立诸侯，象贤也。以官爵人，德之杀也。死而谥，今也；古者生无爵，死无谥。礼之所尊，尊其义也。失其义，陈其数，祝史之事也。故其数可陈也，其义难知也。知其义而敬守之，天子之所以治天下也。

天地合而后万物兴焉。夫昏礼，万世之始也。取于异姓，所以附远厚别也。币必诚，辞无不腆。告之以直信；信，事人也；信，妇德也。壹与之齐，终身不改。故夫死不嫁。男子亲迎，男先于女，刚柔之义也。天先乎地，君先乎臣，其义一也。执挚以相见，敬章别也。男女有别，然后父子亲，父子亲然后义生，义生然后礼作，礼作然后万物安。无别无义，禽兽之道也。婿亲御授绥，亲之也。亲之也者，亲之也。敬而亲之，先王之所以得天下也。出乎大门而先，男帅女，女从男，夫妇之义由此始也。妇人，从人者也；幼从父兄，嫁从夫，夫死从子。夫也者，夫也；夫也者，以知帅人者也。玄冕斋戒，鬼神阴阳也。将以为社稷主，为先祖后，而可以不致敬乎？共牢而食，同尊卑也。故妇人无爵，从夫之爵，坐以夫之齿。器用陶匏，尚礼然也。三王作牢用陶匏。厥明，妇盥馈。舅姑卒食，妇馂余，私之也。舅姑降自西阶，妇降自阼阶，授之室也。昏礼不用乐，幽阴之义也。乐，阳气也。昏礼不贺，人之序也。

有虞氏之祭也，尚用气；血腥爓祭，用气也。殷人尚声，臭味未成，涤荡其声；乐三阕，然后出迎牲。声音之号，所以诏告于天地之间也。周人尚臭，灌用鬯臭，郁合鬯；臭，阴达于渊泉。灌以圭璋，用玉气也。既灌，然后迎牲，致阴气也。萧合黍稷；臭，阳达于墙屋。故既奠，然后焫（ruò）萧合膻芗（xiāng）。凡祭，慎诸此。魂气归于天，形魄归于地。故祭，求诸阴阳之义也。殷人先求诸阳，周人先求诸阴。诏祝于室，坐尸于堂，用牲于庭，升首于室。直祭，祝于主；索祭，祝于祊。不知神之所在，于彼乎？于此乎？或诸远人乎？祭于祊，尚曰求诸远者与？祊之为言倞也，肵之为言敬也。富也者福也，首也者，直也。相，飨之也。嘏（gǔ），长也，大也。尸，陈也。毛血，告幽全之物也。告幽全之物者，贵纯之道也。血祭，盛气也。祭肺肝心，贵气主也。祭黍稷加肺，祭齐加明水，报阴也。取膟（lǜ）膋（jiān）燔（fán）燎，升首，报阳也。明水涗（shuì）齐，贵新也。凡涗，新之也。其谓之明水也，由主人之絜（jié）着此水也。君再拜稽首，肉袒亲割，敬之至也。敬之至也，服也。拜，服也；稽首，服之甚也；肉袒，服之尽也。祭称孝孙孝子，以其义称也；称曾孙某，谓国家也。祭祀之相，主人自致其敬，尽其嘉，而无与让也。腥肆爓腍（rèn）祭，岂知神之所飨也？主人自尽其敬而已矣。举斝（jiǎ）角，诏妥尸。古者，尸无事则立，有事而后坐也。尸，神象也。祝，将命也。缩酌用茅，明酌也。盎酒涗于清，汁献涗于盎酒；犹明清与盎酒于旧泽之酒也。祭有祈焉，有报焉，有由辟焉。齐之玄也，以阴幽思也。故君子三日齐，必见其所祭者。

先秦丧服制度

丧服是居丧的衣服制度，分为五个等级，叫作"五服"。根据生者与死者关系的亲疏远近不同，丧服和居丧的期限也各有不同。

丧服上衣叫衰（cuī），披在胸前；下衣叫裳。

第一等级为斩衰。衰是用最粗的生麻布做的丧服。斩是不缝缉（qī）的意思，衣旁和下边不缝边，所以叫斩衰。子为父、父为长子、妻妾为夫、未嫁女子为父、诸侯为天子、臣为君都是斩衰。斩衰为三年丧（实际上是两周年）。

第二等级为齐（zī）衰。用熟麻布做的，缝边整齐，齐衰分为四等：三年——父卒为母、母为长子；一年，用杖（丧礼中所执的），叫"杖期（jī）"——父在为母、夫为妻；一年，不用杖，叫"不杖期"——男子为伯叔父母、为兄弟，已嫁女子为父母，媳妇为公婆，孙和孙女为祖父母；三月——为曾祖父母。

第三等级为大功。熟麻布，比齐衰精细些。功，指织布的工作。

丧期九个月——男子为出嫁的姊妹和姑母、为堂兄弟和未嫁的堂姊妹，女子为丈夫的祖父母伯叔父母、为自己的兄弟。

第四等级为小功。熟麻布，比大功服更精细些。

丧期五个月——男子为伯叔祖父母、堂伯叔及堂伯叔母、再从兄弟、堂姊妹、外祖父母，女子为丈夫的姑母姊妹、妯娌。

第五等级称作缌（sī）麻。比小功服更精细。

丧期三个月——男子为族曾祖父母、族祖父母、族父母、族兄弟，为外孙、外甥、婿、妻之父母、舅父。

——性自命出——

性自命出

本篇用简 67 枚，其中 58 枚完整，9 枚残断，总字数 1 551 个。竹简两端均削成梯形，简长 32.5 厘米，残存编连线痕两道。篇题为整理者取 2 号简文字拟加。对于本篇竹简的编连排序，学界争论较大。这里酌取一家，将简文分为上下篇，上篇主要讲心性，下篇主要讲"情"。通篇贯穿的是儒家的心性学说。

本篇是关于先秦儒学的重要佚文，全篇以论性情为主，将"情"与"性"对举，提出了一套完整的心性理论，认为人类有性情，有自由意志，只有人道是可称道的，这是人有别于其他事物的特点。人的个性在形成过程中会受到许多因素的影响，因此，个性的形成有多种可能性。万物之道，就是天命的性，即与生俱来的自然属性。人作为自然界的一份子，自有其道。人道就是人性，人性是人类最普遍的共性。尊重人类天赋之性，不得残害人性，则是治国理民的根本原则。

心性论是儒家学说的重要命题。孔子最先谈"性"，提出"性相近，习相远"，但并未展开论述，就其留下的著述文献来看，尚不足以架设起一套完整清晰的心性论体系。学界历来认为，及至子思"天命之谓性"（《中庸》）的提出，以及孟子"性善论"和荀子"性恶论"（有学者主张为"性朴论"）的出现，才在"性"与"天道"间建立联系，从而展开对于"性与天道"的探讨，儒家心性论体系始见大成。

"性自命出，命自天降。道始于情，情生于性。"从目前的文献资料看，《性自命出》是最早把性情与天命直接相联结的，并由此建构起心性学理论的框架。"天"成为"命"与"性"的本源和依据，被赋予了哲学意味，从而使儒家的人性论有了更为广阔的思维空间和更为丰富的理论内涵。《中庸》开篇"天命之谓性，率性之谓道"在命题上与简文如出一辙，认为人性由"天"命定，且将"道"与"性情"挂钩。

《性自命出》中，"四海之内，其性一也"直承孔子"性相近"的思想，但孔子言性的落脚点和方向，与本篇"交性""养性""习其性"的主张并不相同。孔子言性，在于指明"才"的差距，认为人所禀于"天"的"性"虽相近，但天赋的资质却大不相同，且不移不改。本篇言性，着眼于"情"，认为"情"根源于"性"并为其外在表现。人之好恶、喜怒、哀悲之气，藏于内者为"性"，发于外者为"情"，而"性""情"皆可长养教习，通过外力改变。孟子的性善论和荀子的性恶论则把人的善恶行为与人之"性"加以联系，言性的方向与孔子迥然有别。相较于孟荀之论，《性自命出》对"性"的论述更加平实，也更具包容性和开放性。

本篇不仅言性，言心、言情也皆有其独立的意义与地位。《性自命出》指出，"心"的作用并不是无限的。人类有性情，有自由意志，人的个性在形成过程中会受到许多因素影响，因此也就有多种可能性。真正使"心"发挥作用，能对"性"作出规范，还有待于"习"。这个"习"，不是来自"天"的本然世界，而是来自"人"的文化世界。"诗书礼乐"都是人文世界的内容，这些内容不是自"天""命"与生俱来的，而是通过"教""学"后天获得的。本篇对"心"给予了高度重视，也把"情"的地位提得很高，甚至成为某种意义上的道德标准，大有情本论的味道，对真情的强调和诚心的倚重成为其突出特点。从这一角度来看，与后期的心性论相比，本篇更像是一部有关人的道德心理学的著作。

上篇

凡人虽有性^①，心亡奠志^②，待物而后作^③，待悦而后行^④，待习而后奠^⑤。喜怒哀悲之气^⑥，性也。及其见于外^⑦，则物取之也^⑧。性自命出，命自天降^⑨。道始于情^⑩，情生于性。始者近情^⑪，终者近义^⑫。知（情者能）出之^⑬，知义者能入之^⑭。好恶^⑮，性也。所好所恶，物也。善（不善，性也）^⑯，所善所不善，势也^⑰。

| 注释 |

①　凡：一切，所有的。下同。虽：仅仅，只。参见《管子》"虽有明君，能决之，又能塞之"。性：天性，秉性。

②　心：时人心目中的思维器官。亡：同"无"。下同。奠：定，一成不变。志：心志，主观意志。

③　物：外物，可以感知的外部存在。下同。参见《礼记·乐记》"人心之动，物使之然也，感于物而动"。作：产生，兴起。参见《诗经·小雅·采薇》"采薇采薇，薇亦作止"。

④　悦：心情愉悦。行：行动，付诸行动。

⑤　习：习养，习惯。参见《论衡·本性》"习善而为善，习恶而为恶"。奠：确定，建立。参见《尚书·禹贡》"禹敷土，随山刊木，奠高山大川"，汉扬雄《法言·修身》："奠而后发，发必中的。"

⑥　气：情绪，人的精神状态。参见《大戴礼记·文王官人》《逸周书·官人解》及《礼记·乐记》等。

⑦　见（xiàn）：同"现"，显露，呈现。

⑧　取：导出，引发。参见《礼记·乐记》"人心之动，物使之然也，感于物而动"，《庄子·天地》"其心之出，有物采之"。

⑨　命：天的旨意及人的生命。参见《中庸》"天命之谓性"，《孔子

家语·本命》"命者，性之始也"。

⑩ 道：外在的道德范畴。情：情感，性情。参见《语丛二》及陆机《演连珠》。

⑪ 始者：指"道"。近情：基于情感。

⑫ 终者：指"性"。近义：（要）合乎道德规范。参见《荀子·大略》"义，理也"。

⑬ 缺文据文意补。出之：使之出，导出，发散。

⑭ 入之：使之入，收藏，节敛。

⑮ 好（hào）恶（wù）：所好所恶，喜欢和厌恶的内在倾向。参见《礼记·乐记》"物至知知，然后好恶形焉"，《申鉴·杂言》"好恶者，性之取舍也，实见于外，故谓之情尔，必本乎性也"。

⑯ 缺文据文意补。善不善：主观分辨、判断善恶好坏。

⑰ 势：形势，情势。

凡性为主^①**，物取之也**^②**。金石之有声（也，弗敂不鸣）**^③**，（人）虽有性心**^④**，弗取不出**^⑤**。**

| 注释 |

① 主：先行存在的、原生性的东西。参见《中庸》"中也者，天下之大本也"。

② 物取之：外物激发"性"。取：激发，导引。

③ 缺文据文意补。敂（kòu）：同"叩"，敲击。参见《庄子·天地》"故金石有声，不考不鸣"，《墨子·非儒下》"君子若钟，击之则鸣，弗击不鸣"。

④ 缺文据文意补。心：疑为衍文或为"也"字之讹。

⑤ 取：激发，导引。出：显现。

凡心有志也^①，亡与不（奠，志之不）可独行^②，犹（心）之不可独言也^③。牛生而桯^④，雁生而阵^⑤，其性（使然，人）而学或使之也^⑥。

注释

① 志：心志，主观意志。

② 与：相伴相随的物件。缺文据文意补。独行：单独施行。

③ 犹：如同。缺文据文意补。心：内心。独言：单独表达。

④ 桯（chéng）：触，以角相抵。参见《淮南子·兵略》"有角者触，有齿者噬，有毒者蜇，有蹄者趹（guì）喜而相戏，怒而相害，天之性也"。

⑤ 阵：排成阵列。

⑥ 缺文据文意补。或：可能。使之：成为某种形式。使：致使。

凡物亡不异也者^①，刚之树也^②，刚取之也^③。柔之约（也）^④，柔取之也。四海之内^⑤，其性一也^⑥。其用心各异^⑦，教使然也^⑧。

注释

① 亡不异：即"有异"，有差别，不一样。

② 刚：硬物，刚性的东西。树：树立。参见《荀子·劝学》"强自取柱，柔自取束。邪秽在身，怨之所构"，《淮南子·氾论训》《说苑·至公》等。

③ 取：引发，导致。

④ 柔：柔物，柔性的东西。约：卷曲，卷缩。漏文据文意补。

⑤ 四海：天下，大约各诸侯国领域的总和。参见《论语·颜渊》"四海之内，皆兄弟也"，《孟子·告子下》"夫苟好善，则四海之内，

皆将轻千里而来告之以善"。

⑥ 其性一：人的本性相同。语意同"性相近"。

⑦ 用心：使用心力。

⑧ 教使然：后天的教化使成为这样。参见《论语·阳货》"子曰：'性相近也，习相远也'"，《荀子·劝学》"干、越、夷、貉之子，生而同声，长而异俗，教使然也"。

凡性，或动之^①，或逆之^②，或节之^③，或砺之^④，或出之^⑤，或养之^⑥，或长之^⑦。

| 注释 |

① 或：代词，相当于"有的人"。动：触动，感应。

② 逆：迎合，迎逢。参见《韩诗外传》卷九"见色而悦谓之逆"，《尔雅·释言》"逆，迎也"。

③ 节：节制，管束。

④ 砺：砥砺，磨砺。

⑤ 出之：使之出。出：展现，发挥。

⑥ 养：培养，滋养。

⑦ 长（zhǎng）之：使之长。长：增长，进益。

凡动性者^①，物也^②；逆性者^③，悦也^④；节性者^⑤，故也^⑥；砺性者^⑦，义也^⑧；出性者^⑨，势也^⑩；养性者^⑪，习也^⑫；长性者^⑬，道也^⑭。

| 注释 |

① 动性：触动天性。

② 物：客观存在的物事。

③ 逆性：迎合天性。参见《尚书·吕刑》"尔尚敬逆天命，以奉我一人"。

④ 悦：内心喜乐、愉悦。

⑤ 节性：改造性情，节制天性。参见《尚书·召诰》"王先服殷御事，比介于我有周御事，节性惟日其迈"。

⑥ 故：旧法，成例。

⑦ 砺性：磨砺天性。

⑧ 义：道义。

⑨ 出性：展现天性。

⑩ 势：情势。

⑪ 养性：滋养天性。

⑫ 习：后天的学习和锻炼。

⑬ 长（zhǎng）性：增益天性。

⑭ 道：道德，正义。

凡见者之谓物①，快于己者之谓悦②，物之势者之谓势③，有为也之谓故④。义也者，群善之蕝也⑤。习也者，有以习其性也⑥。道者，群物之导⑦。

| 注释

① 见（xiàn）：同"现"，显露。物：客观存在的物类。

② 快于己：使自己快乐。悦：主观上的愉悦感受。

③ （前一个）势：事物发展的情状。（后一个）势：事理。参见《孟子·公孙丑上》"齐人有言曰：'虽有智慧，不如乘势，虽有镃基，不如待时'"。

④ 为（wèi）：目的。参见《礼记·檀弓下》"有为言之"，《礼记·曾子问》"有为为之"。故：原因，缘由。参见《说文》"故，使为之也"。

⑤ 群善：各种善行，意同"百善"。参见《吕氏春秋·应同》"故尧为善而众善至"，《吕氏春秋·开春》"王者厚其德积众善"。蘸（jué）：标志，表征。

⑥ 有：发语词，无实义。习其性：使其性为习惯，使天性外化为日常言行。

⑦ 群物之导：世间万物的指导、遵循。参见《忠信之道》"信之为道也，群物皆成，而百善皆立"及《礼记·乐记》《韩诗外传》卷七等。

凡道，心术为主①。道四术，唯人道为可导也②。其三术者③，导之而已④。《诗》《书》《礼》《乐》，其始出皆生于人⑤。《诗》，有为为之而已⑥；《书》，有为言之也⑦；《礼》《乐》，有为举之也⑧。圣人比其类而论会之⑨，观其先后而逆顺之⑩，体其义而节文之⑪，理其情而出入之⑫，然后复以教⑬。教，所以生德于中者也⑭。礼作于情⑮，或兴之也⑯。当事因方而制之⑰，其先后之叙则宜道也⑱。或叙为之节则文也⑲。致容貌⑳，所以文节也㉑。君子美其情㉒，（贵其义）㉓，善其节㉔，好其容㉕，乐其道㉖，悦其教㉗，是以敬焉。拜，所以（为服也）㉘，其诔敏也㉙。币帛，所以为信与征也㉚，其贻宜道也㉛。笑，喜之浅泽也㉜。乐，喜之深泽也㉝。

| 注释 |

① 心术：主观意志成长的历程。心：人的主观意志。术：经由，道路。

② 道四术：指"道"具体表现为四种，即天、地、人、鬼神（或群物）

四道。又，《尊德义》记述"道"分四支：治民之道（即人道）、行水治水之道、御马之道、艺地务农之道。导：教导，训导。参见《礼记·学记》"故君子之教喻也，道而弗牵，强而弗抑，开而弗达"，陆德明《释文》"道，导也"。

③ 三术：天、地、鬼神（或群物）之道。

④ 导：遵循。

⑤ 人：与下文"圣人"对应，泛指诗、书、礼、乐的原始创作者。

⑥ 有：或。下同。为（wèi）为（wéi）：为了吟唱。

⑦ 为（wèi）言：为了记事、表达。

⑧ 为（wèi）举：为了兴起、发动。

⑨ 圣人：或特指孔子。比：比照。参见《左传·昭公二年》"择善而从之曰比"，《礼记·乐记》"比类以成其行"。其：指《诗》《书》《礼》《乐》四经，下同。类：类别，义理。论会：综合编排，整理汇集。

⑩ 观：辨别。逆顺：调整先后顺序。

⑪ 体：体察，领悟。义：道德思想。节文：制定礼仪，使行之有度。

⑫ 理其情：梳理《诗》《书》《礼》《乐》四经的实际情况。出入：损益，删增变化。

⑬ 复以教：再用于教导、教化。

⑭ 所以：用来，用以。生：赋予。中：内心。

⑮ 作：产生于。参见《文子·上仁》"礼因人情而制"，《礼记·坊记》"礼者，因人之情而为之节文"，《语丛一》"礼因人之情而为之节文者也"。

⑯ 或：有人。兴：发展。

⑰ 当事：针对物事。因方：依据法则，根据准则。制：治理，管理。

⑱ 叙：同"序"，顺序。宜道：合乎规制。

⑲ 叙：按顺序排列。节：仪节，礼仪。文：合乎规则。

⑳ 致：仔细审察。容貌：外表（变化）。参见《礼记·乐记》"致乐以治心"。

㉑ 所以：所依据的是。文节：即"节文"，仪节，礼仪。

㉒ 美其情：美化他的情操。美：使美丽。

㉓ 缺文据文意补。贵其义：以义为贵。

㉔ 善其节：修炼他的行为操守。

㉕ 好其容：装饰他的外表仪容。

㉖ 乐其道：安乐于他的志向。

㉗ 悦其教：愉悦地接受教化。

㉘ 拜：行礼。缺文据文意补。服：行大礼。参见《礼记·郊特牲》"敬之至也，服也。拜，服也。稽（qǐ）首，服之甚也。肉袒，服之尽也"。

㉙ 谀：悦顺的样子。敏：急速，聪明，努力。

㉚ 币帛：用于祭祀或作为礼品的丝织品。参见《礼记·坊记》"礼之先币帛也，欲民之先事而后禄也"，《周礼·天官·大宰》"六曰币帛之式"。所以为：用来作为。信与征：信物与证据。参见《礼记·中庸》"无征不信"，《左传·昭公八年》"君子之言，信而有征"。

㉛ 贻：馈赠。宜道：合乎规制。

㉜ 喜之浅泽：比喻欢喜的程度较浅。小喜则浅笑。泽：水泽。

㉝ 乐：狂欢。喜之深泽：比喻欢喜的程度深厚。大喜则狂欢。参见《礼记·乐记》"使亲疏贵贱长幼男女之理，皆见于乐。故曰：乐观其深矣"。

凡声①，其出于情也信②，然后其入拨人之心也厚③。闻笑声，则鲜如也斯喜④。闻歌谣⑤，则慆如也斯奋⑥。听琴瑟之声，则悸如也斯戁⑦。观《赉》《武》⑧，则齐如也斯作⑨。观《韶》《夏》⑩，则勉如也斯俭⑪。咏思而动心⑫，喟如也⑬，其居次也旧⑭，其反善复始也慎⑮，其出入也顺⑯，始其德也⑰。郑卫之乐⑱，则非其声而从之也⑲。

| 注释 |

① 凡声：所有的声音。

② 其：声音。信：真实。参见《礼记·表记》"信近情……情也信"，《礼记·乐记》"情动于中，故形于声"。

③ 拨：拨动，激发。厚：程度深。参见《礼记·乐记》"乐也者……其感人也深"，《荀子·乐论》"夫声乐之入人也深，其化人也速"。

④ 鲜如：快乐爽朗的样子。斯：则，下同。喜：外境顺心，喜悦。

⑤ 歌：祭祀时奏乐。谣：民间小调。

⑥ 慆（tāo）如：喜悦快乐的样子。慆：内心高兴，其程度高于"喜"。奋：振作，兴奋。

⑦ 悸如：心情激动的样子。戁（nǎn）：摇动，晃动。或读为"叹"，感叹。

⑧ 《赉（lài）》《武》：周武王入朝时的朝歌。

⑨ 齐如：庄重恭敬的样子。参见《论语·乡党》"虽蔬食菜羹，瓜祭，必齐如也"。作：兴起，振作。

⑩ 《韶》《夏》：尧乐和禹乐，泛指优雅的古乐。

⑪ 勉如：努力勤勉的样子。俭：恭俭，恭敬谦逊。参见《礼记·乐记》"恭俭而好礼者，宜歌《小雅》"。

⑫ 咏思：歌咏所思者，咏叹思念。而：且。动心：心情激动。参见《孟子·告子下》"所以动心忍性"。

⑬ 喟（kuì）如：感叹的样子。

⑭ 居次：留驻内心。次：停留的处所。旧：通"久"。

⑮ 反善复始：返归善性，回到人的初始。反：同"返"。始：人之初。

　　慎：通"顺"，顺从，遵循。

⑯ 出入：指音乐出入于人心。顺：顺从，遵循。

⑰ 始其德：人的道德开始形成。始：滋生。

⑱ 郑卫之乐（yuè）：春秋战国时期新兴的音乐，即下文所说的"益

　　乐"。

⑲ 其：指"赉、武、韶、夏"。从：趋从。之：指"郑卫之乐"。

　　凡古乐弄心①，益乐弄指②，皆教其人者也。《赉》《武》乐取③，《韶》《夏》乐情④。

| 注释 |

① 古乐（yuè）：当时的古典音乐。弄心：用心灵来演绎。

② 益乐（yuè）：当时的新乐。弄指：用手指来弹奏。

③《赉》《武》：益乐。乐取：歌颂商汤、周武王"取"天下。

④《韶》《夏》：古乐。乐情：歌颂虞舜真情大义禅让而治天下。

　　凡至乐必悲①，哭亦悲，皆致其情也②。哀、乐③，其性相近也④，是故其心不远⑤。哭之动心也⑥，浸杀⑦，其烈恋恋如也⑧，戚然以终⑨。乐之动心也⑩，濬深郁陶⑪，其烈则流如也悲⑫，悠然以思⑬。

| 注释 |

① 至乐（lè）：快乐到极致。必悲：一定导致哀伤悲痛。

② 致：表达。其情：人的情绪。

③ 乐（lè）：喜乐。

④ 其：指"哀"和"乐"。性相近：性质接近。

⑤ 是故：因此。其心不远：人的内心反应接近。

⑥ 之：助词，取消句子独立性。动心：使心态波动。

⑦ 浸杀（shài）：声音急促、低沉。

⑧ 烈：形容哭泣进入高潮。恋恋如：哀思缕缕不绝的样子。

⑨ 戚然：忧伤的样子。以：则，才。终：终止，结束。

⑩ 乐之动心：快乐的情绪影响心态。"之"的用法同⑥。

⑪ 濬（jùn）深：形容思想情感深沉。参见《尚书·舜典》"濬哲文明"。濬：同"浚"。郁陶：形容心思郁积不畅，文中指乐打动人心，使人情思激荡。参见《尚书·五子之歌》。

⑫ 烈则流如也悲：相当于"乐极则悲"。烈：形容快乐进入高潮。流：思想放荡。

⑬ 悠然：忧伤的样子。以：则。思：悲感，忧伤。

凡忧，思而后悲；凡乐，思而后忻①。凡思之用②，心为甚③。叹，思之方也④。其声变则（心从之）⑤；其心变，则其声亦然。吟游哀也⑥，噪游乐也⑦，啾游声（也）⑧，呕游心也⑨。喜斯慆，慆斯奋，奋斯咏，咏斯摇，摇斯舞⑩。舞，喜之终也⑪。愠斯忧⑫，忧斯戚⑬，戚斯叹⑭，叹斯抚⑮，抚斯踊⑯。踊，愠之终也。

| 注释 |

① 忻：通"欣"，喜悦，欢欣。参见《国语·晋语九》"思乐而喜，思难而惧，人之道也"。

② 思之用：即"用思"，思考物事。

③ 心为甚：内心情绪至关重要。参见《孟子·梁惠王上》"物皆然，思为甚"。

④ 叹：吟诵。方：表现形态。

⑤ 缺文据上博本补。心从之：意思是内心情绪随外界声音变化。

⑥ 吟：叹息，呻吟。游：通"由"，源于。下同。哀：悲哀。

⑦ 噪：欢呼。乐：快乐。

⑧ 啾：声音细碎嘈杂。缺文据文意补。

⑨ 呕：歌唱。

⑩ 斯：则，表示程度递进。喜（外境顺心）、慆（内喜欲发）、奋（喜而兴奋）、咏（喜形于歌）、摇（喜而摇头晃脑）、舞（喜而手舞足蹈）形容人的正面情绪由内而外、由静而动、由小动到大动逐渐高涨。

⑪ 终：最后的形式，终极呈现。

⑫ 愠：内心恼怒。忧：发愁，忧伤。

⑬ 戚：愤怒，愤恨。

⑭ 戁（nǎn）：内心惶恐。参见《诗经·商颂·长发》"不戁不竦"。

⑮ 抚：通"拊"，捶（胸），轻击。

⑯ 踊：以脚顿地。整段内容可参见《礼记·檀弓下》。

下篇

凡学者求其心为难①，从其所为②，近得之矣③，不如以乐之速也④。虽能其事⑤，不能其心⑥，不贵⑦。求其心有为也⑧，弗得之矣。人之不能以为也⑨，可知也⑩。（不）过十举⑪，其心必在焉⑫，察其见者⑬，情安失哉⑭？恕，义之方也⑮。义，敬之方也⑯。敬，物之节也⑰。笃，仁之方也⑱。仁，性之方也⑲。性或生之⑳。忠㉑，信之方也。信㉒，情之方也。情出于性㉓。爱类七㉔，唯性爱为近仁㉕。智类五㉖，唯义道为近忠㉗。恶类三㉘，唯恶不仁为近义㉙。所为道者四㉚，唯人道为可导也㉛。

① 学：原简文"学"与"教"为同一字，同源通用。求其心：探求他的内心。为（wéi）：则，就，表示承接关系。参见《论语·阳货》"君子有勇而无义为乱，小人有勇而无义为盗"。

② 从其所为（wéi）：因循他的行为表现。从：因循，根据。

③ 近得之：差不多可以探求到他的内心。近：将近，差不多。

④ 速：快速（感化人心）。参见《荀子·乐论》"夫声乐之入人也深，其化人也速"。

⑤ 能其事：胜任其职分。参见《礼记·祭统》"明其义者，君也；能其事者，臣也。不明其义，君人不全；不能其事，为臣不全"。

⑥ 不能其心：不能够得到其内心。

⑦ 贵：值得珍惜，珍贵难得。

⑧ 为（wèi）：目的。

⑨ 以：拿，用。为（wèi）：目的，动机。

⑩ 可知：（动机）可以感知察觉。

⑪ 缺文据文意补。举：举动，行动。

⑫ 在焉：呈现于此。在：呈现，暴露。

⑬ 察：仔细观看。见（xiàn）：同"现"，显现，暴露。

⑭ 失：找不着。

⑮ 恕：推己及人，恕道，体谅。方：表现，标志。

⑯ 义：公正合宜的道理和举动。敬：恭谨，尊重。

⑰ 物之节：事物的法度、法则。

⑱ 笃：忠实如一。仁之方：参见《论语·雍也》"能近取譬，可谓人之方也已"。

⑲ 性：天性，秉性。

⑳ 或：则，于是。

㉑ 忠：忠诚。

㉒ 信：诚实。

㉓ 情出于性：情感出之于秉性。

㉔ 爱类七：爱分七种，即敬老、尊齿、乐施、亲贤、好德、恶贪、廉让。

㉕ 性爱：基于天性的爱，人性之爱。

㉖ 智类五：即上文所指"恕、义、敬、笃、仁"。

㉗ 唯义道为近忠：只有义道接近"忠"。

㉘ 恶（wù）类三：憎恨的物类有三种，下文"恶不仁"为其一。恶：憎恨，以……为羞耻，与上文"爱"对应。

㉙ 恶不仁为（wéi）近义：以不仁为耻就接近义了。参见《论语·里仁》"恶不仁者，其为仁矣，不使不仁者加乎其身"，《礼记·表记》"无欲而好仁者，无畏而恶不仁者，天下一人而矣"。

㉚ 所为（wéi）：所谓。道者四：道有四种类别。

㉛ 唯人道为可导：只有人道是可以引导的。

凡用心之躁者①，思为甚②。用智之疾者③，患为甚④。用情之至者⑤，哀乐为甚⑥。用身之弁者⑦，锐为甚⑧。用力之尽者⑨，利为甚⑩。目之好色，耳之乐声⑪，郁陶之气也⑫，人不难为之死⑬。有其为人之节节如也⑭，不有夫简简之心则悇⑮。有其为人之简简如也⑯，不有夫极怡之志则慢⑰。人之巧言利词者⑱，不有夫诎诎之心则流⑲。人之悦然可与和安者⑳，不有夫奋作之情则督㉑。有其为人之慧如也㉒，弗牧不可㉓。有其为人之愿如也㉔，弗补不足㉕。

| 注释 |

① 躁：急切，浮躁。参见《荀子·劝学》"蟹六跪而二螯，非蛇鳝之穴可寄托者，用心躁也"。

② 思为甚：思虑的时候表现最突出。思：思虑。甚：大，极。下同。

③ 疾：快速，敏捷。

④ 患：忧患，危急（的时候）。

⑤ 至：顶点，极点。

⑥ 哀乐（lè）：悲哀与快乐（的时候）。

⑦ 弁（biàn）：急切，灵便。参见《礼记·玉藻》"弁行"，《释文》"弁，急也"，《后汉书·王莽传》"予甚弁焉"。

⑧ 锐：机灵，敏感（的时候）。

⑨ 尽：全部使出，达到极限。

⑩ 利：谋利，追逐财利。

⑪ 好（hào）色：喜好色彩。乐（lè）声：享受声音。"好""乐"皆为意动用法。

⑫ 郁陶之气：指内心情绪。郁陶：喜而未畅，忧不能舒。

⑬ 不难为之死：容易因此丢掉性命。

⑭ 节节如：循规蹈矩，有节制的样子。

⑮ 简简之心：质朴宽大之心，与人为善之心。俫（cǎi）：狡诈，虚伪。

⑯ 简简如：宽厚仁慈的样子。

⑰ 极怡：非常和悦的样子。极：最，非常。怡：和悦。志：志趣。慢：轻慢，懈怠。

⑱ 巧言利词：中听而虚伪的话。

⑲ 诎（qū）诎：朴拙无巧，谦逊无伪。流：虚浮不实。

⑳ 佗（tuó）然：为人简单，举止适当。和安：平和安泰（相处）。参见《国语·晋语七》"和安而好敬"，《史记·秦始皇本纪》"和

安敦勉，莫不顺令"。

㉑ 奋作之情：奋发向上的志向。瞀（mào）：混乱迷失。参见屈原《惜
诵》"中闷瞀瞀忳忳"。

㉒ 慧如：聪明狡黠的样子。

㉓ 弗牧不可：不管教不行。

㉔ 愿如：谨慎、拘谨的样子。

㉕ 弗补不足：不滋养不行。

凡人，伪为可恶也①。伪斯隐矣②，隐斯虑矣③，虑斯莫与之结矣④。慎，仁之方也⑤。然而其过不恶⑥。諫，谋之方也⑦。有过则咎⑧。人不慎斯有过，信矣⑨。

| 注释 |

① 伪：虚假，不诚实。为（wéi）：则，就。

② 斯：则，就。隐：藏匿，隐瞒。

③ 虑：算计，有所图谋。

④ 结：来往，结交。

⑤ 仁：疑是"虑"字之误。方：表现，标志。

⑥ 然：这样（指"慎""仁"）。而：表示承接关系。参见《易·系
辞下》"君子见几而作，不俟终日"。恶：甚，很，表示程度。

⑦ 諫（cù）：用语言粉饰周旋。谋：对策，策略。

⑧ 咎：追究。此句与上文对读，句型似当为"然而有过则咎"。

⑨ 信矣：的确如此。

凡人，情为可悦也①。苟以其情②，虽过不恶③；不以其情，虽戁不贵④。苟有其情，虽未之为⑤，斯人信之矣⑥。未言而信，

有美情者也^⑦。未教而民恒^⑧，性善者也。未赏而民劝^⑨，含福者也^⑩。未刑而民畏^⑪，有心畏者也^⑫。贱而民贵之^⑬，有德者也。贫而民聚焉^⑭，有道者也^⑮。

| 注释 |

① 情：与"伪"相对，真情，真心。可悦：使人快乐。

② 苟：如果。以其情：用其真情。

③ 过：错，犯错误。恶：甚，很，表示程度。

④ 戁（nǎn）：恭敬，《说文》"戁，敬也"。贵：稀罕，珍贵。

⑤ 未之为：即"未为之"，还没有去做。

⑥ 斯：则，副词，承接上文，得出结论。信之：信任他。

⑦ 美情：内心真诚。

⑧ 恒：持久不变。参见《论语·子路》"南人有言曰：'人而无恒，不可以作巫医'"。

⑨ 劝：勤勉，努力。参见《管子·轻重乙》"若是则田野大辟，而农夫劝其事矣"，《庄子·徐无鬼》"庶人有旦暮之业则劝"。

⑩ 含福：怀福，心怀美好。

⑪ 民畏：百姓敬畏。

⑫ 有心畏：即"心有畏"，心中有敬畏，心悦诚服。

⑬ 贱：地位低。民贵之：民众敬重他。贵之：以之为贵。

⑭ 贫：穷困。民聚焉：民众聚集在他周围。

⑮ 有道：有道行。

独处而乐^①，有内礼者也^②。恶之而不可非者^③，达于义者也^④。非之而不可恶者，笃于仁者也^⑤。行之不过^⑥，知道者也^⑦。闻道反上^⑧，上交者也^⑨。闻道反下，下交者也。闻道反己^⑩，修身者

也。上交近事君⑪，下交得众近从政⑫，修身近至仁⑬。同方而交，以道者也⑭。不同方而（交，以故者也）⑮。同悦而交⑯，以德者也。不同悦而交，以猷者也⑰。门内之治⑱，欲其掩也⑲。门外之治，欲其制也⑳。

注释

① 独处而乐：参见《韩诗外传》卷一"独居而乐，德充而形""独居乐德，内悦而形"。

② 内礼：内在之礼。

③ 恶（wù）：厌恶，憎恶。非：非议，批评。

④ 达于义：达到"义"的境界。

⑤ 笃于仁：意即"非常仁"。笃：丰厚，敦厚。参见《尔雅·释诂》"笃，厚也"，《诗经·唐风·椒聊》"硕大且笃"。

⑥ 行之不过：行为没有过错。

⑦ 知道：领悟到了"道"。知：领悟，明白。

⑧ 闻道：领会某种道理。反：反思，换位思考。上：地位高于自己的人。

⑨ 上交：与比自己地位高的人交往。

⑩ 闻道反己：领会道理反思自己。

⑪ 上交近事君：与位尊者结交如同事奉君王。

⑫ 下交得众近从政：与普通人结交得到众人支持，如同处理政事。

⑬ 修身近至仁：修养自身接近"仁"的境界。

⑭ 同方：同道，同类。以：基于。下同。道：道义。

⑮ 缺文据文意补。故：某种目的。

⑯ 同悦：同好（hào），志趣相投。

⑰ 猷：谋略。《尔雅·释诂》"猷，谋也"。

⑱ 门内之治：家庭内部的治理。

⑲ 欲：想要，希望。掩：隐匿，掩盖。

⑳ 门外之治：社会治理，国家治理。制：（讲求）规制法度。

凡悦人勿吝也①，身必从之②，言及则明，举之而毋伪③。

凡交毋烈④，必使有末⑤。

凡于路毋畏⑥，毋独言⑦。独处则习父兄之所乐⑧。苟无大害⑨，小枉入之可也⑩，已则勿复言也⑪。

| 注释 |

① 悦人：使人心悦，让人高兴。吝：吝惜，舍不得。

② 身：身体，体态。从：依就。

③ 言及：说到某件内容。明：明白公开。举：行动。参见《周礼·地官·师氏》"王举则从"。伪：虚伪。

④ 交：与人交往。烈：过分，没有分寸。

⑤ 必使有末：一定要做到（有始）有终。

⑥ 于路：在旅途。畏：上博简作"思"，畏、思形近，必有一误。

⑦ 独言：自言自语。

⑧ 习：练习，学习。所乐：所喜欢的，爱好。

⑨ 害：妨害。

⑩ 小枉：轻微的不当言行，小的问题。入：接纳，收纳。

⑪ 已：完毕，结束。复言：再提及，反复叨唠。参见《礼记·曲礼下》"子之事亲，三谏而不听，则号泣而随之"。

凡忧患之事欲任①，乐事欲后②。身欲静而毋滞③，虑欲渊而毋伪④，行欲勇而必至⑤，貌欲庄而毋拔⑥，欲柔齐而泊⑦；喜欲知而亡末⑧，乐欲释而有止⑨，忧欲敛而毋惛⑩，怒欲盈而毋暴⑪，进欲逊而毋巧⑫，退欲端而毋轻⑬，欲皆文而毋伪⑭。君子执志必有夫往往之心⑮，出言必有夫简简之信⑯，宾客之礼必有夫齐齐之容⑰，祭祀之礼必有夫齐齐之敬⑱，居丧必有夫恋恋之哀⑲。君子身以为主心⑳。

| 注释 |

① 欲：要，需要。任：担当。

② 乐事：与"忧患之事"相对。后：让先。参见《论语·雍也》"仁者先难而后获"，《大戴礼记·曾子立事》"先忧事者后乐事"。

③ 滞：呆板，不灵活。参见蔡邕《太傅胡广碑》"静而不滞"。

④ 渊：深邃。伪：不切实际，浮夸。

⑤ 勇：果敢。必至：一定达到目的。

⑥ 庄：庄正，庄重。毋拔：不动摇，不失节。拔：动摇。参见《礼记·乐记》"奋疾而不拔"。

⑦ 欲：欲望。柔齐：温婉周全。齐：或通"斋"，肃敬。泊：淡泊，恬静无为。

⑧ 知：展现，表露。亡末：不减轻，没有遗余。

⑨ 释：释放，宣泄。止：节制，克制。

⑩ 敛：节制，管束。惛（hūn）：迷糊，神志不清。

⑪ 盈：充盈。暴：发作。

⑫ 逊：谦虚。巧：虚浮不诚。

⑬ 端：端庄。轻：轻佻。

⑭ 文：（符合）礼仪。

⑮ 执志：坚守信念。参见《后汉书·高凤传》"执志不倦，名声著闻"。
往往：古书中写作"皇皇"，向往的样子。参见《孟子·滕文公下》
"孔子三月无君，则皇皇如也"。

⑯ 简简：盛大的样子。

⑰ 宾客之礼：参见《周礼·地官·保氏》"宾客之容"。齐齐之容：
恭敬严肃的仪容。

⑱ 祭祀之礼：参见《周礼·地官·保氏》"祭祀之容"。齐齐之敬：
肃穆庄重的敬意。

⑲ 居丧：即居丧之礼，参见《周礼·地官·保氏》"丧纪之容"。恋
恋之哀：依依不舍的哀痛。

⑳ 君子身以为主心：即"君子以身为主心"，意即君子认为外在的
仪容举止反映了一个人的内心。此句是全文的总结，意在强调"求
其心"的重要性。

| 阅读链接 |

礼记·曲礼下（节录）

君子行礼，不求变俗。祭祀之礼，居丧之服，哭泣之位，皆如其国
之故，谨修其法而审行之。去国三世，爵禄有列于朝，出入有诏于国，
若兄弟宗族犹存，则反告于宗后；去国三世，爵禄无列于朝，出入无诏
于国，唯兴之日，从新国之法。君子已孤不更名。已孤暴贵，不为父作
谥。居丧未葬，读丧礼；既葬，读祭礼；丧复常，读乐章。

居丧不言乐，祭事不言凶，公庭不言妇女。

荀子·正名（节录）

后王之成名：刑名从商，爵名从周，文名从《礼》。散名之加于万

物者，则从诸夏之成俗曲期，远方异俗之乡则因之而为通。散名之在人者：生之所以然者谓之性。性之和所生，精合感应，不事而自然谓之性。性之好、恶、喜、怒、哀、乐谓之情。情然而心为之择谓之虑。心虑而能为之动谓之伪。虑积焉、能习焉而后成谓之伪。正利而为谓之事。正义而为谓之行。所以知之在人者谓之知。知有所合谓之智。智所以能之在人者谓之能。能有所合谓之能。性伤谓之病。节遇谓之命。是散名之在人者也，是后王之成名也。

荀子·乐论（节录）

夫乐者，乐也，人情之所必不免也，故人不能无乐。乐则必发于声音，形于动静，而人之道，声音动静，性术之变尽是矣。故人不能不乐，乐则不能无形，形而不为道，则不能无乱。先王恶其乱也，故制《雅》《颂》之声以道之，使其声足以乐而不流，使其文足以辨而不諰，使其曲直、繁省、廉肉、节奏足以感动人之善心，使夫邪污之气无由得接焉。是先王立乐之方也，而墨子非之，奈何！

故乐在宗庙之中，群臣上下同听之，则莫不和敬；闺门之内，父子兄弟同听之，则莫不和亲；乡里族长之中，长少同听之，则莫不和顺。故乐者，审一以定和者也，比物以饰节者也，合奏以成文者也，足以率一道，足以治万变。是先王立乐之术也，而墨子非之，奈何？

故听其《雅》《颂》之声，而志意得广焉；执其干戚，习其俯仰屈伸，而容貌得庄焉；行其缀兆，要其节奏，而行列得正焉，进退得齐焉。故乐者，出所以征诛也，入所以揖让也。征诛揖让，其义一也。出所以征诛，则莫不听从；入所以揖让，则莫不从服。故乐者，天下之大齐也，中和之纪也，人情之所必不免也。是先王立乐之术也，而墨子非之，奈何！

…………

夫声乐之入人也深，其化人也速，故先王谨为之文。……

夫民有好恶之情而无喜怒之应则乱。先王恶其乱也，故修其行，正其乐，而天下顺焉。故齐衰之服，哭泣之声，使人之心悲；带甲婴，歌于行伍，使人之心伤；姚冶之容，郑、卫之音，使人之心淫；绅端章甫，舞《韶》歌《武》，使人之心庄。故君子耳不听淫声，目不视女色，口不出恶言。此三者，君子慎之。

周礼·地官·司徒（节录）

师氏掌以媺（měi）诏王。以三德教国子：一曰至德，以为道本；二曰敏德，以为行本；三曰孝德，以知逆恶。教三行：一曰孝行，以亲父母；二曰友行，以尊贤良；三曰顺行，以事师长。居虎门之左，司王朝，掌国中失之事，以教国子弟，凡国之贵游子弟学焉。凡祭祀、宾客、会同、丧纪、军旅，王举则从，听治，亦如之。使其属帅四夷之隶，各以其兵服守王之门外。且跸（bì），朝在野外，则守内列。

保氏掌谏王恶，而养国子以道。乃教之六艺：一曰五礼，二曰六乐，三曰五射，四曰五驭，五曰六书，六曰九数。乃教之六仪：一曰祭祀之容，二曰宾客之容，三曰朝廷之容，四曰丧纪之容，五曰军旅之容，六曰车马之容。凡祭礼、宾客、会同、丧纪、军旅，王举则从。听治，亦如之。使其属守王闱。

| 阅读延伸

《性自命出》是包括断简在内编连而成的文献，因此，无法断定《性自命出》中看不到的内容，原来就肯定没有。但是，和《中庸》相比，说与"天命之性""诚"等相当的文句《性自命出》中有过，也很困难。因此，如果《性自命出》中本无此类内容的解说，那么，类似的语句就是并无特别解说之必要，是在极其一般的、众所周知的意义上加以

使用的。也就是说,《性自命出》中的"天命"与"性",可以视作是类似天赋之性的、表现为万物始源与其所生万象之间关系的、非常朴素的意义和内容。虽因资料的欠缺,还不敢下断言,但将"天命之性"视为"诚",认为这与宇宙法则相一致的《中庸》的立场,似乎在《性自命出》中难以找到。

替代"诚",《性自命出》中出现了"信""慎"等词。《性自命出》说"凡学者,求其心为难"(36号简),又说"伪则不得"。"伪"与"信""慎"相违背,表示"心"中有伪,所以也许有发展到《中庸》之"诚"的可能性。但《性自命出》的"信""慎"是实践的、朴素的,完全达不到"诚"之形而上学的高度。"诚"之有无正好拉开了两者(《中庸》与《性自命出》)的距离。

簪翟義

一 尊德义 一

尊德义

本篇存简 39 枚，保存完整。竹简两端呈梯形，整简长 32.5 厘米。编线两道，间距 17.5 厘米。每简字数 22～25 之间，总字数 914 个，字迹基本清晰。全篇无断读和分章标识，11、12、15 和 28 号简背面各有一处数字，可能是对简的清点记数。篇题系整理者据篇首文字拟加。

春秋以降，王道渐弛，霸道骤兴，社会政治结构发生深刻变化。儒家期望以德治为根本，以先王之道"民本"来晓谕为君者，实现富民强国。《尊德义》进一步阐释了儒家的德治思想，全篇论证由道与德、德与恒、教与政等概念及其相互关系建构的完整的理论体系，着重论述了"赏与刑"、"人道"为先、"教"为重、礼治是最大的德治。

本篇认为德治能否成功，关键在于"为政者"的身教，先正己而后人自正。治民之术、为君之道，强调以德为教，期望君王尊德、尊义，明赏刑、取人道、重身教。作为人君，应该做到"尊德义，明乎民伦""治人伦，以顺天德"。作者认为，"尊德义"是为君者个体修为的要求，更是其治国教民的重要条件。

《尊德义》提出的核心理念如政治上的德治主义，手段上的圣王思想，以民为本的至高原则，为孟子所继承弘扬，对后世影响很大。

本篇着重论述了以下几点。其一，"赏与刑"都是治理国家的必要手段，其施行关键在于是否遵循德义；其二，世上诸事"莫不有道"，而"人道为近"，是否遵循"人道"，是决定民之治乱的关键，为君治国必须取"人道"为先；其三，"教"为重，教育、引导民众是为君者的重要职责，也是治理好国家的重要手段，导民以礼乐但不能放任；其四，治国理政应实行德治，而礼治是最大的德治。德治能否成功，关键在于"为政者"的身教，先正己而后人自正。在儒家看来，以礼乐为主干的先王之道是彰显社会正义的政治智慧，民本政治付诸实施后，定然更有利于社会结构中的弱势群体，与服务于专制君主个人意志的霸术相比，它显然更接近于正义。《尊德义》提出的核心理念如政治上的德治主义，手段上的圣王思想，以民为本的至高原则，为孟子所继承弘扬，对后世影响很大。

另外，本篇"察诸出，所以知己。知己所以知人，知人所以知命，知命而后知道，知道而后知行"与《大学》的"格物致知，诚意正心，修身齐家，治国平天下"的论述逻辑相似。"教非改道也，教之也。学非改伦也，学其也"又与《中庸》的核心观念相呼应，前半句暗合"修道之谓教"，后半句对应"率性之谓道"。《中庸》与《大学》分别是儒家心性学与政治学的经典文本，有学者指出，如果说《中庸》集中体现了儒学对早期思维观念的总结和提升，《大学》集中体现了儒学对早期政治经验的总结和提升，那么应该把《尊德义》视作这两部经典的先驱。它显示，儒学的天道、心性、德教、礼乐、仁义是一个相互贯通且理论实践相衔接的有机整体。

尊德义①，明乎民伦②，可以为君。去忿戾③，改惎胜④，为人上者之务也⑤。

注释

① 尊：尊崇。德：德行。义：正义。参见《左传·宣公十五年》《孝经·圣智》。

② 民伦：即人伦。参见《孟子·滕文公上》"皆所以明人伦也"，《孟子·离娄下》"察于人伦"。伦：义理、伦常，指人与人之间的道德准则以及长幼尊卑间的次序等级关系。

③ 忿：愤恨。戾：乖张。参见《论语·阳货》"今之矜也忿戾"。

④ 改：止，去。惎（jì）：忌恨。胜：争强好胜。

⑤ 为人上者：为君王。务：职责。

赏与刑，祸福之基也①，有践之者矣②。爵位③，所以信其然也④。征侵⑤，所以攻（伐也）⑥。刑（罚）⑦，所以（赏）举也⑧。杀戮，所以除怨也⑨。不由其道⑩，不行⑪。

注释

① 基：根本，基础。参见《说苑·复恩》"君不能报臣之功而惮刑赏者，亦乱其基也"。

② 践：实行，践行。

③ 爵位：封爵授职。爵：爵位。位：官职。

④ 所以：是因为。信：相信。其然：必定如此。

⑤ 征侵：征战攻伐。

⑥ 缺文据文意补。

⑦ 缺文据文意补。

⑧ 缺文据文意补。赏：奖赏。举：提拔，举荐。

⑨ 除怨：消除仇怨。

⑩ 由：遵循。

⑪ 不行：施行不了，行不通。

仁为可亲也①，义为可尊也②，忠为可信也③，学为可益也④，教为可类也⑤。

| 注释 |

① 为（wèi）：为的是，目的在于。下同。亲：接近，亲近。参见《礼记·檀弓上》"夫礼，为（wèi）可传也，为可继也"。

② 尊：尊敬，钦佩。

③ 信：信赖，信服。

④ 益：增益，长进。参见《老子》"为学日益，为道日损"，《说苑·建本》"学所以益才也"。

⑤ 类：遵循，师法。参见《论语·卫灵公》"有教无类"。

教非改道也，教之也①。学非改伦也，学其也②。禹以人道治其民，桀以人道乱其民③。桀不易禹民而后乱之④，汤不易桀民而后治之⑤。圣人之治民，民之道也。禹之行水⑥，水之道也。造父之御马⑦，马之道也⑧。后稷之艺地⑨，地之道也⑩。莫不有道焉，人道为近。是以君子人道之取先⑪。

| 注释 |

① 改：改变。道：与下文"伦"皆指事物本来的规律，即下文的"民、水、马、地"等"道"。之：指"道"。

② 其：指"伦"。

③ 禹：夏禹，夏朝立国君主。人道：人伦道德。桀：夏桀，夏朝末代君主。

④ 易：改换，更换。

⑤ 汤：商汤，商朝的建立者。

⑥ 行：疏导，导引。

⑦ 造父：周穆王时期的驾车大夫。御：驾驭车马，也作"驭"。

⑧ 马之道：（遵循）马的习性。

⑨ 后稷：农耕始祖，五谷之神。艺：种植。

⑩ 地之道：（遵循）地的规律。

⑪ 人道：指"诗""书""礼乐"三术所从出的"心术"。取先：即"先取"，优先选取，优先考虑。

察诸出^①，所以知己。知己所以知人，知人所以知命，知命而后知道，知道而后知行^②。由礼知乐，由乐知哀^③。有知己而不知命者，亡知命而不知己者^④。有知礼而不知乐者，亡知乐而不知礼者。善取^⑤，人能从之^⑥，上也^⑦。

| 注释 |

① 察：考察。诸："之于"的合音。出：表现。参见《语丛一》"察所知，察所不知"，《成之闻之》"察反诸己而可以知人"，《逸周书·度训》"内外以知人"。

② 知行：明白行动的方向。参见《论衡·本性》"天地生人也，以礼仪之性。人能察己所以受命则顺，顺之谓道"。

③ 乐（yuè）：音乐。哀：怜悯，同情。参见《逸周书·度训》"知和以知乐，知乐以知哀"。

④ 亡：同"无"。下同。

⑤ 善取：善于取舍。

⑥ 从：追随，跟从。

⑦ 上：最高的境界，最好的状态。

为故率民向方者^①，唯德可^②。德之流^③，速乎置邮而传命^④。

其载也亡重焉⑤，交矣而弗知也⑥。望德者⑦，且莫大乎礼乐焉⑧。治乐和哀⑨，民不可惑也⑩。反之⑪，此枉矣⑫。

| 注释 |

① 为（wéi）：通"惟"，发语词。向：归顺，归依。方：常道，法度。

② 可：能够做到。

③ 流：流行，传播。

④ 置邮：设置驿站。参见《孟子·公孙丑上》"德之流行，速于置邮而传命"。

⑤ 载（zài）：承载，（道德）体量。重：厚重。

⑥ 交：相互往来。或读为"绞"，急切，速度快捷。

⑦ 望德：明德，尊崇德行，彰明德行。

⑧ 且：殆，大概。

⑨ 治乐：治理音乐。和哀：调和悲哀。

⑩ 惑：使迷惑，愚弄。

⑪ 反之：与之相反，不然。

⑫ 此：则，乃。枉：徒然。

刑不逮于君子，礼不逮于小人①。功（则）往者复依②，惠则民财足③，不时则亡劝也④。

| 注释 |

① 逮：及，至。参见《礼记·曲礼上》"礼不下庶人，刑不上大夫"，贾谊《新书·阶级》"故古者礼不及庶人，刑不至君子，所以厉宠臣之节也"。

② 功：功德，恩德。缺文据文意补。往者：从前的追随者。复依：

重新归附。

③ 惠：施惠。财：财产用度。

④ 不时：不遵时令。劝：拿道理说服人，使人听从。

不爱则不亲①，不（虑）则弗怀②，不釐则亡威③，不中则不信④，弗勇则亡覆⑤。咎则民轻⑥，正则民不吝⑦，恭则民不怨⑧。均不足以平政⑨，缓不足以安民⑩，勇不足以没众⑪，博不足以知善⑫，决不足以知伦⑬，杀不足以胜民⑭。

| 注释 |

① 不爱：（君王）不施仁爱。不亲：（民众）不亲附。以下句式同。

② 缺文据文意补。虑：谋思。怀：留恋，怀念。

③ 釐（lí）：同"厘"，治理。亡威：没有威信。

④ 中：中正，恰当。信：使人信服，让人信赖。

⑤ 勇：勇力，果敢。参见《诗经·小雅·巧言》："彼何人斯，居河之麋；无拳无勇，职为乱阶"。覆：（得到）庇护。参见《诗经·大雅·生民》"诞置之寒冰，鸟覆翼之"。

⑥ 咎：怪罪，责罚。轻：轻视。

⑦ 正：端正，公正。吝：贪吝。

⑧ 恭：恭谨。怨：抱怨，怨恨。

⑨ 均：公平，均衡。平政：持政公允。

⑩ 缓：为政宽缓。参见《管子·法禁》"莫敢布惠缓行"，注："节容养民谓之缓行"。安民：使民安。

⑪ 勇：勇力，武力。没（mò）：压制，超过。

⑫ 博：博学，知识渊博。知善：分辨善恶。

⑬ 决：果敢。知伦：明晰人伦道德。

⑭ 杀：杀戮。胜民：压制民众，相当于上文"没众"。

下之事上也①，不从其所命，而从其所行②。上好是物也③，下必有甚焉者④。夫唯是⑤，故德可易而施可转也⑥。有是施小有利⑦，转而大有害者，有之⑧。有是施小有害，转而大有利者，有之。行此敏也⑨，然后可愉也⑩。

| 注释 |

① 事：侍奉。

② 从：听从，跟从。命：令，命令。行：行为，行动。

③ 好（hào）：喜欢。是物：某个物件，某种喜好。

④ 甚：更加，程度更深。焉：相当于"之"或"于此"。

⑤ 夫唯是：正因为这样。夫：发语词。

⑥ 德、施：德泽恩施。易、转：改变。

⑦ （第一个）有：有的。是：对的，正确的。

⑧ 转而：转折连词。有之：有这种情况。参见《淮南子·人间训》《淮南子·泰族训》相关谈论利害转换的文字。

⑨ 行：依此而行，照这样做。此：则。敏：聪慧。

⑩ 愉：愉悦。参见《孟子·公孙丑》"以德服人者，中心悦而诚服也"。

因恒则固①，察匿则亡僻②，不党则亡怨③，尚威则（亡罔）④。

| 注释 |

① 因：因袭，遵循。恒：常，引申指常法。固：稳固。

② 察：明察，调查。匿：藏匿，隐匿。亡：同"无"，下同。僻：邪僻，乖僻。

③ 党：偏私，偏袒。

④ 尚：推崇，崇尚。威：刑罚。缺文据文意补。罔：欺骗，蒙骗。

夫生而有职事者也①，非教所及也②。教其政③，不教其人④，政弗行矣⑤。故终是物也而有深焉者⑥，可教也而不可已也⑦。可教也而不可由（也。由）其民⑧，而民不可止也⑨。

| 注释 |

① 职事：应对处理事情。职：主理，独立处分。

② 及：达到。

③ 政：政令。

④ 人：人伦。

⑤ 行：通行，推广。

⑥ 终：极，穷尽。深：深奥。

⑦ 已：停顿，休止。参见《荀子·劝学》"君子曰：学不可以已"。

⑧ 由：听由，放任。简文此处疑抄脱二字，据文意补。

⑨ 止：停止，使安定。

尊仁、亲忠、敬长、归礼①，行矣而亡惟②，养心于慈良③，忠信日益而不自知也④。民可使导之⑤，而不可使知之⑥。民可导也，而不可强也⑦。桀不谓其民必乱，而民有为乱矣⑧。纣不若也⑨，可从也而不可及也⑩。

| 注释 |

① 尊仁：遵循仁道，动宾结构，下同。亲忠：亲近忠臣。敬长：尊敬长者。参见《孟子·尽心上》。归礼：归依礼仪。

② 行：施行。亡：通"无"，无须。惟：考虑，揣度。

③ 于：至，到。慈良：慈爱善良。参见《韩诗外传》《礼记·丧服四制》。

④ 日益：天天增益。不自知：即"自不知"，不知不觉。与上文"亡惟"相呼应。

⑤ 导：引导，教导。

⑥ 知：感到、觉察（被教导）。参见《论语·泰伯》"民可使由之，不可使知之"。

⑦ 强：强迫，强制驱使。

⑧ 不谓：没有料到。必：一定。有：动词前词缀，无实义。

⑨ 不若：不如（夏桀）。

⑩ 从：被迫跟从。及：主动追随。

君民者，治民复礼①，民余害智②，罹劳之节也③。为邦而不以礼④，犹遽人之亡适也⑤。非礼而民悦戴⑥，此小人矣⑦。非伦而民服慑⑧，此乱矣。治民非怀生而已也⑨，不以嗜欲害其仪轨⑩。民爱，则子也⑪；弗爱，则仇也⑫。民五之方格，十之方争，百之而后服⑬。

注释

① 君民：统治民众。治民：治理民众。复礼：因循礼制，合乎礼仪。

② 余：残剩。害智：不良的认知。

③ 罹劳：忧劳，操心劳顿。节：关键。

④ 为（wéi）邦：治理邦国。

⑤ 遽（jù）人：驿使，驿卒。亡适：无所适从，没有方向。适：往，方向。

⑥ 非礼：不合礼制。悦戴：衷心拥戴。

⑦ 此：乃，则。参见《礼记·大学》"有德此有人，有人此有土，有土此有财，有财此有用"。下同。

⑧ 非伦：不合人伦。服慑：顺服。

⑨ 怀生：安于生计。参见《左传·僖公二十七年》"子犯曰：'民未知义，未安其居。'于是乎出定襄王，入务利民，民怀生矣"。

⑩ 嗜欲：个人嗜好，私欲。害：损害，破坏。仪轨：法度，规则。

⑪ 子：通"慈"，爱。

⑫ 仇：仇恨。参见《吕氏春秋·用民》引《周书》"民善之则畜也，不善则仇也"，《说苑·政理》"天地之间，四海之内，善则畜也，不善则仇也"，《逸周书·芮良夫》"德则民戴，否则民仇"。

⑬ 方：将。下同。格：搏杀。争：争斗。服：顺服。这句话的意思是应该五次、十次、百次施爱于民，屡行不辍，不断努力。

　　善者民必富①，富未必和，不和不安，不安不乐②。善者民必众③，众未必治④，不治不顺，不顺不平⑤。是以为政者教导之取先⑥。教以礼，则民果以劲⑦。教以乐，则民淑德清壮⑧。教以辩说，则民褺陵长贵以妄⑨。教以势，则野以争⑩。教以技，则民小以吝⑪。教以言，则民訏以寡信⑫。教以事，则民力啬以啗利⑬。教以权谋，则民淫惽远礼亡亲仁⑭。先之以德，则民进善焉⑮。

注释

① 善者：善于治理。

② 不和不安，不安不乐：紧缩复句，意思是"不和则不安，不安则不乐"。

③ 众：数量多。

④ 治：有治，（得到）治理。

⑤ 不治不顺，不顺不平：紧缩复句，意思是"不治则不顺，不顺则不平"。平：太平。

⑥ 是以：因此。教导：教化引导。取先：放在优先的位置。

⑦ 教：教导。礼：礼仪。果：果敢。以：且，下同。劲：强劲。

⑧ 乐：音乐。淑德：美德。清壮：清新豪健。

⑨ 衰：轻慢。陵：同"凌"，凌驾，欺凌。长贵：年长的和位尊的。妄：狂乱。

⑩ 势：权势。野：粗鄙，不驯服。争：争斗。

⑪ 技：技巧。小：狭隘。吝：吝啬，小气。

⑫ 言：谤言。訏（xū）：诡诈。寡信：少信用，没有诚信。

⑬ 事：《尔雅·释诂》"事，勤也"。力：致力。啬：通"穑"，农事。以：且。啗（dàn）利：获取利益。啗：同"啖"，吃，引申为"获取"。

⑭ 淫：迷惑。惃（gǔn）：糊涂，混乱。远（yuàn）礼：背离礼仪。亡：不。

⑮ 先之以德：一开始用人伦道德教化。进：推崇。

故为政者，或论之①，或养之②，或由中出③，或至之外④，伦列其类⑤。凡动民必顺民心⑥，民心有极⑦，求其兼⑧，踵义集理⑨，言此章也⑩。

| 注释 |

① 论：讲论，阐述。

② 养：培育，教（jiāo）养。

③ 中：内心思想。

④ 至：来自。参见《礼记·祭统》"夫祭者，非物自外至者也，自中出生于心也"。外：肢体表情，或指外界。

⑤ 伦列：秩序，归置。类：类别。

⑥ 动民：发动民众做事。

⑦ 极：标准，准则。

⑧ 恙（yàng）：长久，永久。参见《尔雅·释诂》"恙，长也"。

⑨ 踵：追随。集：依从。

⑩ 言：言论，道理。此：则，乃。章：同"彰"，宣扬，表露。

| 阅读链接 |

论语·泰伯（节录）

子曰："泰伯，其可谓至德也已矣。三以天下让，民无得而称焉。"

子曰："恭而无礼则劳，慎而无礼则葸（xǐ），勇而无礼则乱，直而无礼则绞。君子笃于亲，则民兴于仁；故旧不遗，则民不偷。"

曾子有疾，召门弟子曰："启予足，启予手。《诗》云：'战战兢兢，如临深渊，如履薄冰。'而今而后，吾知免夫，小子！"

曾子有疾，孟敬子问之。曾子言曰："鸟之将死，其鸣也哀；人之将死，其言也善。君子所贵乎道者三：动容貌，斯远暴慢矣；正颜色，斯近信矣；出辞气，斯远鄙倍矣。笾豆之事，则有司存。"

曾子曰："以能问于不能，以多问于寡；有若无，实若虚，犯而不校。昔者吾友尝从事于斯矣。"

曾子曰："可以托六尺之孤，可以寄百里之命，临大节而不可夺也。君子人与？君子人也。"

曾子曰："士不可以不弘毅，任重而道远。仁以为己任，不亦重乎？

死而后已，不亦远乎？"

子曰："兴于《诗》，立于礼，成于乐。"

子曰："民可使由之，不可使知之。"

说苑·政理（节录）

成王问政于尹逸曰："吾何德之行而民亲其上？"对曰："使之以时而敬顺之，忠而爱之，布令信而不食言。"王曰："其度安至？"对曰："如临深渊，如履薄冰。"王曰："惧哉！"对曰："天地之间，四海之内，善之则畜之，不善则雠也；夏、殷之臣，反雠桀、纣而臣汤、武，夙沙之民，自攻其主而归神农氏。此君之所明知也，若何其无惧也？"

淮南子·泰族训（节录）

治身，太上养神，其次养形；治国，太上养化，其次正法。神清志平，百节皆宁，养性之本也；肥肌肤，充肠腹，供嗜欲，养生之末也。民交让争处卑，委利争受寡，力事争就劳，日化上迁善而不知其所以然，此治之上也。利赏而劝善，畏刑而不为非，法令正于上而百姓服于下，此治之末也。上世养本而下世事末，此太平之所以不起也。夫欲治之主不世出，而可与兴治之臣不万一，以万一求不世出，此所以千岁不一会也。

水之性，淖（nào）以清，穷谷之污，生以青苔，不治其性也。掘其所流而深之，茨其所决而高之，使得循势而行，乘衰而流，虽有腐朘（cī）流渐，弗能污也。其性非异也，通之与不通也。风俗犹此也。诚决其善志，防其邪心，启其善道，塞其奸路，与同出一道，则民性可善，风俗可美也。

所以贵扁鹊者，非贵其随病而调药，贵其揲（yè）息脉血，知病之所从生也。所以贵圣人者，非贵随罪而鉴刑也，贵其知乱之所由起也。

若不修其风俗，而纵之淫辟，乃随之以刑，绳之以法，虽残贼天下，弗能禁也。禹以夏王，桀以夏亡；汤以殷王，纣以殷亡；非法度不存也，纪纲不张，风俗坏也。

三代之法不亡，而世不治者，无三代之智也。六律具存，而莫能听者，无师旷之耳也。故法虽在，必待圣而后治；律虽具，必待耳而后听。故国之所以存者，非以有法也，以有贤人也；其所以亡者，非以无法也，以无贤人也。晋献公欲伐虞，宫之奇存焉，为之寝不安席，食不甘味，而不敢加兵焉。赂以宝玉骏马，宫之奇谏而不听，言而不用，越疆而去，荀息伐之，兵不血刃，抱宝牵马而去。故守不待渠而固，攻不待冲降而成拔，得贤之与失贤也。故臧武仲以其智存鲁，而天下莫能亡也；璩（qú）伯玉以其仁宁卫，而天下莫能危也。《易》曰："丰其屋，蔀（bù）其家，窥其户，阒其无人。"无人者，非无众庶也，言无圣人以统理之也。

民无廉耻，不可治也；非修礼义，廉耻不立。民不知礼义，法弗能正也；非崇善废丑，不向礼义。无法不可以为治也。不知礼义不可以行法。法能杀不孝者，而不能使人为孔、曾之行。法能刑窃盗者，而不能使人为伯夷之廉。孔子弟子七十，养徒三千人，皆入孝出悌，言为文章，行为仪表，教之所成也。墨子服役者百八十人，皆可使赴火蹈刃，死不还踵，化之所致也。夫刻肌肤，镵皮革，被创流血，至难也，然越为之，以求荣也。圣王在上，明好恶以示之，经诽誉以导之，亲贤而进之，贱不肖而退之，无被创流血之苦，而有高世尊显之名，民孰不从？

古者法设而不犯，刑错而不用，非可刑而不刑也，百工维时，庶绩咸熙，礼义修而任贤德也。故举天下之高以为三公，一国之高以为九卿，一县之高以为二十七大夫，一乡之高以为八十一元士。故智过万人者谓之英，千人者谓之俊，百人者谓之豪，十人者谓之杰。明于天道，察于地理，通于人情，大足以容众，德足以怀远，信足以一异，知足以知变者，人之英也。德足以教化，行足以隐义，仁足以得众，明足以照下者，人之俊也。行足以为仪表，知足以决嫌疑，廉足以分财，信可使守约，作事可法，出言可道者，人之豪也。守职而不废，处义而不比，见难不苟免，见利不苟得者，人之杰也。英俊豪杰，各以小大之材处其位，得其宜，由本流末，以重制轻，上唱而民和，上动而下随，四海之内，一心同归，背贪鄙而向义理，其于化民也，若风之摇草木，无之而不靡。

| 阅读延伸 |

《尊德义》是郭店楚简中的一篇政治专论，体现了早期儒家的政治思想，具有非常重要的思想史价值。这篇出土文献虽然在编联和释读上仍存在争议，但其中所反映的思想大体可识。概括言之，《尊德义》的主题思想是儒家的教化政治论。具体而言，其内涵则有如下几个层面：第一是"为政者教道之取先"的教化论，第二是"为君之道在尊德义"的德治论，第三是"明德者莫大乎礼乐"的礼治论，第四是"民，爱则子"与"动民必顺民心"的民本论。这一政治思想，与《论语》等文献记载的孔子政治思想既有一致性，又有所丰富。综合各种信息，我们推测这一篇文献可能是子思之儒所传述的孔子遗言，至少可以视作孔门政治思想的珍贵文献。

有学者认为，《尊德义》为《子思子》的一部分，也有学者认为，《尊德义》是孔子的著作。

有学者认为《尊德义》与《成之闻之》《性自命出》《六德》一样是郭店儒家简的核心部分。也有学者认为《尊德义》中有见于《缁衣》的语句，这也是郭店简出于子思学派的证据。陈明在《民本政治的新论证》中认为，以孔子、曾子、子思、孟子为主要代表的儒学主流所致力者，在于"法先王"以著道，进行理论思考与阐释，促使民本主义的理念与原则重新成为现实政治运作的基础。

陽世之道

一 唐虞之道 一

唐虞之道

　　本篇存简 29 枚，其中 22 枚完整，7 枚残，总字数 706 个。竹简两端平齐，整简长 28.1 ～ 28.3 厘米。编线两道，间距约 14.3 厘米。整简字数多在 24 ～ 27 字之间，字迹清晰。篇题系整理者取篇首文字拟加。

　　所谓"唐虞"，唐即唐尧，中国上古时代的部落联盟首领，尧原封于唐，故称陶唐氏；虞即虞舜，是有虞氏部落首领，号有虞氏，史称"虞舜"。尧、舜是古史传说中的圣贤明君，《史记》所载上古"五帝"其二。在记载事迹之余，司马迁对两位君主均给予了相当高的评价，称尧"其仁如天，其知如神"，评舜"天下明德皆自虞帝始"，故此，尧舜二人向来被追求圣贤仁德的儒家所尊崇。而"唐虞之道"，指的则是尧舜禅让之道。《史记·五帝本纪》等书记载，尧在位七十年，认为其子丹朱不肖，不足以授天下，因而命四岳举荐贤德之人作继任者，在对四岳推举的舜进行了长达三年的内外考察后予以认可，将王位"禅让"给了舜。其后，舜也以同样的方法，将王位"禅让"给了禹。历史上把这种尚德授贤的王位继承制度称为"禅让制"，其与按照血统关系传位子孙的"世袭制"，是中国古代政治制度的两个重要组成部分。

　　本篇论述的核心是"禅而不传"。"禅"就是公天下，将王位传给最贤能的人；"传"就是私天下，将王位传子世袭。文中通过阐述尧舜的"禅让"之道以论证"尚德""尊贤"政治的重要性，实行"禅让制"，重在德行，匹夫与天子在人格上是平等的。主张禅让，但不反对"爱亲"，认为"爱亲"与"尊贤""孝""悌"及"忠君""为民主"等有着同等性，与传世的孔孟思想中"亲亲""尊贤"的主张一致。

春秋战国时期是中国历史上的大变革时期，群雄崛起，列国争霸，周王朝统治摇摇欲坠，而结束诸侯分治，建立统一的新王朝，成为战国时期的历史潮流。新王朝该如何建立，又该实行怎样的政体，是百家争鸣的焦点问题，对此，诸子持论各异，提出许多政治设想，"禅让制"正是其中之一。诞生于这一历史背景下的《唐虞之道》，是目前仅见的早期儒家集中阐述禅让学说的专论。

"禅让制"的宗旨是"让贤"，即授贤而不传子。《唐虞之道》肯定了唐虞的禅让之道，论述的核心是"禅而不传"。"禅"是公天下，将王位传给最贤能的人；"传"是私天下，将王位传给自己的儿子。"禅让制"的根基是德行，因此，本篇通过阐述尧舜的禅让之道，论证了"尚德""尊贤"政治的重要性，认为禅让制、公天下、尚德、授贤是选择明君，实现天下大治的必由之路。这一思想在某种程度上来说，与早期儒家的"大同"理想一脉相通。

大同思想最早由孔子倡导，《礼记》载孔子曰："大道之行也，天下为公。"天下非一家之私有，乃天下人所共有，落实到君位继承制度上，即是主张禅让，传贤不传子。正如《唐虞之道》所强调的，"禅而不传"，是圣的最高表现，"利天下而弗利"，是仁的最高境界，像"其仁如天"的尧一样，做到推位让贤，利天下而不谋私利，是实现唐虞圣治的基础和前提。

值得注意的是，《唐虞之道》提倡"尊贤"，也同样重视"爱亲"，认为这两者缺一不可。爱亲忘贤，仁而未义；尊贤遗亲，义而未仁。尧舜之行，正是体现了"爱亲尊贤"的特点，爱亲所以行孝，尊贤故施禅让。

篇中通过"明德之人"舜在修身、持家、理政方面的作为表明，只有"孝"于父，才能"忠"于君，只有"悌"于长，才能"慈"于民，只有经营好家庭，才能治理好天下。其爱亲、尊贤、孝悌、忠君、为民的思想，与传世文献中孔子、孟子的主张是一致的，本篇对德行的充分肯定，正是儒家仁学的特色。

关于尧舜禅让，荀子指责其为"虚言"，韩非子斥其为"逼上弑君"，《竹书纪年》有"舜囚尧"之说。本篇证实了《尚书·尧典》《论语·尧曰》《孟子·万章上》中关于尧舜"禅让"的历史真实性，对唐虞的禅让之道持肯定态度，强调爱亲尊贤和"利天下而弗利"。

唐虞之道①，禅而不传②。尧舜之王③，利天下而弗利也④。禅而不传，圣之盛也。利天下而弗利也，仁之至也。古昔贤仁圣者如此。身穷不均⑤，没而弗利⑥，穷仁矣⑦。必正其身⑧，然后正世⑨，圣道备矣⑩。故唐虞之（道，禅）也⑪。

| 注释 |

① 唐：唐尧，唐是传说中帝尧的朝代名。虞：虞舜。虞是传说中帝舜的朝代名。道：治理国家的理念。

② 禅（shàn）：禅让。传：世袭。

③ 王（wàng）：统治。

④ 弗利：不求利己，不牟取私利。

⑤ 穷：处境困难。均：使……同样。

⑥ 没（mò）：同"殁"，身死命终。

⑦ 穷：终极，极致。

⑧ 正：修正，修炼。

⑨ 正：修正，治理。

⑩ 备：完备，齐备。

⑪ 缺文据文意补。

夫圣人上事天,教民有尊也^①;下事地,教民有亲也^②;时事山川,教民有敬也^③；亲事祖庙^④，教民孝也；太学之中^⑤，天子亲齿^⑥，教民弟也^⑦；先圣与后圣，考后而甄先^⑧，教民大顺之道也。

注释

① 上事天：向上侍奉。有：懂得。尊：地位等级。

② 亲：慈爱和睦。

③ 时：适时，定时。敬：敬畏，恭敬。

④ 亲：亲自。祖庙：供祀祖先的宫庙。

⑤ 太学：中国古代的最高学府，始于西周。

⑥ 亲齿：亲自谈说。齿：谈说，重视。

⑦ 弟：同"悌"，敬爱兄长。

⑧ 考：考查，考验。甄：鉴别。

尧舜之行^①，爱亲尊贤。爱亲故孝，尊贤故禅。孝之杀^②，爱天下之民。禅之流，世亡隐德^③。孝，仁之冕也^④。禅，义之至也。六帝兴于古^⑤，皆由此也^⑥。

注释

① 行（xíng）：行为举止，做法。

② 杀（shài）：衰减。参见《荀子·礼论》"文理省，情用繁，是礼之杀也"。

③ 流：流布，传布，参见《广雅·释诂》"流，演也"。隐德：隐蔽施德。

④ 冕：帝王的头冠，形容极致。

⑤ 六帝：上古帝王黄帝、颛顼、帝喾、尧、舜、禹。兴（xīng）：兴旺，昌盛。

⑥ 由此：源于此（禅让）。

爱亲忘贤①，仁而未义也。尊贤遗亲，义而未仁也。古者虞舜笃事瞽瞍②，乃式其孝③；忠事帝尧，乃式其臣。爱亲尊贤，虞舜其人也。禹治水，益治火，后稷治土④，足民养（也）⑤。（伯夷守）礼⑥，夔守乐⑦，逊教民也⑧。皋陶入用五刑，出式兵革⑨，罪轻法（明。虞）用戚⑩，夏用戈，征不服也⑪。爱而征之，虞夏之始也。禅而不传，义恒（绝，夏）始也⑫。

| 注释 |

① 忘：与下文"遗"对读，忽略，忽视。

② 笃：与下文"忠"对读，忠心，虔诚。瞽（gǔ）瞍（mò）：虞舜的父亲。

③ 式：以……为范式，垂范。

④ 益：上古舜时执掌火的官员。后稷：上古尧时的农师。

⑤ 足：满足。民养：民众的给养。缺文据文意补。

⑥ 缺文据文意补。伯夷：子姓，墨胎氏，名允，商纣王末期的大臣，周武王伐纣功成，拒食周禄，"采薇而食"，以致饿死首阳山。守：掌管。

⑦ 夔：相传为尧、舜时代的国家乐官。

⑧ 逊教民：恭敬地教导民众。逊：恭敬。

⑨ 皋陶（gāo yáo）：上古时期华夏部落首领，与尧、舜、禹合称为
　"上古四圣"，后世尊其为"中国司法始祖"。式：用。

⑩ 罪：刑罚，判罪。法：法律、法规（条文）。缺文据文意补。戚：
　古代兵器。形状像斧。"戚"与下文"戈"对读。

⑪ 征不服：征讨后没有顺服的。不：没有。

⑫ 恒：长久，持久。缺文据文意补。绝：尽，完。

　　古者尧生于天子而有天下①，圣以遇命，仁以逢时，未尝遇（贤。
然）并于大时②，神明将从，天地佑之，纵仁圣可与③，时弗可及矣④。
夫古者舜处于草茅之中而不忧，升为天子而不骄⑤。处草茅之中而
不忧，知命也。升为天子而不骄，不专也⑥。求乎大人之兴，美也⑦。
今之式于德者⑧，未年不式⑨，君民而不骄⑩，卒王天下而不喜⑪。
方在下位⑫，不以匹夫为轻⑬；及其有天下也⑭，不以天下为重。
有天下弗能益，亡天下弗能损⑮。极仁之至⑯，利天下而弗利也⑰。
禅也者，上德授贤之谓也⑱。上德则天下有君而世明，授贤则民兴
效而化乎道⑲。不禅而能化民者⑳，自生民未之有也㉑。

注释

① 于：疑为"为"字误写。

② 以：且。命：运命。时：机遇，时机。缺文据文意补。并：并合。
　大时：天时。

③ 从：随行，跟从。佑：庇佑，佑助。与：帮助。

④ 时：机遇，时机。及：至，达到。

⑤ 升：登。参见《列女传·母仪》"舜既嗣位，升为天子，娥皇为后，

女英为妃"。

⑥ 专：独裁，独享王位。

⑦ 求：探求，寻找。大人：圣贤之人。兴：不断出现。美：好的状态。

⑧ 式：效法，取法。参见《后汉书·崔骃传》"必欲行若言，当大定其本，使人主师五帝而式三王"。德者：贤德之人。

⑨ 未年：无年，没有哪一年。

⑩ 君：统治，治理。骄：骄纵。

⑪ 卒：最终。王（wàng）：统治，治理。

⑫ 方：正，始。

⑬ 轻：自轻，妄自菲薄。下文"重"，自重，妄自尊大。

⑭ 及：直到，及至。有天下：拥有天下。

⑮ 益：通"溢"，盈溢，骄矜，自我膨胀。亡天下：失去天下。损：自损，自暴自弃。

⑯ 极仁：仁爱的极致。

⑰ 弗利：不利己。

⑱ 上德授贤：崇尚贤德传位于贤者。

⑲ 兴：纷纷。效：效法。化乎道：教化于道。

⑳ 化民：教化民众。

㉑ 未之有：未有之，没有过。

顺乎脂肤血气之情①，养性命之正②，安命而弗夭③，养生而弗伤④，知（天下）之正者⑤，能以天下禅矣。古者尧之与舜也：闻舜孝，知其能养天下之老也；闻舜弟⑥，知其能司天下之长也⑦；闻舜慈乎弟，（知其能王天下）为民主也⑧。故其为瞽瞍子也⑨，甚孝；及其为尧臣也，甚忠；尧禅天下而授之，南面而王天下而⑩，甚君^⑪。古尧之禅乎舜也，如此也。

| 注释 |

① 顺：顺应，遵循。脂肤血气之情：人的本来性情。"情"不只是单纯的心理活动，还是脂肤血气表现出的生命机能。参见《春秋繁露·度制》"非以为益冗肤血气之情也，将以贵贵尊贤，而明别上下之伦"。

② 养：涵养，培养。性命：性与命。"性"是"生"的本体与质料，"生"是"性"的功用和运动。参见《庄子·庚桑楚》"性者，生之质也"，《庄子·天地》"形体保神，各有仪则，谓之性"。正：天道。

③ 夭：少壮而死，夭折。

④ 生：生命。伤：或读为"殇"，与"夭"相应。

⑤ 缺文或补为"性命""养性命"。正：天道，规律。

⑥ 弟：敬爱兄长，汉以后作"悌（tì）"。与下文"慈"相应。

⑦ 司：或读为"事"，照顾、奉养。长（zhǎng）：年长者。

⑧ 此处简文缺6字，据文意补。王（wàng）：统治，治理。

⑨ 瞽瞍：舜的父亲。

⑩ 王（wàng）：统治，治理。（第二个）而：疑为衍文。

⑪ 甚君：非常合乎王道。

古者圣人廿而冠^①，卅而有家^②，五十而治天下，七十而致政^③，四肢倦惰，耳目聪明衰，禅天下而授贤，退而养其生^④。此以知其弗利也^⑤。

注释

① 廿（niàn）而冠（guān）：古人二十岁加冠为成人。

② 卅（sà）而有家：参见《礼记·内则》"二十而冠，始学礼……三十而有室"。

③ 致政：归还所执掌的权柄，辞官退休。参见《管子·戒》"仁，故不代王，义，故七十而致政"，《国语·晋语五》"范武子退自朝，曰：'……余将致政焉'"。

④ 退而养其生：参见《荀子·正论》"老者不堪其老而休也"。

⑤ 知：显示，昭示。弗利：不利己，不求利。

《虞诗》曰："大明不出①，万物皆揞②。圣者不在上，天下必坏③。"治之致，养不肖④。乱之致，灭贤⑤。仁者为此进⑥，如此也。

① 大明：太阳，或兼指日月。

② 揞（ǎn）：掩藏。或读为"隐"，隐匿。

③ 必：必然。或读为"比"，依次。

④ 致：极致。养：教育，熏陶。不肖：品行不正。

⑤ 灭贤：使贤灭，（致使）贤能者消失隐没。

⑥ 为此：因为这个，有鉴于此。进：力图奋发，竭力努力。

阅读链接

春秋繁露·度制（节录）

凡百乱之源，皆出嫌疑纤微，以渐寝稍长至于大。圣人章其疑者，别其微者，绝其纤者，不得嫌以蚤防之。圣人之道，众隄（dī）防之类也。谓之度制，谓之礼节。故贵贱有等，衣服有制，朝廷有位，乡党有序，则民有所让而不敢争，所以一之也。《书》曰："舆服有庸，谁敢弗让，敢不敬应。"此之谓也。凡衣裳之生也，为盖形煖（xuān）身也。然而染五采，饰文章者，非以为益肌肤血气之情也，将以贵贵尊贤，而明别上下之伦，使教亟行，使化易成，为治为之也。若去其度制，使人人从其欲，快其意，以逐无穷，是大乱人伦，而靡斯财用也，失文采所遂生之意矣。上下之伦不别，其势不能相治，故苦乱也。嗜欲之物无限，其势不能相足，故苦贫也。今欲以乱为治，以贫为富，非反之制度不可。古者天子衣文，诸侯不以燕；大夫衣禄，士不以燕；庶人衣缦。此其大略也。

礼记·内则（节录）

凡名子，不以日月，不以国，不以隐疾；大夫、士之子，不敢与世子同名。妾将生子，及月辰，夫使人日一问之。子生三月之末，漱浣夙齐，见于内寝，礼之如始入室；君已食，彻焉，使之特馂（jùn），遂入御。公庶子生，就侧室。三月之末，其母沐浴朝服见于君，摈（bìn）者以其子见，君所有赐，君名之。众子，则使有司名之。庶人无侧室者，及月辰，夫出居群室，其问之也，与子见父之礼，无以异也。凡父在，孙见于祖，祖亦名之，礼如子见父，无辞。食子者，三年而出，见于公宫则劬（qú）。大夫之子有食母，士之妻自养其子。由命士以上及大夫之子，旬而见。冢子未食而见，必执其右手，适子庶子已食而见，必循其首。子能食食，教以右手。能言，男唯女俞。男鞶（pán）革，女鞶丝。六年教之数与方名。七年男女不同席，不共食。八年出入门户及即席饮食，必后长者，始教之让。九年教之数日。十年出就外傅，居宿于外，学书计，衣不帛襦（rú）裤，礼帅初，朝夕学幼仪，请肄简谅。十有三年学乐，诵《诗》，舞《勺》，成童舞《象》，学射御。二十而冠，始学礼，可以衣裘帛，舞《大夏》，惇行孝弟，博学不教，内而不出。三十而有室，始理男事，博学无方，孙友视志。四十始仕，方物出谋发虑，道合则服从，不可则去。五十命为大夫，服官政。七十致事。凡男拜尚左手。女子十年不出，姆教婉娩听从，执麻枲（xǐ），治丝茧，织纴组纫，学女事以共衣服，观于祭祀，纳酒浆、笾豆、菹（zū）醢（hǎi），礼相助奠。十有五年而笄，二十而嫁；有故，二十三年而嫁。聘则为妻，奔则为妾。凡女拜尚右手。

荀子·正论（节录）

世俗之为说者曰："尧、舜擅让。"是不然。天子者，势位至尊，无敌于天下，夫有谁与让矣！道德纯备，智惠甚明，南面而听天下，生民之属莫不振动从服以化顺之。天下无隐士，无遗善，同焉者是也，异者焉非也，夫有恶擅天下矣？曰："死而擅之。"是又不然。圣王在上，图德而定次，量能而授官，皆使民载其事而各得其宜，不能以义制利，不能以伪饰性，则兼以为民。圣王已没，天下无圣，则固莫足以擅天下矣。天下有圣而在后者，则天下不离，朝不易位，国不更制，天下厌然与乡无以异也；以尧继尧，夫又何变之有矣？不在后子而在三公，则天下如归，犹复而振之矣，天下厌然与乡无以异也；以尧继尧，夫又有何变之有矣？唯其徙朝改制为难。故天子生则天下一隆致顺而治，论德而定次；死则能任天下者必有之矣。夫礼义之分尽矣，擅让恶用矣哉？曰："老衰而擅。"是又不然。血气筋力则有衰，若夫智虑取舍则无衰。曰："老者不堪其劳而休也。"是又畏事者之议也。天子者，势至重而形至佚，心至愉而志无所诎，而形不为劳，尊无上矣。衣被则服五采，杂间色，重文绣，加饰之以珠玉；食饮则重大牢而备珍怪，期臭味，曼而馈，伐睾而食，雍而彻乎五祀，执荐者百人侍西房；居则设张容，负依而立，诸侯趋走乎堂下，出户而巫觋有事，出门而宗祝有事，乘大路趋越席以养安，侧载睪芷以养鼻，前有错衡以养目，和鸾之声，步中《武》《象》、驺（zōu）中《韶》《护》以养耳，三公奉轭持纳，诸侯持轮挟舆先马，大侯编后，大夫次之，小侯、元士次之，庶士介而夹道，庶人隐窜，莫敢视望，居如大神，动如天帝，持老养衰，犹有善于是者与不？老者，休也。休犹有安乐恬愉如是者乎？故曰："诸侯有老，天子无老，有擅国，无擅天下，古今一也。夫曰尧、舜擅让。"是虚言也，是浅者之传，陋者之说也，不知逆顺之理，小大、至不至之变者也，未可与及天下之大理者也。

管子·戒（节录）

桓公将东游，问于管仲曰："我游犹轴转斛，南至琅邪。"司马曰："亦先王之游已。"何谓也？管仲对曰："先王之游也，春出，原农事之不本者，谓之游。秋出，补人之不足者，谓之夕。夫师行而粮食其民者，谓之亡。从乐而不反者，谓之荒。先王有游夕之业于人，无亡荒之行于身。"桓公退再拜命曰："宝法也。"管仲复于桓公曰："无翼而飞者声也，无根而固者情也，无方而富者生也，公亦固情谨声，以严尊生。此谓道之荣。桓公退。再拜，请若此言。管仲复于桓公曰："任之重者莫如身，涂之畏者莫如口，期而远者莫如年。以重任行畏涂至远期。唯君子乃能矣。"桓公退，再拜之曰："夫子数以此言者教寡人。"管仲对曰："滋味动静，生之养也。好恶喜怒哀乐，生之变也。聪明当物，生之德也。是故圣人齐滋味而时动静，御正六气之变。禁止声色之淫。邪行亡乎体，违言不存口。静然定生，圣也。仁从中出，义从外作。仁，故不以天下为利，义，故不以天下为名。仁，故不代王，义，故七十而致政。是故圣人上德而下功，尊道而贱物。道德当身故不以物惑。是故，身在草茅之中，而无慑意，南面听天下，而无骄色。如此，而后可以为天下王。所以谓德，不动而疾，不相告而知，不为而成，不召而至，是德也。故天不动，四时云下，而万物化；君不动，政令陈下，而万功成；心不动，使四肢耳目，而万物情。寡交多亲，谓之知人。寡事成功，谓之知用。闻一言以贯万物，谓之知道。多言而不当，不如其寡也。博学而不自反，必有邪。孝弟者，仁之祖也。忠信者，交之庆也。内不考孝弟，外不正忠信，泽其四经而诵学者，是亡其身者也。"

周易参同契（节录）

将欲养性，延命却期。审思后末，当虑其先。人所秉躯，体本一无（一作"元"）。元精云布，因炁托初。阴阳为度，魂魄所居。阳神日魂，阴神月魄。魂之与魄，互为室宅。性主处内，立置鄞鄂。情主营外，筑垣城郭。城郭完全，人物乃安。爰斯之时，情和乾坤。乾动而直，炁（qì）布精流；坤静而翕，为道舍庐。刚施而退，柔化以滋。九还七返，八归六居。男白女赤，金火相拘。则水定火，五行之初。上善若水，清而无瑕。道之形象，真一难图。变而分布，各自独居。类如鸡子，白黑相符，纵广一寸，以为始初。四肢五脏，筋骨乃俱。弥历十月，脱出其胞。骨弱可卷，肉滑若铅。

| 阅读延伸 |

四川大学彭邦本撰文《楚简〈唐虞之道〉初探》论述，荆门郭店出土的楚简《唐虞之道》古佚文，以舜知命修身，仁义孝弟，起于草茅之中而事尧甚忠，因而受尧禅让之事立论，盛赞尊贤禅让的"唐虞之道"，并进而提出了天子年老"致政"说。若《尚书·尧典》着重记述了尧舜禅让的古史传说，那么此篇佚文则是仅见的早期儒家集中阐述其"禅让"说的专论，为研究者深入研究远古禅让传说及其所涵史实素地，研究对中国古代历史文化产生过深远影响的禅让理论在学术史上的流变，提供了非常珍贵的资料。陈明在《〈唐虞之道〉与早期儒家的社会理念》一文中认为《唐虞之道》出自战国时期儒家之手。唐虞之道，一为禅让之

制，一为爱亲尊贤之策。

一为禅让之制。从《尚书·尧典》看，尧所做的几件大事是：
（1）协和万邦；（2）敬授民时；（3）汤汤洪水，命鲧治理；（4）举舜于"侧
陋"，平稳完成权力交接。舜所做的几件大事与此类似：（1）播时百谷；
（2）浚川、平治水土；（3）象以典刑，去四凶；（4）举二十二贤才。
其中"去四凶"是指处罚公共秩序的破坏者——共工氏等均是部落首领，
"此三族，世忧之"，乃联盟之公敌；鲧则是由于没能完成联盟的治水
任务。

《韩氏易传》谓："五帝官天下。""官天下"就是"公天下"，"公
天下"自是选贤与能，以提高公共权力的运作水平。《唐虞之道》载，"尧
之举舜也，闻舜孝，知其能养天下之老也；闻舜弟，知其能嗣天下之长
也"。禅让虽只是一种选举制度，但这个制度却是当时整个权力与规则
系统之一环，集中体现了该系统的公共性质。

由自利的群体达成互惠的秩序，实际有着人性的内在根据。《左
传·成公二年》《左传·成公十六年》和《左传·昭公十年》的命题"义
以生利""义以建利""义者，利之本也"正是对此"悖论"的领悟。
因为离开"利"无所谓"义"，"义"不过是整体利益的代名词。离开利，
义无从定义；义是一种"利他"行为。如果不合作，平土治水这样的
大型公共工程，就无法付诸实施。"当尧之时，水逆行，泛滥于中国。
蛇龙居之，民无所定……使禹治之……然后人得平土而居之。"（见《孟
子·滕文公下》）。正因有此共识，"让"才被认为是"德之主""礼之主"。

二为"爱亲尊贤"之策。爱亲尊贤能够反映上古社会组织的具体构
成和机制。"亲"和"贤"是当时社会上分属两个不同角色序列的人物。
"亲"，指血缘上相关的人物，作为自然人，表现为家族内部的父母弟
兄等。"贤"，指有才能的人（《说文》"贤，多才也"）。尊贤由尊尊
演变而来。亲亲（"爱人"）是自然情感，故应作为氏族政治的基础。

尊贤则是从"爱人"出发的理智考量——需选择"德行道艺逾人者"负责公共事务，为社会提供公共产品才能把爱落到实处。"道"由"情"生，表现了人类进入文明门槛之初自然与人文两种关系的内在连接。

尧舜等古圣先贤因爱亲而尊贤而成功，"六帝兴于古"可证。而《唐虞之道》的作者指出，六帝之兴"咸由此"，则表现了一种制度经济学家的洞见。

《唐虞之道》将"孝"与"让"对应于"亲亲"与"尊贤"，同样十分深刻，实际启示了儒家礼乐制度和仁义思想的发生线索。

忠恕之术

— 忠信之道 —

忠信之道

本篇有竹简 9 枚，总字数 256 个。简长 28.2 ～ 28.3 厘米，两端平齐。有上下两道编线，间距 13.5 厘米。篇题系整理者据文义拟加。

本篇是先秦儒家文献中少有的专门论述"忠信"的文章。主旨在于宣扬儒家的政治伦理思想——"忠信"。"忠信"思想源自孔子、曾子，在儒家文献中屡见提及，可以说，"忠信"在孔子乃至孔门后学思想中占有很重要的地位。如《孔子家语》有言："信，德之厚也；忠，德之正也。"强调君子之德以忠、信为主；又如《大学》有云："是故君子有大道，必忠信以得之，骄泰以失之。"对于君子来说，忠信是基本的道德要求，是得行大道的前提和途径。但放眼先秦儒家学说，如《忠信之道》这般以"忠信"为专论者，却实属罕见。并且，不同于儒家文献中常见的忠信论，《忠信之道》所言说的对象是执政者，是对统治者提出的道德要求，其主旨在于宣扬儒家的政治伦理思想，将其归结为"忠""信"两个道德条目，并将"忠、信"视为"仁、义"的实质和核心规范。

何谓"忠信"？一言以蔽之，"大忠不说，大信不期"，其"不说""不期"与《庄子·知北游》的"天地有大美而不言，四时有明法而不议"异曲而同工。《忠信之道》认为，"忠信"既是天地四时的特点，也是人类社会的必需，君王只有言行一致，表里如一，成为"忠人""信人"，百姓才会拥护，才会亲附。诚然，天时至信不欺，而对于土地的依赖也早已根植于中国人的文化血脉之中，从这一角度来看，统治万民的君王该当如天地，应具备天地"忠信"之品格，以获得百姓信赖，成为百姓依靠。它反映了儒家对理想化的"君子"道德的追求，有着较为明显的道德理想主义的倾向。

说到道德价值的追求与实践，儒家的政治伦理思想素来讲求"仁义"，战国时期，仁、义已然成为儒家倡导的核心道德范畴，本篇亦复如此。《忠信之道》全篇主论"忠信"，于篇末提出："忠，仁之实也；信，义之期也。""忠"是仁的实质，"信"是义的要求。将"忠、信"归于"仁、义"，具有鲜明的儒家特色。

文章着重论述"君子"应达到的"至忠""大忠""至信""大信"的内涵，认为"忠信"既是天地四时的特点，也是人类社会的必需。并进而认为"忠，仁之实也；信，义之期也"，君子只有言行一致、表里如一，成为"忠人""信人"，百姓才会拥护亲附。反映了儒家对理想化"君子"道德的追求。

孔子弟子中，以子张谈论"忠信"最多。《论语》记载，子张为陈国人，其子申祥和子思同事鲁穆公。子张经常与孔子讨论"忠信"，《韩非子·显学》所谓"儒分为八"，第一位便是"子张之儒"。本篇的作者，学术界认为很可能是子张。

不诡不慆，忠之至也[①]。不欺弗知[②]，信之至也[③]。忠积则可亲也[④]，信积则可信也。忠信积而民弗亲信者[⑤]，未之有也。至忠如土[⑥]，化物而不伐[⑦]；至信如时[⑧]，必至而不结[⑨]。忠人无诡[⑩]，信人不倍[⑪]。君子如此，故不忘生，不倍死也[⑫]。

| 注释 |

① 不诡不慆（tāo）：并列结构，意即"不欺骗不疑忌"。诡：欺诈，

欺骗。参见《荀子·正论》"是何也？则求利之诡缓，而犯分之羞大也"。惛：猜忌，猜疑。至：极致，达到极点的。

② 不欺弗知：动宾结构，意即"不欺骗亡人鬼神"。弗知：指亡人死者鬼神之类。

③ 信：与上文"忠"（忠厚）对读，诚实。

④ 积：集聚，沉淀。

⑤ 亲信：亲附信任。

⑥ 土：大地。

⑦ 化物：化生万物。伐：自我夸耀。

⑧ 时：天时，四时。

⑨ 必：必定，一定。不结：无须约定。

⑩ 忠人：忠厚的人。无诡：不欺诈，不欺骗。

⑪ 信人：诚实的人。不倍：不背叛，不忤逆。

⑫ 不忘生：不怠慢生者。忘：怠慢，忽视。不倍死：不违逆亡人死者。参见《礼记·经解》"倍死忘生"及《大戴礼记·礼察》等。

大旧而不渝①，忠之至也。大古主常②，信之至也。至忠无诡，至信不倍，夫此之谓。此大忠不说③，大信不期④。不说而足养者⑤，地也。不期而可遇者，天也。配天地也者⑥，忠信之谓。

| 注释 |

① 大旧：太久，长久。旧：通"久"。渝：改变，违背。

② 大古：太久，长久。主常：坚守恒常之道。

③ 此：相当于"故""夫"。不说：不夸耀。

④ 期：邀约，约定。

⑤ 足养：充分滋养（万物）。

⑥ 配：相称，相当。

此口惠而实弗从①，君子弗言尔②；心疏（而貌）亲③，君子弗申尔④。故行而争悦民⑤，君子弗由也⑥。三者，忠人弗作⑦，信人弗为也。

| 注释 |

① 此：于是，这般。参见《诗经·小雅·苕之华》："知我如此，不如无生"。口惠：口头施恩。弗从：不依顺，不兑现。

② 弗言尔：不说这样的话。尔：如此。

③ 心疏（而貌）亲：貌合神离之意。疏：疏远。缺文据文意补。亲：亲近。

④ 申：展示，说出来，摆出来。

⑤ 故行：刻意作为。"故"或读为"固"，固陋，不合礼数。争：力求达到。悦：取悦。参见《礼记·曲礼》"礼不妄悦人，不辞费"。

⑥ 由：遵循，顺从。

⑦ 作：作为，与下文"为"对读。

忠之为道也，百工不楛，而人养皆足①。信之为道也，群物皆成，而百善皆立②。君子其施也忠③，故恋亲附也④；其言尔信⑤，故宣而可受也⑥。忠，仁之实也⑦。信，义之基也⑧。是故古之所以行乎蛮貉者⑨，如此也。

| 注释 |

① 百工：各种工匠。百：虚指，言其多。楛（kǔ）：粗制滥造，恶劣。人养：人丁与给养。

② 成：长成，事物生长到一定的状态。百善：各种好的东西。

③ 施：行为。

④ 故恋：故旧，亲近的人。

⑤ 尔：同"而"。信：诚实。

⑥ 亶（dǎn）：诚信。受：接受。

⑦ 实：本质。

⑧ 基：根本。

⑨ 行乎：实施于，推行于。蛮貉（mò）：亦作"蛮貊（mò）"，古代称中原之外的落后部族。蛮在南，貉在北方。参见《论语·卫灵公》。

| 阅读链接 |

大戴礼记·礼察（节录）

　　故朝觐之礼，所以明君臣之义也。聘问之礼，所以使诸侯相尊敬也。丧祭之礼，所以明臣子之恩也。乡饮酒之礼，所以明长幼之序也。昏姻之礼，所以明男女之别也。夫礼，禁乱之所由生，犹坊止水之所自来也。故以旧坊为无所用而坏之者，必有水败；以旧礼为无所用而去之者，必有乱患。故昏姻之礼废，则夫妇之道苦，而淫辟之罪多矣。乡饮酒之礼废，则长幼之序失，而争斗之狱繁矣。丧祭之礼废，则臣子之恩薄，而倍死忘生者众矣。聘觐之礼废，则君臣之位失，诸侯之行恶，而倍畔侵陵之败起矣。

论语·卫灵公（节录）

　　子张问行。子曰："言忠信，行笃敬，虽蛮貊之邦，行矣。言不忠信，行不笃敬，虽州里，行乎哉？立则见其参于前也，在舆则见其倚于衡也，夫然后行。"子张书诸绅。

礼记·曲礼（节录）

君命，大夫与士肆，在官言官，在府言府，在库言库，在朝言朝。朝言不及犬马，辍朝而顾，不有异事，必有异虑。故辍朝而顾，君子谓之固。在朝言礼，问礼对以礼。

| 阅读延伸 |

一、简文与儒道关系

西北大学中国思想文化研究所的李刚在《郭店楚简〈忠信之道〉的思想倾向》中认为，《忠信之道》总的倾向属于儒家，但却是儒家文献中比较独特的篇章，它标举忠信，重视民生，有无为而治的倾向，似有道家的影响，它为进一步理解先秦儒家思想的演变以及儒道关系提供了线索。

李刚阐述，从《忠信之道》的句例"至忠如土，化物而不伐；至信如时，必至而不结"更接近楚简《老子》的"万物作而弗始也，为而弗恃也，功成而弗居"来看，却又不似儒家口气。《忠信之道》载："大忠不说，大信不期。不说而足养者，地也。不期而可遇者，天也。"《老子》有"大方无隅"，《庄子·齐物论》有"夫大道不称，大辩不言，大仁不仁，大廉不谦，大勇不忮（zhì）"。《忠信之道》的"配天地也者，忠信之谓"这些语句从文法到思想，与其说是儒家思想，倒不如说是道家的语气。从简文的无为而治的思想来看，《忠信之道》受到道家思想的影响更深，具有宇宙论色彩。忠信如土如时，似天似地，为物而不伐，不背不伪，诚而有信，万物自生，这些已是明显的道家观点了。

二、简文与齐系文字

台湾大学中国文学语言系周凤五教授在《郭店竹简的形式特征及其分类意义》中归纳《忠信之道》的书写字体"结体较长，笔画均匀，具有篆书的特征"。《忠信之道》的字体笔画更形肥厚，"丰中首尾锐"的特征更为显著，其中"仁""而""皇""情""皆""用""甚""者""治"等字保存齐国文字的结构，与楚国简帛文字迥然有别。周凤五谈道："估计其底本出自齐国儒家学者之手，传入楚国为时尚晚，未经辗转抄写'驯化'，因而保留较多齐国文字（按，也包括鲁国文字，统称齐系文字）的本来面貌。值得注意的是，《五行》也有少数这类字体，如'者'字就是最好的例证。此字《五行》凡二十见，字形分为两种，其一为楚国简牍所常用……其二与《唐虞之道》《忠信之道》相同，齐国文字特色，见于第十九简、第四十简、第四三简、第四四简、第四五简、第四九简、第五十简。这种字体歧出的现象，与《五行》出于儒家，传自齐、鲁正相一致。《五行》虽然写作的年代最早，传入楚国已久，其字体绝大多数已被楚国学者辗转传抄'驯化'，是一个典型的楚国抄本，然而字里行间却仍然保留着外来文字的蛛丝马迹。"

总结来说，《忠信之道》的字体与齐国文字的特征最为吻合，是楚国学者新近自齐国传抄、引进的儒家典籍，保留较多齐国文字的形体结构与书法风格。

大 一 生 水

一 太 一 生 水 一

太一生水

本篇共 14 枚竹简，7 枚完整，7 枚残断。竹简两端平齐，整简长 26.5 厘米，上下两道编线间距 10.8 厘米。现存 305 字。竹简的形制、字体与《老子》丙组相同，整理者推测它们最初可能合编为一册，但由于内容相异，仍将其单独成篇。篇名是整理者据简文拟加。

水是生命的源泉，象征着事物的演化。中国古代哲学特别重视水，本篇中的"太一"是指宇宙万物生成的本源，《太一生水》把水纳入宇宙生成系列中，认为"太一"和"水"是"太一生水""太一藏于水"的双重关系。"太一"和"水"先于天地而存在，强调"水"在万物中的重要作用。

"太一"一词流行于战国中晚期，见于《庄子》《九歌》的典籍，具有多重内涵。在《庄子》及本文中，"太一"指万物形成的本原；在《九歌》中是指楚人尊崇的天神。"太一"具有至高无上、尊贵无比的地位。

本篇建构了成闭环的宇宙生成论体系，并将其落实到人类社会。阅读时可参见《管子·水地篇》。

太一生水^①。水反辅太一，是以成天^②。天反辅太一，是以成地。天（地复相辅）也，是以成神明^③。神明复相辅也，是以成阴阳^④。阴阳复相辅也，是以成四时^⑤。四时复（相）辅也，是以成沧热^⑥。

沧热复相辅也，是以成湿燥⑦。湿燥复相辅也，成岁而止⑧。

注释

① 太一生水：有如《老子》"道生一"，或解为"太一生于水"。
太一：古人心目中的北辰之神；天地形成之前的原始状态；最高形上实体；天地未分时处于混沌状态的"元气"，即"主气之神"。

② 辅：相互作用，相互补充。或读为"薄（bó）"，迫近、交接之意。
是以：所以，因此。

③ 神明：神即天神，明即地祇（qí）。或解为无影无形的精气。或解为"道"的神妙作用。

④ 阴阳："气之正也"，常与寒暑对应连言。参见《鹖冠子·夜行》"阴阳，气也"，《鹖冠子·度万》"阴阳，气之正也"。

⑤ 四时：指春、夏、秋、冬四季，春夏为阳，秋冬为阴。

⑥ 沧（cāng）热：寒冷与炎热。

⑦ 湿燥：潮湿与干燥。

⑧ 岁：年。春夏秋冬四季成年。"四时一终曰岁"。

故岁者，湿燥之所生也。湿燥者，沧热之所生也。沧热者，（四时之所生也）①。四时者，阴阳之所生也。阴阳者，神明之所生（也）②。神明者，天地之所生也。天地者，太一之所生也。

注释

① 缺文据文意补。

② 缺文据文意补。

是故太一藏于水^①，行于时^②。周而或（始），（以己为万）物母^③；一缺一盈^④，以己为（万）物经^⑤。此天之所不能杀^⑥，地之所不能釐^⑦，阴阳之所不能成^⑧。君子知此之谓（圣），（是明太一也）^⑨。

注释

① 太一藏于水：太一从五行属水的北方始。或解为太一藏其生机于水，通过水而孕育天地。

② 行于时：太一的周行，天地派生神明、阴阳等物，形成岁时的循环。

③ 缺文据文意补。母：出发点，根本。

④ 盈：满。

⑤ 己：古字为"纪"，自己。缺文据文意补。经：法则，根据。

⑥ 杀：灭除，或衰减。参见《礼仪·士冠礼》"德之杀也"，《周礼·廩人》"诏王杀邦用"，《荀子·儒效》"天不能死，地不能埋"。

⑦ 釐（lài）：同"赉"，赐，给予，与上句互文见义。参见《诗经·大雅·既醉》"其仆维何？釐尔女士。釐尔女士，从以孙子"，《诗经·大雅·江汉》"釐尔圭瓒（zàn），秬（jù）鬯（chàng）一卣（yǒu），告于文人，锡（cì）山土田"。或读为"厘"，改变。原字多释读为"埋"，有学者研究认为，西汉之前没有确定的"埋"字，疑《荀子·儒效》"埋"字误用（庞光华《论汉语上古音无复辅音声母》）。

⑧ 阴阳：对应"男女"，指人类。成：使……成为，含有"杀"和"釐"两种状态。

⑨ 缺字或补为"道，不知者谓冥""圣，不知者谓冥"。

下，土也，而谓之地。上，气也，而谓之天。道亦其字也^①，青昏其名^②。以道从事者，必托其名^③，故事成而身长^④。圣人之从事也，亦托其名，故功成而身不伤。天地名字并立，故过其方⑤，不思相（尚）⑥。（天不足）于西北⑦，其下高以强；地不足于东南，其上（厚以广）⑧。

注释

① 字：与"名"相配的"字"。

② 青昏：下土为地，上气为天，"道"是它们的字，"青昏"才是它们的本名；或读为"请问"。名：直接反映事物的本名。

③ 托：依托，依附。

④ 长（cháng）：长久。

⑤ 过：超过，越出。参见马王堆帛书《称》篇"天贵正，过正曰诡"。或读为"讹""为""化"。方：方位。天在上方，地在下方。

⑥ 缺文据文意补。尚：超过，高出。或读为"当"。

⑦ 缺文据文意补。

⑧ 缺文或补为"低以弱""厚而壮""高以强"。

天道贵弱①，削成者以益生者②；伐于强③，积于（弱）④。（是故，不足于上）者⑤，有余于下，不足于下者，有余于上。

注释

① 贵：以……为贵。

② 削：削减。成：成熟壮大的。益：助益。生：正在生长的。

③ 伐：铲除。强：或读 jiàng，僵硬，僵直，指过度成熟濒临死亡的事物。

④ 积：原字隶定为"责"，训读为"積（积）"，助益。或读为"责"，处置。缺文或可补为"盈""刚""坚"。

⑤ 缺文或可补为"助于弱，益于柔"。

| 阅读链接 |

《老子》第25章

有物混成，先天地生。寂兮寥兮，独立而不改，周行而不殆，可以为天下母。吾不知其名，强字之曰"道"，强为之名曰"大"。大曰逝，逝曰远，远曰反。故道大，天大，地大，人亦大。域中有四大，而人居其一焉。人法地，地法天，天法道，道法自然。

《老子》第42章

道生一，一生二，二生三，三生万物。万物负阴而抱阳，冲气以为和。

人之所恶，唯孤、寡、不毂，而王公以为称。故物或损之而益，或益之而损。人之所教，我亦教之。强梁者不得其死，吾将以为教父。

《老子》第77章

天之道，其犹张弓与？高者抑之，下者举之，有余者损之，不足者补之。

天之道，损有余而补不足。人之道，则不然，损不足以奉有余。

孰能有余以奉天下，唯有道者。

是以圣人为而不恃，功成而不处，其不欲见贤。

荀子·儒效（节录）

学彼大儒者，虽隐于穷阎漏屋，无置锥之地，而王公不能与之争名；在一大夫之位，则一君不能独畜，一国不能独容，成名况乎诸侯，莫不愿得以为臣；用百里之地，而千里之国莫能与之争胜，笞棰暴国，齐一天下，而莫能倾也。是大儒之徵也。其言有类，其行有礼，其举事无悔，其持险应变曲当，与时迁徙，与世偃仰，千举万变，其道一也。是大儒之稽也。其穷也，俗儒笑之；其通也，英杰化之，嵬琐逃之，邪说畏之，众人愧之。通则一天下，穷则独立贵名，天不能死，地不能埋，桀、跖之世不能污，非大儒莫之能立，仲尼、子弓是也。

淮南子·缪称训（节录）

故《诗》曰："周虽旧邦，其命维新。"怀情抱质，天弗能杀，地弗能薶也。声扬天地之间，配日月之光，甘乐之者也。苟向善，虽过无怨；苟不向善，虽忠来患。故怨人不如自怨，求诸人不如求诸己得也。

鹖冠子·夜行（节录）

天，文也；地，理也；月，刑也；日，德也；四时，检也；度数，节也；阴阳，气也。

阅读延伸

关于《太一生水》，学界多有讨论，意见归纳如下：

——《太一生水》是"关尹遗说"，是对《老子》（王弼注本）第42章的引述和解说，在思想上和《老子》殊有不同，是《老子》之后的一种发展。与天文数术密切相关。

——《太一生水》是对《老子》第25章、第42章和第77章大义的阐述与解读。

——《太一生水》是《老子》的佚篇。

——《太一生水》的内容不见于传世本《老子》，其思想和语言与《老子》有明显不合之处，文风也显然不同。

——《太一生水》是稷下道家遗著；或认为是儒家的作品；或认为是阴阳家的著作；或认为与《易传》接近，属于先秦数术流派。

——《太一生水》是经数术和阴阳家对道家学说充分改造过的理论。

——《太一生水》是一篇有古代数术背景的描述宇宙论的道论。

——《太一生水》是战国中晚期楚国黄老道家的作品。

——《太一生水》的作者是老聃。

——《太一生水》与《老子丙》是内容连贯的一篇文献。

老子

一 老子 一

老子

郭店《老子》简共 71 枚，依形制和契口位置的不同，整理者分为甲、乙、丙三组。甲组 39 枚，两端呈梯形，简长 32.3 厘米。编线两道，间距 13 厘米。乙组 18 枚，两端平整，简长 30.6 厘米。编线两道，间距 13 厘米。丙组 14 枚，两端平齐，简长 26.5 厘米。编线两道，间距 10.8 厘米。

郭店《老子》竹简现存 1 750 字，篇幅约为今本《老子》的三分之一，分章、章序、文字与长沙马王堆汉墓帛书及今本《老子》有较大不同，对先秦时期道家学派和《老子》一书的形成和流传过程的研究价值极其重要。

春秋晚期，道学发端于南方，楚王曾聘请道家学者出仕。《老子甲》是道家学说的开山之作，也是道家学者呈给楚王的劝谏书。文中出现的"天下""邦""国"等概念中，"邦""国"是治理的对象，"天下"是被夺取的对象。文中出现的"王"是与天、地、道并列的"四大"之一，其对象是一个没有邦国分别的代表天下权威的王，这就只能是指周天子；"侯王"是被劝谏的对象。文中首次对"道"进行了定义。天地万物形成的总根源本无其名，"道"是后来对它的称呼，"大"是对它进行的勉强描述。"道法自然"，具有"无为"和"无名"两大特性。"道"恒定不变，产生万物而又体现在万物之中；包含万物而没有名称，极大而又微小，不被人体所感知。"道"论运用辩证思维，是对天神、鬼神观念绝对权威的否定，具有历史的进步意义。

　　《老子乙》形成于道家学说流行之时，晚于《老子甲》而与之思想体系贯通。战国时期，礼崩乐坏。面对剧烈的社会变化，士民的心态异常。"宠辱若惊，贵大患若身"。道家学者在冷静的观察中运用道家理论和方法，试图为士民指明立世的方向。道家学说的传播与流行，在士民中产生了不同的反响。"上士闻道，堇而行于其中。中士闻道，若闻若亡。下士闻道，大笑之"。《老子乙》以此为切入点，对道学的实践进行了描绘，重点对修身展开了论述，并对已有的道学理论有所发挥。从《老子甲》的"无为"发展为"无为而无不为"。

　　《老子丙》形成于战国中期，是楚简《老子》中最晚的一种，与《老子乙》具有相同的思想渊源。文中主要对"道"进行了描述，推崇圣人、呼唤明君，反对战争杀伐。内容与《老子甲》有相似的部分，但有改动。

甲

　　绝智弃辨^①，民利百倍^②。绝巧弃利^③，盗贼亡有^④。绝为弃虑^⑤，民复季子^⑥。三言以为史不足^⑦，或命之或呼属^⑧。视素保朴^⑨，少私寡欲^⑩。

注释

① 绝：摒弃；或解为"穷尽""使……至极致"。智：聪明巧智；或解为"认识""智慧"。弃：义同"绝"。辨：争辩，或解为"治理"；另，或读为"偏"，解为"局限性认识"。

② 民利：民众得到的利益，指生产发展、社会公正等。

③ 巧：机巧，虚浮不实，伪诈，或解为"高明的技艺"。利：私利，利己的思想和行为。

④ 亡：同"无"。

⑤ 为：逆自然规律的作为，或解为"主动的行为"。虑："人为"的主动思考，或解为"自以为是，刚愎自用"。

⑥ 复：复归，回归。季子：赤子，婴儿（般的状态）；或解为"无知而求识的人"。

⑦ 三言：指以上三句话。为：当作，作为。史：同"使"，使用。

⑧ 命之：以权力贯彻"三言"。呼：号召，召唤。属：侪（chái）辈，同类人。

⑨ 视：接近。素：物的本色。保：持守。朴：未经雕琢成器之木，引申为"事物的自然状态"。

⑩ 少：减少，削弱。私：私利。寡：舍弃。欲：奢欲，过多的欲望。

江海所以能为百谷王①，以其能为百谷下②，是以能为百谷王。圣人之在民前也，以身后之③。其在民上也④，以言下之⑤。其在民上也，民弗厚也⑥；其在民前也，民弗害也⑦。天下乐进而弗詀⑧。以其不争也⑨，故天下莫能与之争。

注释

① 为：成为。百：泛指数量多。谷：泛指水流。王：主宰者，统领者。

② 以其：因为它。为：处于。

③ 在民前："名"在民前。以身后之：在民众背后身体力行。

④ 在民上：统率民众。

⑤ 言下之：言辞谦恭。

⑥ 厚：（感到）沉重。

⑦ 害：（受到）伤害，损害。

⑧ 乐进：乐求发展。詀（zhān）：多言，妄言。

⑨ 争：争斗，较量。

罪莫重乎甚欲^①，咎莫憯乎欲得^②，祸莫大乎不知足。知足之为足，此恒足矣^③。以道佐人主者，不欲以兵强于天下^④。善者果而已^⑤，不以取强^⑥。果而弗伐，果而弗骄，果而弗矜^⑦，是谓果而不强^⑧，其事好长^⑨。

注释

① 甚欲：非分之想。甚：过分。

② 咎：罪过。憯（qiān）：大，过甚。

③ 恒足：持久满足。

④ 欲：想要，希望。兵：武力。强：逞强，使用强力。

⑤ 善者：指上文"以道佐人主者"。果：成功，达到目的。下同。

⑥ 取强：选择逞强，选择使用强力。

⑦ 伐、骄、矜：自夸自大，骄矜。

⑧ 强：使用强力。

⑨ 事：行事。好：完美。长：远。

古之善为士者^①，必微妙玄达^②，深不可识，是以为之容^③。豫乎（其）如冬涉川^④，犹乎其如畏四邻^⑤，严乎其如客^⑥。涣乎其如释^⑦，敦乎其如朴^⑧，沌乎其如浊^⑨。孰能浊以静者^⑩，将徐清^⑪。孰能安以动者^⑫，将徐生^⑬。保此道者不欲尚盈^⑭。

注释

① 古：上古。士：上古"凡能善为事者称士"。

② 必：一定。微妙玄达：精细玄妙通达。

③ 为之容：描述其形象。

④ 豫：踌躇。缺文据文意补。涉川：徒步过河。

⑤ 犹：迟疑、犹豫。四邻：指周围环境，周遭。

⑥ 严：庄重严肃。客：宾客。

⑦ 涣：流散、消除。释：冰释，冰雪融化。

⑧ 敦：敦厚。朴：未经雕琢成器之木，引申为"事物的自然状态"。

⑨ 沌：模糊。浊：浊水。

⑩ 浊以静：在浑浊中静候。

⑪ 徐清：逐渐澄清。

⑫ 安以动：在安静中启动。

⑬ 徐生：慢慢"复活"。

⑭ 欲：追求。尚：加于其上，增添；或通"常"。盈：圆满。

为之者败之①，执之者远之②。是以圣人亡为故亡败③，亡执故亡失④。临事之纪，敬终如始⑤，此亡败事矣⑥。圣人欲不欲⑦，不贵难得之货⑧；教不教⑨，复众之所过⑩。是故圣人能辅万物之自然⑪，而弗能为⑫。

| 注释 |

① 为之：刻意作为（改变自然规律）。

② 执之：刻意追求。远：疏离。

③ 亡为：不刻意作为。亡败：无所谓失败。

④ 亡执：不刻意追求。亡失：无所谓失去。

⑤ 临：处理。纪：头绪，要领。敬终如始：自始至终敬慎对待。

⑥ 此：则。

⑦ 欲：追求。不欲：清静无为。

⑧ 贵：稀罕。难得之货：稀有珍贵的东西。

⑨ 教（jiāo）不教：教（jiāo）授别人所不教授的，或解为"教（jiào）

化未经教（jiào）化的人"。

⑩ 复众之所过：匡正众人的（贪婪）之过。复：匡正。

⑪ 万物之自然：万物自然发展。

⑫ 弗能为：不施加主观意愿，不主观干涉。

　　道恒亡为也①，侯王能守之②，而万物将自化③。化而欲作④，将贞之以无名之朴⑤。夫亦将知足⑥，知（足）以静⑦，万物将自定⑧。为亡为，事亡事，味亡味⑨。大，小之多⑩，易，必多难⑪。是以圣人犹难之⑫，故终无难。

| 注释 |

① 恒：持久。亡为：无为而无所不为。

② 守：遵从。

③ 自化：自然化育。

④ 作：兴起，争斗。

⑤ 贞：假借为"正"或"定"，安抚，安定。无名之朴：即"道"，天下共法，自然法则。

⑥ 夫亦将知足：也请（王侯）能感到满足。将（qiāng）：请。参见《诗经·卫风·氓》"将子无怒，秋以为期"。知足：感到满足。

⑦ 缺文据文意补。静：无为。

⑧ 自定：自己安定。

⑨ 为亡为：作无为之为。事亡事：行无事之事。味亡味：品无味之味。

⑩ 多：累积，叠加。

⑪ 多：很，表示程度。

⑫ 难之：以之为难，慎重对待困难。

天下皆知美之为美，恶已①；皆知善，此其不善已②。有亡之相生也，难易之相成也，长短之相形也，高下之相盈也，音声之相和也，先后之相随也③。是以圣人居亡为之事④，行不言之教⑤。万物作而弗始也⑥，为而弗恃也⑦，成而弗居⑧。夫唯弗居也⑨，是以弗去也⑩。

注释

① 恶已："恶也"，（因为）丑存在。

② 此其不善已：因为那些恶存在。此其：因为那些。已：也。

③ 生：依存。成：促成。形：比较，显现。盈：假借为"呈"，呈现。和（hè）：应和。随：伴随。

④ 居：通"举"，行，做。亡为：无为而无所不为，不刻意而为。

⑤ 行：施行。不言之教：身教。

⑥ 作：兴起，发生。始：管理，干涉。

⑦ 为：顺势而为。恃：依仗（外力）。

⑧ 成：成就万物。居：居功，或解为"占有"。

⑨ 夫（fú）：发语词。唯：因为。

⑩ 是以弗去：所以无所谓失去。

道恒亡名①，朴，虽细，天地弗敢臣②。侯王若能守之，万物将自宾③。天地相合也，以降甘露④。民莫之令而自均焉⑤。始制有名⑥，名亦既有，夫亦将知止，知止所以不殆⑦。譬道之在天下也，犹小谷之与江海⑧。

注释

① 恒：一直，永远。亡名：没有名字，无以名状。

② 朴：质朴。细：微小。臣：以……为臣，支配。

③ 宾：宾服。

④ 相合：相互作用。甘露：甘美的露水，古人认为甘露降，是太平瑞征。参见《列子·汤问》"庆云浮，甘露降"。

⑤ 民莫之令：即"民莫令之"，民众没有强求它（甘露）。令：强求。自均焉：自然分布均匀。

⑥ 始制有名：开始制定名称。

⑦ 知止：知道适可而止。不殆：没有危险。

⑧ "譬道"二句：天下万物归于道，如同小河流归江海。

有状混成①，先天地生②。悦穆③，独立不亥④，可以为天下母⑤。未知其名，字之曰道，吾强为之名曰大⑥。大曰逝，逝曰远，远曰返⑦。天大，地大，道大，王亦大。域中有四大焉⑧，王处一焉。人法地，地法天，天法道，道法自然⑨。天地之间，其犹橐籥欤⑩？虚而不屈⑪，动而愈出⑫。

| 注释 |

① 状：无状之状，无形之道。混成：浑然天成。

② 生：生成，存在。

③ 悦穆：幽然无形，廓然无声。

④ 亥：依附。

⑤ 母：本源。

⑥ 强：勉强。

⑦ 大：（道）无所不包，无边无际。逝：运行不息。远：极度延伸。返：返回本原。

⑧ 域中：宇宙天地间。

⑨ 法：效法。

⑩ 橐籥（tuó yuè）：风箱。橐：装气的口袋。籥：送风的管竹。

⑪ 虚：（橐籥）内部空虚。屈：竭尽。

⑫ 动：鼓动起来。出：风吹不止。

致虚①，极也②。守中③，笃也④。万物并作⑤，居以顾复也⑥。天道员员⑦，各复其根⑧。

| 注释 |

① 致：达到。虚：虚寂无欲的状态。

② 极：达到顶点、最高限度。参见《吕氏春秋·大乐》"天地车轮，终则复始，极则复反，莫不咸当"。

③ 守：持守。中：阴阳调和、内心清静的状态。

④ 笃：专一而切实。

⑤ 并：一并，一起。作：生长，发展。

⑥ 顾：观察。复：万物发展循环往复的规律，万物发展的周期。

⑦ 员员：运行不息，周而复始。

⑧ 各：万物。复：回归。其：指"万物"。根：原点，根本。

其安也①，易持也②。其未兆也③，易谋也④。其毳也⑤，易判也⑥。其几也⑦，易残也⑧。为之于其亡有也⑨，治之于其未乱⑩。合（抱之木生于毫末）。九层之台作（于垒土。百仞之高始于）足下⑪。知之者弗言，言之者弗智⑫。

| 注释 |

① 其安：局面安定。

② 易持：容易把控维系。

③ 未兆：没有变化征兆。

④ 易谋：容易谋划应对。

⑤ 毳（cuì）：鸟兽的细毛。比喻弱小的事物。

⑥ 易判：容易控制。

⑦ 几（jī）：危险。

⑧ 残：受到伤害。

⑨ 为之：处理问题。亡有：没有发生前。

⑩ 治之：治理事物。未乱：没有发生混乱。

⑪ 缺文据帛书本补。百仞：形容极高。仞：八尺（一说七尺）为一仞。

⑫ "知之"两句：懂"道"的人不说"道"，妄言"道"的人缺乏智慧。

闭其兑①，塞其门②，和其光③，同其尘④。挫其锐⑤，解其纷⑥，是谓玄同⑦。故不可得而亲⑧，亦不可得而疏；不可得而利，亦不可得而害；不可得而贵，亦不可得而贱⑨。故为天下贵⑩。以正治邦，以奇用兵，以亡事取天下⑪。

| 注释 |

① 闭：关闭。兑：孔窍。指人的眼睛、嘴巴、耳朵、鼻子等，引申为欲望。

② 塞：堵塞。门：心门。人的欲望出自于心，心是欲望出入的路径。

③ 和：涵蓄。光：外界的一切现象。

④ 同：隐匿。尘：外界的一切存在。

⑤ 挫：搓磨，折损。锐：锋芒，棱角。

⑥ 解：纾解，消解。纷：纷争，纷繁。以上六句，两两互文。

⑦ 玄同：自我与大道合为一体。

⑧ 不可得而亲：（道）不能得而亲近。以下相同句式类比。

⑨ 上文"亲"与"疏"、"利"与"害"、"贵"与"贱"对言。

⑩ 故为天下贵：所以（"道"）被天下人尊崇。贵：尊崇。

⑪ 正：不偏不倚，指合乎自然规律的清静无为之道。奇：诡辩莫测。

　　亡事：平静安宁，不扰害民众。取：同"趋"，顺应。

　　吾何以知其然也①？夫天（下）多忌讳②，而民弥叛③，民多利器④，而邦滋昏⑤。人多知，而剞物滋起⑥，法物滋彰⑦，盗贼多有。是以圣人之言曰：我无事而民自富⑧，我亡为而民自化⑨，我好静而民自正⑩，我欲不欲而民自朴⑪。

注释

① 何以知其然：怎么知道是这种情形。

② 天：上天，大自然。缺文据文意补。忌讳：意即"天以特殊的天象警示于民"。参见《淮南子·天文》"虹蜺、彗星者，天之忌也"。

③ 弥叛：更加背离。

④ 利器：财利与用具，财产。

⑤ 滋：更加。昏：混乱。

⑥ 知：（非理性的关于财产的）认知。剞（jī）物：劫夺的事情。

⑦ 法物：法令之类。滋：更加。彰：宣扬，表露。

⑧ 无事：简文写作"無事"而非"亡事"。与下文中的"亡为""好静"意思相近，意即"清静无为"，不要求民众做什么事情。自富：自我满足。

⑨ 自化：自我化育。

⑩ 自正：自我安定，自然中正。

⑪ 欲：追求。不欲：清静无为。自朴：自然归于淳朴。

含德之厚者①，比于赤子②。蚖蚔虫蛇弗螫③，攫鸟猛兽弗扣④。骨弱筋柔而捉固⑤，未知牝牡之合而朘怒⑥，精之至也⑦。终日呼而不忧⑧，和之至也⑨。和曰常，知和曰明。益生曰祥，心使气曰强⑩。物壮则老，是谓不道⑪。名与身孰亲？身与货孰多⑫？得与失孰病⑬？甚爱必大费⑭，厚藏必多亡⑮。故知足不辱，知止不殆⑯，可以长久。返也者，道（之）动也⑰；弱也者，道之用也⑱。

| 注释 |

① 含德之厚：饱含深厚的"德"。

② 赤子：婴儿。

③ 蚖（huǐ）：同"虺（huǐ）"，毒蛇。蚔（chài）：蝎子。

④ 攫鸟：鸷鸟，猛禽。扣：抓伤。

⑤ 捉固：拳头紧握。

⑥ 牝牡之合：男女交合之事。朘（zuī）：男孩的生殖器。怒：翘起，勃起。

⑦ 精之至：精气充足。

⑧ 忧：忧愁。今本作"嗄（shà）"，嗓子嘶哑。

⑨ 和之至：和气充足。

⑩ 和：醇和的道理。曰：称为。常：常道，自然规律。知和：认识醇和的道理。明：聪明智慧。益生：有利于处常而生。祥：祥和。心使气：内心虚静使得气定神宁。强：自强不息。

⑪ 壮：强盛。老：衰老，衰退。不道：不合"道"。

⑫ 亲、多：重要。货：财物。

⑬ 病：祸害，损害。

⑭ 甚爱：过分贪恋。大费：大耗费。

⑮ 厚藏：过度敛聚。多亡：大损失。

⑯ 辱：遭受屈辱。殆：忧患。

⑰ 返：同"反"，事物发展向相对的一方。漏文据下文文例补。动：
运行。

⑱ 弱：示弱守拙。用：运用。

　　天下之物生于有，生于无①。持而盈之②，丕不若已③。抟而
群之④，不可长保也⑤。金玉盈室，莫能守也⑥。贵福（而）骄，
自遗咎也⑦。功遂身退⑧，天之道也。

注释

① 有：看得见的有形质。无：感觉不到的无形质。

② 持：持续，一直。盈：装满。

③ 丕：盛大。不若已：不如停止。

④ 抟（tuán）：捏聚成团。群：聚敛。

⑤ 保：持守。

⑥ 守：守住。

⑦ 漏文据文意补。遗咎：留下祸根。

⑧ 功遂：功业完成，功成名遂。身退：隐退不仕（做官），或解为"自
身蜕变（重新开始）"。

乙

　　治人事天①，莫若啬②。夫唯啬，是以早，是以早服③，是谓（重
积德，重积德则无不克。无）不克则莫知其极④。莫知其极，可以
有国⑤；有国之母⑥，可以长（久，是谓深根固柢、）长生久视之
道也⑦。（为）学者日益⑧，为道者日损⑨。损之又损，以至亡为也，

亡为而亡不为。绝学亡忧^⑩。唯与呵，相去几何^⑪？美与恶，相去何若？人之所畏，亦不可以不畏。人宠辱若惊^⑫，贵大患若身^⑬。何为宠辱？宠为下也^⑭。得之若惊，失之若惊，是谓宠辱惊。（何谓贵大患）若身？吾所以有大患者，为吾有身^⑮。及吾亡身^⑯，或（何患也？故贵以身）为天下^⑰，托天下矣^⑱；爱以身为天下，若可以去天下矣^⑲。

| 注释 |

① 治：治理。事：敬事。

② 莫若：不过，莫过。啬：不做无谓的消耗，爱惜智识，保养精神。

③ "是以早"是衍文。早服：趁早服从"道"。

④ 缺文据今本补。重：多。克：相当于"能"，战胜。极：极限，顶点。

⑤ 有：拥有，掌握。

⑥ 母：道，根本。

⑦ 缺文据帛书本补。长生：长寿。久视：耳目不衰。

⑧ 漏文据今本补。为学：研究世俗学问。者：助词，表示停顿，下同。日益：（伪诈奸邪）一天天增加。

⑨ 为道：修行自然天道。日损：（私欲）一天天减少。

⑩ 绝学：摒弃世俗虚妄的学问。

⑪ 唯与呵：应诺与呵斥。相去：相距。几何：多少。

⑫ 惊：惊吓，害怕（祸重来）。或解为"敬"，恭敬。

⑬ 贵：在意，看重。大患：世俗的名利得失。若身：如爱惜身体。

⑭ 宠为下：得宠也是卑下的，并不光荣。

⑮ 缺文据帛书本补。为：是因为。有身：有自身（的私欲）。

⑯ 及：若，如果。无身：没有自身（的私欲）。

⑰ 缺文据帛书本补。贵：以……为贵。身：毕生，一辈子。为（wéi）天下：治理天下。

⑱ 托：托付。

⑲ 爱：内心愿意，志愿。身：毕生，一辈子。为（wéi）：治理。若：约莫。去天下：守天下。

上士闻道①，董而行于其中②。中士闻道③，若闻若亡④。下士闻道，大笑之⑤。弗大笑⑥，不足以为道矣。是以建言有之⑦：明道如昧⑧，夷道如纇⑨，（进）道如退⑩。上德如谷⑪，大白如辱⑫，广德若不足，建德如（偷，质）贞如渝⑬。大方亡隅⑭，大器免成⑮，大音希声，大象亡形⑯，道（善始且善成）⑰。

| 注释 |

① 上士：上等资质的人，境界高的人。闻道：听到"道"。

② 董（qín）：诚，笃，忠诚专一。

③ 中士：中等资质的人。

④ 若闻若亡：即"似听非听"。若：好像，似乎。

⑤ 下士：下等资质的人。大笑：放声讥笑。

⑥ 弗大笑：（"道"）不被（未闻道的人）放声讥笑。

⑦ 建言：指古语或古谚。有之：有这样的。

⑧ 昧：眼不明的样子，昏暗，隐藏。

⑨ 夷：平坦。纇（lèi）：丝上的疙瘩，引申为"崎岖不平"。

⑩ 缺文据文意补。进：精进。如退：状似退化。

⑪ 上德：崇高的德。如谷：像峡谷一样幽深。

⑫ 大白：最洁白的东西。辱：污垢，黑垢。

⑬ 建德：修炼德行。缺文据文意补。偷：敛而不露，不张扬，默默

地做。质贞：质朴坚贞。渝：变更，变化。

⑭ 大方：大地，方域。隅：边角。

⑮ 大器：巨大的物件。免：不需要。成：模范，模子。

⑯ 希：同"稀"，稀少，罕见，听之不闻。大象：宏大的物象。亡：同"无"，感觉不到。"方""器""音""象"都是客观呈现，"隅""成""声""形"则是主观感知。

⑰ 缺文据文意补。善始：完美开头。成：结果。

闭其门，塞其兑，终身不勤①。启其兑，思其事，终身不勑②。大成若缺，其用不敝③。大盈若盅，其用不穷④。大巧若拙⑤，大成若诎⑥，大直若屈⑦。燥胜凔，青胜热，清清为天下定⑧。善建者不拔⑨，善保者不脱⑩，子孙以其祭祀不辍⑪。修之身，其德乃贞⑫。修之家，其德有余。修之乡，其德乃长。修之邦，其德乃丰⑬。修之天（下，其德乃博。以家观）家⑭，以乡观乡，以邦观邦，以天下观天下。吾何以知天（下之然哉也）⑮。

| 注释 |

① 终身：终其一生，终生。勤：劳倦，辛苦。引申为"招惹是非""惹麻烦"。

② 思：忧。勑（chì）：同"敕"，告诫，警告。

③ 大成：最完美的东西。敝：衰竭。

④ 大盈：极度充盈，最充盈的东西。盅：本义是"无把的小杯"，引申为空虚。

⑤ 大巧：极度灵巧。拙：笨拙。

⑥ 大成：大赢，或解为"九成之乐"。诎（qū）：言语笨拙，弯曲，

折服，屈服，或解为"乐曲终止貌"。

⑦ 大直：极度挺直。

⑧ 清清：清静无为。

⑨ 建：创立（道德规范）。拔：动摇。

⑩ 保：持守（道德规范）。脱：放弃。

⑪ 辍：停止，断绝。

⑫ 修：修炼，培养。之：于。身：自身。贞：忠诚坚定。

⑬ 邦：邦国。丰：多，大。

⑭ 缺文据今本补。博：广，大。

⑮ 缺文据今本补。天下之然：天下的情况之所以这样。

丙

太上，下知有之^①；其次，亲誉之^②；其次，畏之^③；其次，侮之^④。信不足焉，有不信^⑤。犹乎，其贵言也^⑥。成事遂功，而百姓曰：我自然也^⑦。大道废，安有仁义^⑧？六亲不和，安有孝慈^⑨？邦家昏（乱，安）有正臣^⑩？

| 注释 |

① 太上：最好的统治者，与"其次"对应，以下"其次"依次次一等。
下：民众。知有之：只知道其存在。

② 亲誉之：颂扬赞美他。

③ 畏之：畏惧他。

④ 侮之：痛恨他。

⑤ （第一个）信：威信。（第二个）信：信任。

⑥ 犹乎：谨慎啊。贵言：不要轻易发号施令。

⑦ 自然：本来就这样。

⑧ 大道废，安有仁义：此句或读为"大道废焉，有仁义"。

⑨ 六亲不和，安有孝慈：此句或读为"六亲不和焉，有孝慈"。

⑩ 缺文据今本补。邦家昏（乱，安）有正臣：此句或读为"邦家昏（乱焉，）有正臣"。

执大象，天下往①，往而不害，安平大②。乐与饵，过客止③。故道（之出言）④：淡呵其无味也⑤。视之不足见⑥，听之不足闻⑦，而不可既也⑧。

| 注释 |

① 执大象：执守大道。天下往：百姓归附。

② 安：则，乃。平：平安，安定。大：泰，安宁。

③ 乐（yuè）与饵：音乐与美食。止：止步，驻足。

④ 缺文据帛书本补。出：超出。言：一般认知。

⑤ 淡：平淡。呵：语气助词。

⑥ 视之不足见：看起来不起眼。

⑦ 听之不足闻：听起来不入耳。

⑧ 不可既：指"道"的内蕴不可穷尽。既：竭尽。

君子居则贵左①，用兵则贵右②。故曰兵（者不祥之器，不）得已而用之③，恬愉为上④。弗美也，美之⑤，是乐杀人⑥。夫乐（杀，不可）以得志于天下⑦。故吉事上左，丧事上右⑧。是以偏将军居左，上将军居右，言以丧礼居之也⑨。故（杀人众）⑩，则以哀悲莅之；战胜，则以丧礼居之。

注释

① 居则贵左：平时居处以左为贵。

② 用兵则贵右：战时用兵以右为贵。

③ 缺文据帛书本补。兵者：武器。

④ 恬愉：恬淡无为，安静从容。参见《管子·心术》"恬愉无为，去智与故"，《淮南子·人间训》"清静恬愉，人之性也"。

⑤ 弗美：（战胜）不要洋洋得意。美之：如果洋洋得意。美：以……为美，洋洋得意。

⑥ 是：那就是。乐：以……为乐，喜欢。

⑦ 缺文据帛书本补。杀：杀虐。

⑧ 吉事上左：办喜事以左为上。丧事上右：处理丧事以右为上。

⑨ 以丧礼居之：以丧事之礼对待它。

⑩ 缺文据帛书本补。杀人众：伤亡的人多。

为之者败之①，执之者失之②。圣人无为③，故无败也；无执，故（无失也）④。敬终若始⑤，则无败事矣。人之败也，恒于其且成也败之⑥。是以（圣）人欲不欲⑦，不贵难得之货⑧，教不教⑨，复众之所过⑩。是以能辅万物之自然，而弗敢为⑪。

注释

① 为之：任意妄为。败之：毁坏天下。

② 执之：执着强求。失之：失去天下。

③ 无为：不刻意作为，不任意妄为。

④ 无执：不执着追求，不刻意强求。缺文据今本补。

⑤ 敬终若始：自始至终恭敬谨慎对待。

⑥ 恒：经常。且：即将，将近。成：成功。

⑦ 缺文据今本补。欲：追求。不欲：清静无为。

⑧ 贵：看重，稀罕。难得之货：稀有珍贵的东西。

⑨ 教（jiāo）不教：教（jiāo）授别人所不教授的，或读为"学不学"，学习别人所不学习的。简文"教""学"同字。

⑩ 复：修复。过：过错。

⑪ 弗敢为（wèi）：不施加主观意愿，不妄加干预。为：有目的的作为。

| 阅读链接 |

帛书本《老子》

【上篇·德经】

上德不德，是以有德；下德不失德，是以无德。上德无为，而无以为也。上仁为之，而无以为也。上义为之，而有以为也。上礼为之，而莫之应也，则攘臂而扔之。故失道而后德，失德而后仁，失仁而后义，失义而后礼。夫礼者，忠信之泊也，而乱之首也。

前识者，道之华也，而愚之首也。是以大丈夫居其厚而不居其薄，居其实而不居其华。故去彼取此。

昔之得一者：天得一以清；地得一以宁；神得一以灵；谷得一以盈；侯王得一以为天下正。其至之也。[谓]天毋已清将恐裂；谓地毋已宁将恐发；谓神毋已灵将恐歇；谓谷毋已盈将恐渴；谓侯王毋已贵以高将恐蹶。故必贵而以贱为本，必高矣而以下为基。夫是以侯王自谓孤、寡、不谷，此其以贱之本与？非也。故致数与无与。是故不欲禄禄若玉，珞珞若石。

上士闻道，堇（qín）而行之。中士闻道，若存若亡。下士闻道，大笑之。弗笑，不足以为道。是以建言有之曰："明道如费，进道如退，夷道如类。"

上德如谷，大白如辱，广德如不足，建德如输，质真如渝。大方无隅，大器免成，大音希声。

天象无刑，道隐无名。夫唯道，善始且善成。反也者，道之动也；弱也者，道之用也。

天下之物生于有，有生于无。道生一，一生二，二生三，三生万物。万物负阴而抱阳，中气以为和。

天下之所恶，唯孤、寡、不谷；而王公以自名也。勿或损之而益，或益之而损。人所教，夕议而教人。故强良者不得死，我将以为学父。

天下之至柔，驰骋于天下之至坚；无有入于无间。吾是以知无为之益；不言之教，无为之益，天下希能及之矣。

名与身孰亲？身与货孰多？得与亡孰病？甚爱必大费，多藏必厚亡。故知足不辱，知止不殆，可以长久。

大成若缺，其用不敝；大盈若盅，其用不穷。大直如诎，大巧如拙，大赢如〔亏〕，躁胜寒，静胜热，清静可以为天下正。

天下有道，却走马以粪；天下无道，戎马生于郊。

罪莫大于可欲，祸莫大于不知足，咎莫大于欲得。故知足之足，恒足矣。

不出于户，以知天下；不窥于牖（yǒu），以知天道；其出也弥远，其知弥少。是以圣人不行而知，不见而名，弗为而成。

为学者日益，闻道者日损。损之又损，以至于无为，无为而无不为。取天下，恒无事；及其有事也，不足以取天下。

圣人恒无心，以百姓心为心。善者善之，不善者亦善之，德善也。信者信之，不信者亦信之，德信也。圣人之在天下，歙（xī）歙焉，为天下浑心；百姓皆属其耳目，圣人皆孩之。

出生，入死。生之徒十有三，死之徒十有三，而民生生。动皆之死地之十有三。夫何故也？以其生生也。盖闻善执生者，陵行不辟兕（sì）

虎，入军不被甲兵；兕无所揣其角，虎无所措其爪，兵无所容其刃。夫何故也？以其无死地焉。

道生之，而德畜之；物形之，而器成之。是以万物尊道而贵德。道之尊，德之贵也。夫莫之爵，而恒自然也。

道，生之，畜之，长之，遂之，亭之，毒之，养之，复之。生而弗有也，为而弗恃也，长而弗宰也，此之谓玄德。

天下有始，以为天下母。既得其母，以知其子，复守其母，没身不殆。

塞其闷，闭其门，终身不堇。启其闷，济其事，终身不救。见小曰明，守柔曰强；用其光，复归其明，毋遗身殃，是谓袭常。

使我介有知，行于大道，唯施是畏。大道甚夷，民甚好解。朝甚除，田甚芜，仓甚虚。服文采，带利剑，厌食而赍（jī）财有余，是谓盗夸。盗夸，非道也。

善建者不拔，善抱者不脱，子孙以祭祀不绝。修之身，其德乃真。修之家，其德有余。修之乡，其德乃长。修之邦，其德乃丰。修之天下，其德乃博。以身观身，以家观家，以乡观乡，以邦观邦，以天下观天下。吾何以知天下之然兹？以此。

含德之厚者，比于赤子。蜂虿（chài）蝎蛇弗螫，攫鸟猛兽弗搏。骨弱筋柔而握固。未知牝牡之会而朘怒，精之至也。终日号而不爱，和之至也。和曰常，知和曰明，益生曰祥，心使气曰强。物壮即老，谓之不道，不道早已。

知者弗言，言者弗知。塞其闷，闭其门，和其光，同其尘，锉其锐而解其纷，是谓玄同。故不可得而亲，亦不可得而疏；不可得而利，亦不可得而害；不可得而贵，亦不可得而浅。故为天下贵。

以正之邦，以畸用兵，以无事取天下。吾何以知其然也哉？夫天下多忌讳，而民弥贫；民多利器，而邦家兹昏；人多知，而何物滋起；法物滋章，而盗贼多有。是以圣人之言曰：我无为也，而民自化。我好静，而民自正。我无事，民自富。我欲不欲，而民自朴。

其正闵闵，其民屯屯。其正察察，其邦夬夬。祸，福之所倚；福，祸之所伏。孰知其极？其无正也？正复为奇，善复为祅（yāo）。人之迷也，其日固久矣。是以方而不割，兼而不刺，直而不绁（xiè），光而不眺。

治人事天，莫若啬。夫惟啬，是以早服。早服是谓重积德。重积德则无不克，无不克则莫知其极。莫知其极，可以有国。有国之母，可以长久。是谓深根固柢，长生久视之道也。

治大国若烹小鲜，以道莅天下。其鬼不神，非其鬼不神也，其神不伤人也。非其神不伤人也，圣人亦弗伤也。夫两不相伤，故德交归焉。

大邦者，下流也，天下之牝也。天下之郊也，牝恒以静胜牡。为其静也，故宜为下。大邦以下小邦，则取小邦。小邦以下大邦，则取于大邦。故或下以取，或下而取。故大邦者不过欲兼畜人，小邦者不过欲入事人。夫皆得其欲，则大者宜为下。

道者，万物之注也；善人之葆也，不善人之所葆也。美言，可以市；奠行，可以贺人。人之不善，何弃之有？故立天子、置三卿，虽有共之璧以先四马，不善坐而进此。古之所以贵此道者何？不曰求以得，有罪以免与？故为天下贵。

为无为，事无事，味无味。大小，多少。报怨以德，图难于其易也，为大于其细也。天下之难作于易，天下之大作于细。是以圣人终不为大，故能成其大。夫轻诺必寡信，多易必多难。是以圣人犹难之，故终于无难。

其安也，易持也；其未兆也，易谋也；其脆也，易判也；其微也，易散也。为之于其未有也，治之于其未乱也。合抱之木，生于毫末。九成之台，作于累土。百仞之高，始于足下。为之者败之，执之者失之。是以圣人无为也，故无败也；无执也，故无失也。民之从事也，恒于其成事而败之。故慎终若始，则无败事矣。是以圣人欲不欲，不贵难得之货；学不学，而复众人之所过；能辅万物之自然，而弗敢为。

故曰：为道者非以明民也，将以愚之也。民之难治也，以其知也。故以知知邦，邦之贼也。以不知知邦，邦之德也。恒知此两者，亦稽式也。恒知稽式，此谓玄德。玄德深矣、远矣、与物反矣，乃至大顺。

江海所以能为百谷王者，以其善下之，是以能为百谷王。是以圣人之欲上民也，必以其言下之；欲先民也，必以其身后之。故居前而民弗害也，居上而民弗重也。天下乐隼而弗厌也，非以其无争与，故天下莫能与诤。

小邦，寡民，使十百人之器毋用，使民重死而远徙，有车周无所乘之，有甲兵无所陈之，使民复结绳而用之。甘其食，美其服，乐其俗，安其居；邻邦相望，鸡狗之声相闻，民至老死不相往来。

信言不美，美言不信；知者不博，博者不知；善者不多，多者不善。圣人无积，既以为人己愈有；既以予人，已愈多。故天之道，利而不害；人之道，为而弗争。

天下皆谓我大，不肖。夫唯大，故不宵；若宵，细久矣。我恒有三葆之：一曰兹，二曰俭，三曰不敢为天下先。夫兹故能勇；俭故能广；不敢为天下先，故能为成事长。今舍其兹，且勇；舍其后，且先；则必死矣。夫兹，以战则胜，以守则固。天将建之，汝以兹垣之。

善为士者不武，善战者不怒，善胜敌者弗与，善用人者为之下。是谓不诤之德，是谓用人，是谓天；古之极也。

用兵有言曰："吾不敢为主而为客，吾不进寸而芮尺。"是谓行无行，攘无臂，执无兵，乃无敌矣。祸莫大于无适；无适，斤亡吾葆矣。故称兵相若，则哀者胜矣。

吾言，甚易知也，甚易行也；而人莫之能知也，而莫之能行也。言有君，事有宗；其唯无知也，是以不我知？知我者希，则我贵矣。是以圣人被褐而怀玉。

知不知，尚矣。不知不知，病矣。是以圣人之不病，以其病病也，是以不病。

民之不畏威，则大威将至矣。

毋闸其所居，毋厌其所生。夫唯弗厌，是以不厌。是以圣人，自知而不自见也，自爱而不自贵也。故去彼取此。

勇于敢者则杀，勇于不敢则活。两者或利或害。天之所恶，孰知其故？天之道，不战而善胜，不言而善应，不召而自来。弹而善谋。天网恢恢，疏而不失。

若民恒不畏死，奈何以杀惧之也？若民恒是死，则而为者，吾将得而杀之，夫孰敢矣？若民恒且必畏死，则恒有司杀者。夫伐司杀者，杀；是伐大匠斫也。夫伐大匠斫者，则希不伤其手矣。

人之饥也，以其取食税之多也，是以饥。百姓之不治也，以其上有以为也，是以不治。民之轻死，以其求生之厚也，是以轻死。夫唯无以生为者，是贤贵生。

人之生也柔弱，其死也刚强。万物草木之生也柔脆，其死也枯槁。故曰：坚强者，死之徒也；柔弱微细，生之徒也。兵强则不胜，木强则恒。强大居下，柔弱微细居上。

天下之道，犹张弓者也。高者抑之，下者举之；有余者损之，不足者补之。故天之道，损有余而益不足；人之道，损不足而奉有余。孰能有余而有以取奉于天者，此有道者乎？是以圣人为而弗又，成功而弗居也。若此其不欲见贤也。

天下莫柔弱于水，而攻坚强者莫之能胜也，以其无以易之也。水之胜刚也，弱之胜强也。天下莫弗知也，而莫之能行也。故圣人之言云曰：受邦之诟，是谓社稷之主；受邦之不祥，是谓天下之王。正言若反。

和大怨，必有余怨焉，可以为善。是以圣右介，而不以责于人。故有德司介，无德司彻。夫天道无亲，恒与善人。

【下篇·道经】

道，可道也，非恒道也。名，可名也，非恒名也。无名，万物之始也。有名，万物之母也。故恒无欲也，以观其眇；恒有欲也，以观其所嗷。两者同出，异名同谓。玄之有玄，众眇之门。

天下皆知美为美，恶已；皆知善［为善］，訾不善矣。有无之相生也；难易之相成也；长短之相刑也；高下之相盈也；意声之相和也；先后之相随，恒也。是以声人居无为之事，行不言之教。万物昔而弗始也，为而弗之也，成功而弗居也；夫唯居，是以弗去。

不上贤，使民不争；不贵难得之货，使民不为盗；不见可欲，使民不乱。是以声人之治也：虚其心，实其腹；弱其志，强其骨；恒使民无知、无欲也；使乎知不敢，弗为而己。则无不治矣。

道冲，而用之有弗盈也。渊呵！始万物之宗。锉其锐，解其纷；和其光，同其尘。湛呵！似或存。吾不知谁子也，象帝之先。

天地不仁，以万物为刍狗。声人不仁，以百姓为刍狗。天地之间其犹橐（tuó）钥（yuè）与？虚而不淈（gǔ），踵而俞出。多闻数穷，不若守于中。

谷神不死，是谓玄牝。玄牝之门，是谓天地之根。绵绵呵若存！用之不堇。

天长，地久。天地之所以能长且久者，以其不自生也，故能长生。是以声人芮其身而身先，外其身而身存；不以其无私与，故能成其私。

上善如水。水善，利万物而有静，居众之所恶，故几于道矣。居善地，心善渊，予善信，政善治，事善能，踵善时。夫唯不静，故无尤。

持而盈之，不若其已。揣而梲（zhuō）之，不可常葆之。金玉盈室，莫之守也。贵富而骄，自遗咎也。功述身芮，天之道也。

戴营魄抱一，能毋离乎？榑气致柔，能婴儿乎？修除玄蓝，能毋疵乎？爱民栝国，能毋以知乎？天门启阖，能无雌乎？明白四达，能毋以知乎？生之、畜之，生而弗有，长而弗宰也，是谓玄德。

卅辐同一毂，当其无有，车之用也。燃埴（zhí）为器，当其无有，埴之用也。凿户牖，当其无有，室之用也。故有之以为利，无之以为用。

五色使人目明，驰骋田腊使人心发狂，难得之货，使人之行方，五味使人之口爽，五音使人之耳聋。是以声人之治也，为腹而不为目。故去罢耳此。

宠辱若惊，贵大患若身。何谓宠辱若惊？宠之为下，得之若惊，失之若惊，是谓宠辱若惊。何谓贵大患若身？吾所以有大患者，为吾有身也；及吾无身，有何患？故贵为身于为天下，若可以拓天下矣；爱以身为天下，汝可以寄天下。

视之而弗见，名之曰微。听之而弗闻，名之曰希。揖之而弗得，名之曰夷。三者不可至计，故束而为一。一者，其上不攸，其下不忽。寻寻呵！不可名也，复归于无物。是谓无状之状，无物之象。是谓忽恍。随而不见其后，迎而不见其首。执今之道，以御今之有。以知古始，是谓道纪。

古之善为道者，微眇玄达，深不可志。夫唯不可志，故强为之容。曰：与呵！其若冬涉水。犹呵！其若畏四邻。严呵！其若客。涣呵！其若凌泽。沌呵！其若朴。涽（zhuāng）呵！其若浊。湛呵！其若浴。浊而情之，余清。女以重之，余生。葆此道不欲盈。夫唯不欲盈，所以能敝而不成。

至虚，极也；守情，表也。万物旁作，吾以观其复也。夫物云云，各复归于其根。归根曰情。情，是谓复命。复命，常也；知常，明也；不知常，亡亡作凶。知常容，容乃公，公乃王，王乃天，天乃道，道乃久，沕身不怠。

大上，下知有之，其次亲誉之，其次畏之，其下母之。信不足，案有不信。犹呵！其贵言也。成功遂事，而百省谓我自然。

故大道废，案有仁义。知情出，案有大伪。六亲不和，案有孝兹。

邦家昏乱，案有贞臣。

绝声弃知，民利百负。绝仁弃义，民复畜兹。绝巧弃利，盗贼无有。此三言也，以为文未足，故令之有所属。见素抱朴，少私寡欲，绝学无忧。

唯与诃，其相去几何？美与恶，其相去何若？人之所畏，亦不可以不畏人。望呵！其未央哉！众人熙熙，若飨于大牢。而春登台，我泊焉未兆，若婴儿未咳。累呵！似无所归。众人皆有余，我独遗。我愚人之心也，沌沌呵！俗人昭昭，我独昏呵！俗人蔡蔡，我独闷闷呵！忽呵！其若海；望呵！其若无所止。众人皆有以，我独顽以悝。吾欲独异于人，而贵食母？

孔德之容，唯道是从。道之物，唯望、唯忽。忽呵！望呵！中有象呵！望呵，忽呵！中有物呵！幽呵，鸣呵！中有请也。甚请、甚真，其中有信。自今及古，其名不去，以顺众父。吾何以知众父之然？以此。

炊者不立，自视不章，自见者不明，自伐者无功，自矜者不长。其在道，曰余食赘行。物或恶之，故有欲者弗居。

曲则金，枉则定，洼则盈，敝则新，少则得，多则惑。是以声人执一，以为天下牧。不自视故明，不自见故章，不自伐故有功，弗矜故能长。夫唯不争，故莫能与之争。古之所谓曲全者，几虚语哉！诚金归之。

希言自然。飘风不终朝，暴雨不终日。孰为此？天地，而不能久有，况于人乎？故从事而道者同于道，德者同于德，者者同于失。同于德者，道亦德之。同于失者，道亦失之。

有物昆成，先天地生。绣呵，缪呵！独立而不垓，可以为天地母。吾未知其名，字之曰道，强为之名曰大。大曰筮，筮曰远，远曰反。道大，天大，地大，王亦大。国中有四大，而王居一焉。人法地，地法天，天法道，道法自然。

重为轻根，清为躁君。是以君子众日行，不离其辎重。唯有环官，燕处则昭若。若何万乘之王而以身轻于天下？轻则失本，躁则失君。

善行者无辙迹，善言者无瑕适，善数者不以筹策。善闭者，无闩钥而不可启也。善结者，无绳约而不可解也。是以声人恒善人而无弃人，物无弃财，是谓神明。故善人，善人之师；不善人，善人之赍也。不贵其师，不爱其赍，唯知乎大眯。是谓眇要。

知其雄，守其雌，为天下鸡。恒德不鸡，恒德不鸡，复归婴儿。知其白，守其辱，为天下谷。为天下谷，恒德乃足，复归于朴。知其白，守其黑，为天下式。为天下式，恒德不贰。德不贰，复归于无极。朴散则为器，圣人用则为官长，夫大制无割。

将欲取天下而为之，吾见其弗得已。天下，神器也，非可为者也。为者败之，执者失之。物或行或随，或炅或吹，或强或羸，或培或橢。是以声人去甚，去大，去诸。

以道佐人主，不以兵强于天下。其事好还；师之所居，楚棘生之。善者果而已矣，毋以取强焉。果而毋骄，果而毋矜，果而勿伐，果而勿得已居，是谓果而不强。物壮而老，是谓之不道，不道早已。

夫兵者，不祥之器也；物或恶之，故有欲者弗居。君子居则贵左，用兵则贵右；故兵者非君子之器也。兵者不祥之器也，不得已而用之。铦袭为上，勿美也；若美之，是乐杀人也。夫乐杀人，不可以得志于天下矣。是以吉事上左，丧事上右；是以偏将军居左，上将军居右，言以丧礼居之也。杀人众，以悲依莅之；战胜，以丧礼处之。

道恒无名。朴唯小，而天下弗敢臣。侯王若能守之，万物将自宾。天地相合，以渝甘露；民莫之令，而自均焉。始制有名，名亦既有，夫亦将知止；知止所以不殆。俾道之在天下也，犹小谷之于江海也。

知人者，知也。自知者，明也。胜人者，有力也。自胜者，强也。知足者，富也。强行者，有志也。不失其所者，久也。死不忘者，寿也。

道，泛呵！其可左右也。成功遂事而弗名有也。万物归焉而弗为主，则恒无欲也，可名于小。万物归焉而弗为上，可名于大。是以声人之能成其大也，以其不为大也，故能成大。

执大象，天下往。往而不害，安平大。乐与饵，过格止。故道之出言也，曰："谈呵！其无味也。视之，不足见也。听之，不足闻也。用之，不可既也。"

将欲拾之，必故张之。将欲弱之，必故强之。将欲去之，必故与之。将欲夺之，必故予之。是谓微明。友弱胜强。鱼不可脱于渊，邦利器不可以视人。

道恒无名，侯王若守之，万物将自化。化而欲作，吾将阗之以无名之朴。阗之以无名之朴，夫将不辱。不辱以情，天地将自正。

今本《老子》

（据中华国学文库楼宇烈校释《老子道德经注》整理）

【上篇·道经】

道可道，非常道；名可名，非常名。无名天地之始，有名万物之母。故常无欲，以观其妙；常有欲，以观其徼（jiào）。此两者同出而异名，同谓之玄，玄之又玄，众妙之门。

天下皆知美之为美，斯恶已；皆知善之为善，斯不善已。故有无相生，难易相成，长短相较，高下相倾，音声相和，前后相随。是以圣人处无为之事，行不言之教，万物作焉而不辞，生而不有，为而不恃，功成而弗居。夫唯弗居，是以不去。

不尚贤，使民不争；不贵难得之货，使民不为盗；不见（xiàn）可欲，使民心不乱。是以圣人之治：虚其心，实其腹，弱其志，强其骨。常使民无知无欲，使夫智者不敢为也。为无为，则无不治。

道冲而用之或不盈，渊兮似万物之宗。挫其锐，解其纷，和其光，同其尘。湛兮似或存，吾不知谁之子，象帝之先。

　　天地不仁，以万物为刍狗；圣人不仁，以百姓为刍狗。天地之间，其犹橐（tuó）籥（yuè）乎？虚而不屈，动而愈出。多言数穷，不如守中。

　　谷神不死，是谓玄牝，玄牝之门，是谓天地根。绵绵若存，用之不勤。

　　天长地久。天地所以能长且久者，以其不自生，故能长生。是以圣人后其身而身先，外其身而身存。非以其无私邪？故能成其私。

　　上善若水。水善利万物而不争，处众人之所恶，故几（jī）于道。居善地，心善渊，与善仁，言善信，正善治，事善能，动善时。夫唯不争，故无尤。

　　持而盈之，不如其已。揣而棁（zhuō）之，不可长保。金玉满堂，莫之能守。富贵而骄，自遗其咎。功遂身退，天之道也。

　　载营魄抱一，能无离乎？专气致柔，能婴儿乎？涤除玄览，能无疵乎？爱民治国，能无知（zhì）乎？天门开阖（hé），能无雌乎？明白四达，能无为乎？生之、畜（xù）之，生而不有，为而不恃，长而不宰，是谓玄德。

　　三十辐共一毂（gǔ），当其无，有车之用。埏（shān）埴（zhí）以为器，当其无，有器之用。凿户牖（yǒu）以为室，当其无，有室之用。故有之以为利，无之以为用。

　　五色令人目盲，五音令人耳聋，五味令人口爽，驰骋畋（tián）猎令人心发狂，难得之货令人行妨。是以圣人为腹不为目，故去彼取此。

　　宠辱若惊，贵大患若身。何谓宠辱若惊？宠，为下得之若惊，失之若惊，是谓宠辱若惊。何谓贵大患若身？吾所以有大患者，为吾有身，及吾无身，吾有何患！故贵以身为天下，若可寄天下；爱以身为天下，若可托天下。

　　视之不见名曰夷；听之不闻名曰希；搏之不得名曰微。此三者不可致诘，故混而为一。其上不皦（jiǎo），其下不昧，绳绳不可名，复归于无物，是谓无状之状、无物之象。是谓惚恍。迎之不见其首，随之不见其后。执古之道，以御今之有，能知古始，是谓道纪。

古之善为士者，微妙玄通，深不可识。夫唯不可识，故强为之容。豫焉若冬涉川，犹兮若畏四邻，俨兮其若容，涣兮若冰之将释，敦兮其若朴，旷兮其若谷，混兮其若浊。孰能浊以静之徐清？孰能安以久动之徐生？保此道者不欲盈，夫唯不盈，故能蔽不新成。

致虚极，守静笃，万物并作，吾以观复。夫物芸芸，各复归其根。归根曰静，是谓复命。复命曰常，知常曰明。不知常，妄作，凶。知常容，容乃公，公乃王，王乃天，天乃道，道乃久。没身不殆。

太上，下知有之。其次，亲而誉之。其次，畏之。其次，侮之。信不足，焉有不信焉。悠兮其贵言。功成事遂，百姓皆谓我自然。

大道废，有仁义；慧智出，有大伪；六亲不和，有孝慈；国家昏乱，有忠臣。

绝圣弃智，民利百倍；绝仁弃义，民复孝慈；绝巧弃利，盗贼无有。此三者，以为文不足，故令有所属，见（xiàn）素抱朴，少私寡欲。

绝学无忧。唯之与阿（ē），相去几何？善之与恶，相去若何？人之所畏，不可不畏。荒兮其未央哉！众人熙熙，如享太牢，如春登台。我独泊兮其未兆，如婴儿之未孩。儽（lěi）儽兮若无所归。众人皆有余，而我独若遗。我愚人之心也哉！沌沌兮！俗人昭昭，我独昏昏；俗人察察，我独闷闷。淡兮其若海，飂（liù）兮若无止。众人皆有以，而我独顽似鄙。我独异于人，而贵食母。

孔德之容，惟道是从。道之为物，惟恍惟惚。惚兮恍兮，其中有象；恍兮惚兮，其中有物。窈（yǎo）兮冥兮，其中有精；其精甚真，其中有信。自古及今，其名不去，以阅众甫。吾何以知众甫之状哉？以此。

曲则全，枉则直，洼则盈，敝则新，少则得，多则惑。是以圣人抱一，为天下式。不自见故明，不自是故彰，不自伐故有功，不自矜故长。夫唯不争，故天下莫能与之争。古之所谓曲则全者，岂虚言哉！诚全而归之。

希言自然。故飘风不终朝，骤雨不终日。孰为此者？天地。天地尚不能久，而况于人乎？故从事于道者，道者同于道，德者同于德，失者同于失。同于道者，道亦乐得之；同于德者，德亦乐得之；同于失者，失亦乐得之。信不足，焉有不信焉。

企者不立，跨者不行，自见者不明，自是者不彰，自伐者无功，自矜者不长。其在道也，曰余食赘形。物或恶之，故有道者不处。

有物混成，先天地生，寂兮寥兮，独立不改，周行而不殆，可以为天下母。吾不知其名，字之曰道，强为之名曰大。大曰逝，逝曰远，远曰反。故道大，天大，地大，王亦大。域中有四大，而王居其一焉。人法地，地法天，天法道，道法自然。

重（zhòng）为轻根，静为躁君，是以圣人终日行不离辎（zī）重。虽有荣观，燕处超然，奈何万乘之主，而以身轻天下？轻则失本，躁则失君。

善行无辙迹，善言无瑕谪（zhé），善数不用筹策，善闭无关楗（jiàn）而不可开，善结无绳约而不可解。是以圣人常善救人，故无弃人；常善救物，故无弃物，是谓袭明。故善人者，不善人之师；不善人者，善人之资。不贵其师，不爱其资，虽智大迷，是谓要妙。

知其雄，守其雌，为天下谿（xī）。为天下谿，常德不离，复归于婴儿。知其白，守其黑，为天下式。为天下式，常德不忒（tè），复归于无极。知其荣，守其辱，为天下谷。为天下谷，常德乃足，复归于朴。朴散则为器，圣人用之则为官长。故大制不割。

将欲取天下而为之，吾见其不得已。天下神器，不可为也。为者败之，执者失之。夫物或行或随，或歔（xū）或吹，或强或羸（léi），或挫或隳（huī）。是以圣人去甚，去奢，去泰。

以道佐人主者，不以兵强天下，其事好还。师之所处，荆棘生焉。

大军之后，必有凶年。善有果而已，不敢以取强。果而勿矜，果而勿伐，果而勿骄，果而不得已，果而勿强。物壮则老，是谓不道，不道早已。

夫佳兵者，不祥之器。物或恶（wù）之，故有道者不处。君子居则贵左，用兵则贵右。兵者，不祥之器，非君子之器。不得已而用之，恬淡为上，胜而不美。而美之者，是乐（lè）杀人。夫乐杀人者，则不可以得志于天下矣。吉事尚左，凶事尚右。偏将军居左，上将军居右，言以丧礼处之。杀人之众，以哀悲泣之。战胜，以丧礼处之。

道常无名，朴虽小，天下莫能臣也。侯王若能守之，万物将自宾。天地相合以降甘露，民莫之令而自均。始制有名，名亦既有，夫亦将知止。知止可以不殆。譬道之在天下，犹川谷之于江海。

知人者智，自知者明。胜人者有力，自胜者强。知足者富，强行者有志，不失其所者久，死而不亡者寿。

大道汜（fàn）兮，其可左右。万物恃之而生而不辞，功成不名有，衣养万物而不为主。常无欲，可名于小；万物归焉而不为主，可名为大。以其终不自为大，故能成其大。

执大象，天下往；往而不害，安平太。乐（yuè）与饵，过客止。道之出口，淡乎其无味，视之不足见，听之不足闻，用之不足既。

将欲歙（xī）之，必固张之；将欲弱之，必固强之；将欲废之，必固兴之；将欲取之，必固与之，是谓微明。柔弱胜刚强。鱼不可脱于渊，国之利器不可以示人。

道常无为而无不为，侯王若能守之，万物将自化。化而欲作，吾将镇之以无名之朴。无名之朴，夫亦将无欲。不欲以静，天下将自定。

【下篇·德经】

上德不德，是以有德；下德不失德，是以无德。上德无为而无以为，下德为之而有以为。上仁为之而无以为，上义为之而有以为，上礼为之而莫之应，则攘臂而扔之。故失道而后德，失德而后仁，失仁而后义，失义而后礼。夫礼者，忠信之薄而乱之首。前识者，道之华而愚之始。是以大丈夫处其厚，不居其薄；处其实，不居其华。故去彼取此。

昔之得一者，天得一以清，地得一以宁，神得一以灵，谷得一以盈，万物得一以生，侯王得一以为天下贞。其致之。天无以清将恐裂，地无以宁将恐发，神无以灵将恐歇，谷无以盈将恐竭，万物无以生将恐灭，侯王无以贵高将恐蹶（jué）。故贵以贱为本，高以下为基。是以侯王自谓孤寡不谷。此非以贱为本邪（yé）？非乎？故致数舆（yú）无舆。不欲琭（lù）琭如玉、珞（luò）珞如石。

反者，道之动；弱者，道之用。天下万物生于有，有生于无。

上士闻道，勤而行之；中士闻道，若存若亡；下士闻道，大笑之。不笑不足以为道。故建言有之：明道若昧，进道若退，夷道若纇（lèi）。上德若谷，大白若辱，广德若不足，建德若偷，质真若渝。大方无隅，大器晚成，大音希声，大象无形。道隐无名，夫唯道善贷且成。

道生一，一生二，二生三，三生万物。万物负阴而抱阳，冲气以为和。人之所恶，唯孤寡不谷，而王公以为称。故物，或损之而益，或益之而损。人之所教，我亦教之。强梁者不得其死，吾将以为教父。

天下之至柔，驰骋天下之至坚，无有入无间，吾是以知无为之有益。不言之教，无为之益，天下希及之。

名与身孰亲？身与货孰多？得与亡孰病？是故甚爱必大费，多藏必厚亡。知足不辱，知止不殆，可以长久。

大成若缺，其用不弊；大盈若冲，其用不穷。大直若屈，大巧若拙，大辩若讷。躁胜寒，静胜热，清静为天下正。

天下有道，却走马以粪；天下无道，戎马生于郊。祸莫大于不知足，咎莫大于欲得，故知足之足，常足矣。

不出户，知天下；不窥牖（yǒu），见天道。其出弥远，其知弥少。

是以圣人不行而知，不见而名，不为而成。

为学日益，为道日损。损之又损，以至于无为，无为而无不为。取天下常以无事，及其有事，不足以取天下。

圣人无常心，以百姓心为心。善者，吾善之；不善者，吾亦善之，德善。信者，吾信之；不信者，吾亦信之，德信。圣人在天下歙（xī）歙，为天下浑其心。圣人皆孩之。

出生入死。生之徒十有三，死之徒十有三。人之生动之死地，亦十有三。夫何故？以其生生之厚。盖闻善摄生者，陆行不遇兕（sì）虎，入军不被甲兵，兕无所投其角，虎无所措其爪，兵无所容其刃。夫何故？以其无死地。

道生之，德畜（xù）之，物形之，势成之。是以万物莫不尊道而贵德。道之尊，德之贵，夫莫之命而常自然。故道生之，德畜之、长之、育之、亭之、毒之、养之、覆之。生而不有，为而不恃，长而不宰，是谓玄德。

天下有始，以为天下母。既得其母，以知其子；既知其子，复守其母，没身不殆。塞（sè）其兑，闭其门，终身不勤。开其兑，济其事，终身不救。见小曰明，守柔曰强。用其光，复归其明，无遗身殃，是为习常。

使我介然有知，行于大道，唯施（yí）是畏。大道甚夷，而民好（hào）径。朝甚除，田甚芜，仓甚虚。服文彩，带利剑，厌饮食，财货有余，是谓盗夸。非道也哉！

善建者不拔，善抱者不脱，子孙以祭祀不辍。修之于身，其德乃真；修之于家，其德乃余；修之于乡，其德乃长；修之于国，其德乃丰；修之于天下，其德乃普。故以身观身，以家观家，以乡观乡，以国观国，以天下观天下。吾何以知天下然哉？以此。

含德之厚，比于赤子。蜂虿（chài）虺（huǐ）蛇不螫（shì），猛兽不据，攫（jué）鸟不搏。骨弱筋柔而握固，未知牝牡之合而全作未知牝牡之合而朘（zuī）作，精之至也。终日号而不嗄（shà），和之至也。知和曰常，知常曰明，益生曰祥，心使气曰强。物壮则老，谓之不道，不道早已。

知者不言，言者不知。塞其兑，闭其门，挫其锐；解其分，和其光，同其尘，是谓玄同。故不可得而亲，不可得而疏；不可得而利，不可得而害；不可得而贵，不可得而贱，故为天下贵。

以正治国，以奇用兵，以无事取天下。吾何以知其然哉？以此。天下多忌讳，而民弥贫；民多利器，国家滋昏；人多伎（jì）巧，奇物滋起；法令滋彰，盗贼多有。故圣人云，我无为而民自化，我好（hào）静而民自正，我无事而民自富，我无欲而民自朴。

其政闷闷，其民淳淳；其政察察，其民缺缺。祸兮福之所倚，福兮祸之所伏。孰知其极？其无正？正复为奇，善复为妖，人之迷，其日固久。是以圣人方而不割，廉而不刿（guì），直而不肆，光而不耀。

治人事天莫若啬。夫唯啬，是谓早服。早服谓之重（chóng）积德，重积德则无不克，无不克则莫知其极，莫知其极，可以有国。有国之母，可以长久。是谓深根固柢，长生久视之道。

治大国若烹小鲜。以道莅天下，其鬼不神。非其鬼不神，其神不伤人；非其神不伤人，圣人亦不伤人。夫两不相伤，故德交归焉。

大国者下流。天下之交，天下之牝。牝常以静胜牡，以静为下。故大国以下小国，则取小国；小国以下大国，则取大国。故或下以取，或下而取。大国不过欲兼畜（xù）人，小国不过欲入事人，夫两者各得其所欲，大者宜为下。

道者万物之奥，善人之宝，不善人之所保。美言可以市，尊行可以加人。人之不善，何弃之有！故立天子，置三公，虽有拱璧以先驷马，不如坐进此道。古之所以贵此道者何？不曰以求得，有罪以免邪（yé）？故为天下贵。

为无为，事无事，味无味。大小多少，报怨以德。图难于其易，为大于其细。天下难事必作于易，天下大事必作于细，是以圣人终不为大，故能成其大。夫轻诺必寡信，多易必多难，是以圣人犹难之。故终无难矣。

其安易持，其未兆易谋，其脆易泮（pàn），其微易散。为之于未有，治之于未乱。合抱之木，生于毫末；九层之台，起于累土；千里之行，始于足下。为者败之，执者失之。是以圣人无为，故无败；无执，故无失。民之从事，常于几成而败之。慎终如始，则无败事。是以圣人欲不欲，不贵难得之货。学不学，复众人之所过。以辅万物之自然，而不敢为。

古之善为道者，非以明民，将以愚之。民之难治，以其智多。故以智治国，国之贼；不以智治国，国之福。知此两者，亦稽式。常知稽式，是谓玄德。玄德深矣，远矣，与物反矣，然后乃至大顺。

江海之所以能为百谷王者，以其善下之，故能为百谷王。是以欲上民，必以言下之；欲先民，必以身后之。是以圣人处上而民不重，处前而民不害。是以天下乐推而不厌。以其不争，故天下莫能与之争。

天下皆谓我道大，似不肖。夫唯大，故似不肖。若肖，久矣其细也夫。我有三宝，持而保之：一曰慈，二曰俭，三曰不敢为天下先。慈，故能勇；俭，故能广；不敢为天下先，故能成器长。今舍（shě）慈且勇，舍俭且广，舍后且先，死矣！夫慈，以战则胜，以守则固，天将救之，以慈卫之。

善为士者不武，善战者不怒，善胜敌者不与，善用人者为之下。是谓不争之德，是谓用人之力，是谓配天古之极。

用兵有言，吾不敢为主而为客，不敢进寸而退尺。是谓行无行，攘无臂，扔无敌，执无兵。祸莫大于轻敌，轻敌几丧吾宝。故抗兵相加，哀者胜矣。

吾言甚易知，甚易行，天下莫能知，莫能行。言有宗，事有君。夫唯无知，是以不我知。知我者希，则我者贵，是以圣人被（pī）褐怀玉。

知不知，上；不知知，病。夫唯病病，是以不病。圣人不病，以其病病，是以不病。

民不畏威，则大威至。无狎（xiá）其所居，无厌（yā）其所生。夫唯不厌（yā），是以不厌（yàn）。是以圣人自知，不自见；自爱，不自贵。故去彼取此。

勇于敢则杀，勇于不敢则活。此两者，或利或害。天之所恶，孰知其故？是以圣人犹难之。天之道，不争而善胜，不言而善应，不召而自来，繟（chán）然而善谋。天网恢恢，疏而不失。

民不畏死，奈何以死惧之！若使民常畏死，而为奇者吾得执而杀之，孰敢？常有司杀者杀，夫代司杀者杀，是谓代大匠斲（zhuó）。夫代大匠斲者，希有不伤其手矣。

民之饥，以其上食税之多，是以饥。民之难治，以其上之有为，是以难治。民之轻死，以其求生之厚，是以轻死。夫唯无以生为者，是贤于贵生。

人之生也柔弱，其死也坚强。万物草木之生也柔脆，其死也枯槁。故坚强者死之徒，柔弱者生之徒。是以兵强则不胜，木强则兵。强大处下，柔弱处上。

天之道，其犹张弓与！高者抑之，下者举之；有余者损之，不足者补之。天之道，损有余而补不足。人之道则不然，损不足以奉有余。孰能有余以奉天下？唯有道者。是以圣人为而不恃，功成而不处，其不欲见（xiàn）贤。

天下莫柔弱于水，而攻坚强者莫之能胜，其无以易之。弱之胜强，柔之胜刚，天下莫不知，莫能行。是以圣人云，受国之垢，是谓社稷主；受国不祥，是为天下王。正言若反。

和大怨，必有余怨，安可以为善？是以圣人执左契，而不责于人。有德司契，无德司徹（chè）。天道无亲，常与善人。

小国寡民，使有什伯之器而不用，使民重死而不远徙。虽有舟舆，无所乘之；虽有甲兵，无所陈之；使人复结绳而用之。甘其食，美其服，安其居，乐其俗。邻国相望，鸡犬之声相闻，民至老死不相往来。

信言不美，美言不信；善者不辩，辩者不善；知者不博，博者不知。圣人不积，既以为人，己愈有；既以与人，己愈多。天之道，利而不害。圣人之道，为而不争。

| 阅读延伸 |

竹简本《老子》按其竹简的长度及编联情况，又分为甲、乙、丙三篇，其中丙篇的内容更像是从其他版本《老子》（如类似于帛书本的《老子》）上抄录的，并且包含了一段与《老子》内容关联不大的《太一生水》篇。

竹简本《老子》的原始版本（主要指竹简本《老子》甲、乙两篇）作者，极有可能是楚国的老聃（李耳）。其成书时间或为老子晚年时期，约公元前 500 年至前 400 年间，竹简本丙篇中"为之者败之"一段内容与甲篇中的一段内容基本相同，文字稍有差异，也说明了抄写者所据的版本可能并不是一个。也从侧面说明在抄写者那个时代（公元前 4 世纪中期至前 3 世纪初，即墓主入葬之前），已经有其他版本《老子》的出现。竹简本《老子》丙篇中"执大象，天下往"一章在帛书本《老子》中也存在。"天下往"一句，有游历天下的意思（有人认为是天下归往）。而西出函谷关的人正是周太史儋。因此竹简本《老子》丙篇很有可能就是抄写于一个类似帛书本《老子》的写本。那么这个类似于帛书本《老子》的写本作者，应该就是这个周太史儋。

关于"简、帛、通行本《老子》的文本关系"问题

首先，郭店楚简《老子甲》是一篇"浑然完整"的论证性文章，具有高度原创性，应非传统认知中的"语录节选"或"摘抄"。其全文布局缜密、深刻，字里行间的"思想严谨性"与"书法表现力"形成了极为丰富的细节印证关系。

其次，同批出土的——今人所称之《老子乙》乃至《老子丙》和《太一生水》于"思想和书法艺术"相统一的严密性程度而言，已不可与《老子甲》相提并论。从实物证据的形制规格和编缀情况看，它们在2 300余年前的流传中，及至入葬时，都并非同种材料。换言之，对该批文献于彼世——曾经的竹简制作者、文字书写者和实物保有者来说，它们是各自"单篇别行"而尚未被混通的。

同时，应当承认：这两篇文献与《老子甲》的"作者"及其所影响的后人、后学（例如实现马王堆帛书《德》《道》两篇所据之文本的"系统化再创作"的"编纂者"），存在较为亲近甚至密切的关系。

再次，马王堆帛书中甲、乙两种《德》《道》两篇出土材料，还分别缀有卷前或卷后的"古佚书"。例如：帛书甲本《道》之后的《五行》《九主》《明君》《德圣》和帛书乙本《德》之前的《经法》《十大经》《称经》《道原经》（亦已被合称作"黄帝四经"）。严格意义而论，《德》与《道》之间乃至它们与同卷抄录的其他文献之间皆为并列关系。

甚至，结合马王堆帛书的《德》《道》两篇及后世所成之《道德经》等，我们对余嘉锡先生所议"古之诸子，即后世之文集也"还可作出更进一步的理论印证：同卷抄录，即应当被视为"汉初"的甲、乙两种不同收录形态的文集；在此基础上，后学因故而将《德》与《道》"裁篇别出"……于是，方才有了更晚的"五千言"规模之《老子》的"经典化"过程。

最后，关于所谓"通行本《老子》"——截至目前，有"出土文献"支持而可称"老子"的"最古"文本，应为《北京大学藏西汉竹书（二）》所刊之《老子》，其简文之篇题即分别作《老子上经》（近于马王堆帛书《德》篇）和《老子下经》（近于马王堆帛书《道》篇）。据其整理者推测："这批竹书的抄写年代应主要在汉武帝后期，下限不晚于宣帝。"

综上材料，若仅以"五千言"规模之"定型本"的立场来看，则诚如李学勤先生所议："现在大家都了解，古书是有其流传定型的过程的。《老子》从最初著作起，肯定会经历一定的演变过程，才形成今传各本。郭店简《老子》、马王堆帛书《老子》，都是这种过程中的环节。"

我们认为：前述三批"时序相继"的实物证据，则恰是从"最早著作"（例如：郭店楚简《老子甲》）之"一源"而成"众流"（例如：或为同一"作者"之"后学"所作的郭店楚简《老子乙》乃至《老子丙》和《太一生水》、马王堆帛书两种的《德》与《道》及至北京大学藏西汉竹书《老子》等），直至其在"文化市场"中历经"约定俗成"之"经典化"方才"定本"的"演变过程"之历史印迹的实际样貌。

附录一

现在我们怎样读郭店竹简

——以《老子甲》为例

汤学锋

从郭店竹简到《郭店楚墓竹简》，历时 5 年，凝聚了许多考古工作者、文保技术人员、古文字（文献）专家的心血。1998 年《郭店楚墓竹简》出版后，荆门郭店竹简的文字内容得以公之于世。之后的许多年中，海内外的语言文字学、古文献学、哲学与思想史、历史学、考古学等学科领域的学者对《郭店楚墓竹简》进行了全方位深入的研究疏解，取得了丰富的研究成果。

《郭店楚墓竹简》一书面世 25 年了，时至今日，郭店竹简依然未能蝶化为经典意义上的《郭店竹简》。《郭店楚墓竹简》作为"刷新"后的底本，更多地只是被作为专业研究者们的参考文本（文字部分）和母本（图片部分），一般读者阅读起来则颇费周章，甚至如雾里看花。

由于特殊原因，31 年前竹简出土的时候，其原生态被盗扰破坏以致部分竹简缺失，虽然竹简的主要整理者彭浩先生认为"一句话从一支简到另一支简应该是连续的……没有那种因为整支竹简的遗失而造成的文字不连贯的证据"，但事实上还是有些篇目的叙述不连贯，思想逻辑跳跃。同时一些竹简残断，有些文字脱墨。竹简抄本本身也存在一些瑕疵和特点：衍文脱字、倒文误写、亡文歧义、省形符号等；加之专家学者的主观因素等，导致简序的编连、文本的分篇、文字的隶定、语词的考证、词语的注疏、语句的解读以及句读的确定都没有在学术界形成压倒性的共识。

习近平总书记指出："把跨越时空、超越国度、富有永恒魅力、具有当代价值的文化精神弘扬起来，让收藏在博物馆里的文物、陈列在广阔大地上的遗产、书写在古籍里的文字都活起来，让中华文明同世界各国人民创造的丰富多彩的文明一道，为人类提供正确的精神指引和强大的精神动力。"

郭店竹简面世 31 年了，圈内研究不断推向纵深，圈外的"我们"翘首以盼。"郭店竹简热"如何破圈？怎样让"书写在古籍里的文字都活起来"？现在我们怎样读郭店竹简呢？

从某种意义上讲，我们眼目所及的文字都是二次咀嚼甚至反复咀嚼的结果。外文译著和古代汉语作品自不必言，即便用现代通行汉字撰写的严肃文字，一经刊出，必经编审初次咀嚼。所以怎样让"书写在古籍里的文字都活起来"，首先需要与古籍文字相关联的专业工作者去识字、串词、连篇、注解、释义等。所以专业的初次咀嚼意义重大，对于专业工作者，长期"正确"才可能建立"权威"，而长期"权威"未必一定"正确"。作为普通读者，应该充分尊重专家的学术意见，这样可以少走弯路，不走错路，减轻"读"的负累。同时，在一些关键节点上，也不必盲从"权威"，自己带着问题去找答案，其过程本身就是学习与提升。

目前，除 1998 年版《郭店楚墓竹简》、2011 年版《楚地出土战国简册合集（一）郭店楚墓竹书》之外，绝大多数与郭店楚简相关的研究成果或专著都没有呈现楚简原图及字形，读者大多需要通过"转写"甚至"通假"之后的释文及其注解信息去认识和了解郭店简。释读意见纷杂（越训越繁）、训诂异见特立（越训越远），启示读者的同时也会同步构成信息阻隔、遮蔽甚至误导。这样的情形，会造成阅读梗阻、认知偏离，最终在思想上二次增加了读者与出土文献的隔膜。

学术研究回归文本，聚焦第一手研究材料，从而无限接近"原本""原意"，逐渐形成学术共识，这是让"书写在古籍里的文字都活起来"的基础性工作，也是"我们"能够阅读郭店竹简的基本前提。

郭店竹简相对于通常意义上的"书"，最大的不同是它的整理"出版"时间是在距今2300多年前。文化的一脉相承与时空的阻隔，反而会激发人们"看原版、读原著"的兴趣。几十年来，海量的普通群众到荆门市博物馆隔空争睹竹简真容，也有为数不菲的"圈内人"驻足品鉴持简近观，他们或出于好奇——有此一晤，或近似于朝圣——了却一愿。如此费功费力，"看原版"仅限于管窥，"读原著"则几近枉然。

整理后的郭店竹简高清图版，使得我们随时"探看"原著成为可能。1998年版照片资料以及荆门市博物馆即将出版的高清照片资料都可以成为我们的案头枕边"原著"。

原著呈现的是当年的原生态，先秦文字又有地域风格，辨之不清，识之不易。专家考证梳理之后的文字，有些可以"笃定"，有些只能"拟定"，我们可以通过这些文字大略知晓文本概况；结合学者们的一番训诂注疏，我们可以大致明白文本的语句辞章。这是"形而下"层面的基本要求。接下来，我们如何进一步"悟原理"呢？

以郭店楚简中形制规格最高的《老子甲》为例。

传世本《老子》五千言，文字大体公认，释读则莫衷一是；词句世代沿袭，文意则莫衷一是，文义更是各执一词。文章论及宇宙又直面现实，行文隐晦曲折，正言若反，扑朔迷离，飘忽不定。郭店竹简18篇（2008年第一批国家珍贵古籍名录登记为13篇，《老子》和《语丛》分别计为一篇）中，《老子》篇算是为数不多的有传世文本对应的篇章，这对于最初的简文释读与编连有一定的意义，但"尽信不如无"，所以唯其有"母本"，有时反倒成了释读的负累。

学者们在对《老子甲》的编连、分篇这样的重大判定方面，仍分歧明显（例如：丁四新将《老子甲》的简序重排"上篇为 1 ～ 20 号、25 ～ 32 号；下篇为 21 ～ 23、24 号、33 ～ 39 号"并言及"此上下篇次第，李零互易"等）；释字、句读等细节认知方面，也存在纷繁的意见而缺乏共识。这意味着学界对《老子甲》的"文本复原"工作仍因"不同见解的相持"而滞于基础性阶段。

近年来，有学者提出了新的主张：郭店楚简《老子甲》的 39 根竹简所载 1 088 字（含 26 号简残损而需拟补的 15 字）及其标点符号是浑然完整且"自成乾坤"的一篇文章，其在思想和书法艺术水准等方面，都是"超凡脱俗"且极具深意的。

《老子甲》1 号简开头三句话："绝智弃辨，民利百倍。绝巧弃利，盗贼亡有。绝为弃虑，民复季子。"这三句话似见于传世本《老子》，但关键语词不同，使得《老子》有"古今不同"（历时性差异）。即便同一语词，解读为现代通行汉语，对应的语词不同，则意思迥异，意义悬殊。"绝智弃辨"，有学者将"辨"字隶定为"偏"，随之而来的是关键字如"绝"的意义、"巧""利""为""虑"的内涵解读，学者们各有说辞，义理上大相径庭。

对于《老子甲》1 号简开头三句话，略举两种解读如下。

绝智弃辨[①]，**民利百倍**[②]。**绝巧弃利**[③]，**盗贼亡有**[④]。**绝为弃虑**[⑤]，**民复季子**[⑥]。

[①] 绝：摒弃。智：聪明巧智。弃：义同"绝"。辨：争辩，或解为"治理"。

② 民利：民众得到的利益。

③ 巧：机巧，或解为"虚浮不实、伪诈"。利：私利，利己的思想。

④ 亡：同"无"。

⑤ 为：逆自然规律的作为。虑："人为"的主动思考。

⑥ 复：复归，回归。季子：赤子，婴儿（般的状态）。

这是对竹简文本接近"主流"的解读。在此之外还存在其他解读，略举其一：

绝智弃偏①，**民利百倍**②。**绝巧弃利**③，**盗贼亡有**④。**绝为弃虑**⑤，**民复季子**⑥。

① 绝：穷尽，使……至极致。下同。智：认知，智慧。弃：摈弃。下同。偏：偏见，局限性认知。

② 民利：有利于民众更好生活的要素。

③ 巧：高明的技艺。利：利己的价值观。

④ 亡：逐渐从"有"到"无"。

⑤ 为：主动思想、主动行动。虑：刚愎自用，自以为是。

⑥ 复：复归，回归。季子："无知"而"求识"的人。

以上两种解读，对关键字"绝"的解读于辞章上并无大碍，于义理则背道而驰；对于关键字"辨""偏"的确定以及"巧""利""为""虑"的解读则相去甚远。

《老子甲》中，还有其他关键词的不同释读，略举几例：

江海所以能为百谷王：谷或读为"浴"，更有读为"涡"的，解为"老子故地河流名"。

天下乐进而弗詀：詀，或读为"诖"。

其事好长古之善为士者：长，或作上读"其事好长"，或作下读"长古之善为士者"。

刲物滋起，法物滋彰：刲物或读作"奇物""苛物"。

教不教，复众之所过："教"与"学"在简文中笔画字形相同。

面对楚简《老子》，专业工作者首先要隶定文字，特别是不见于传世本或明显与传世本不相同的文字；然后要释读文字、确定句读等；接下来需要连字成句（串意）——联句成文（顺意）。在这个过程当中，一字之差、一个句读处理造成的断句或连读，其文意都可能失之千里。在偏差的文意上阐述文义，则可能下笔千言离题万里。浮于字面不着边际显然有辱一般读者，曲里拐弯过度解读则有违祖师先贤。"我们"期待着更多更优秀的"一传手""二传手"出现。

学术实践中往往存在这样一个问题：搞文字学研究的专家或不精通"老学"，从事"老学"研究的学者或不精通文字学。一些研究"老学"思想的文章中充满了想象和推测，而缺乏严谨的考据和缜密的论证；同样，在一些训释楚简《老子》的著作里，有些解释让人云里雾里莫名其妙，与"老学"的旨趣相去甚远。从这个意义上说，目前对于楚简《老子》的研究，还远没有达到"我们"所期望的程度。就现已公开的研究成果来说，大多是对楚简《老子》进行简单的文字训释和整理——这是"我们"阅读的基础；对楚简《老子》进行全面而系统的整理，并在此基础上进行深入的研究，这是"我们"的期待。

下面几段文字或许对"现在我们怎样读郭店竹简"有一定的指导和启发意义：

"学者治学认字始，在目前古文字学者尚不能'退场'，因为离开了他们，我们还不能完全'独立行走'。在目前的郭店楚简研究论著中，关于文字的校释仍然是一项大宗，蔚为一时大观。……"①

"陈寅恪在史学上推崇的是宋人，于清人则颇为鄙视，认为清儒治学，'止于解释文句，而不能讨论问题''但能依据文句个别解释，而不能综合贯通，成一有系统之论述'。但就郭店楚简的研究状况和前景而言，研究工作恐怕还将在相当长一段时间内集中于'解释文句'，因为'文句'本身尚没有'解释'透，便陡然'讨论问题'，恐怕所得结论要打上一个大大的问号。"②

"近年来不断发现的中国早期文献文本的大批实物资料，其对于中国古代问题研究的意义是无可估量的。而其中最重要的一点是，这些珍贵资料的出土，前所未有地丰富和深化了我们对中国古代文献传统的真实情况的认识，也促使我们根据对新、老资料的通盘研究，来认真思考中国古代文献传统的完整的特征。中国古代文体研究的史料学基础问题，始终是决定这些研究成功与否的关键，长期以来古今多少学者聚讼其中而莫衷一是。……现在我们知道，真正解决这一问题的必要条件是必须对古代文献整体有尽可能全面和完整的了解，并作整体性的思考。这是因为，所有对于中国古代文献问题的研究都可以指示我们认识到，中国古代文献并不是一些相互孤立的资料，它们在总体上是中国古代特有的文献传统的产物。也就是说，在对古代事实的记录和叙述上，所有古代文字资料的表现，都是受古代中国已经形成一系列规范的、十分发展的文字记录与流传系统的制约的……很显然，在将古代文献作为史料来对待的问题上，合乎要求的做法是要把所有的讨论都放在对中国古代文献整体和文献传统全面表现认识的基础上来进行。那种根据局部的、片段的、孤立的特

---

① ［美］艾兰（Sarah Allan）著，［英］魏克彬（Crispin Williams）原编，邢文编译：《郭店〈老子〉：东西方学者的对话》，学苑出版社，2002 年版，第 108 页。

② 彭华：《郭店楚简研究述评》《古籍整理研究学刊》2011 年 03 期。

征来处理早期文献问题的做法已经被证明并不能真正解决古代于文献有关的重要课题，反而可能在最终结果上失误；而更重要的是，在局部和孤立的方法的方向上，已经不可能使我们对古代研究史料学基础的基本认识较之前人有实质性的提高，从而真正建立起合乎现代研究要求的史料学概念的基础和规范。"①

"校勘学方法，陈垣先生总结为四种：'一为对校法。即以同书之祖本或别本对读，遇不同之处，则注于其旁。''二为本校法。本校法者，以本书前后互证，而抉摘其异同，则知其中之谬误。''三为他校法。他校法者，以他书校本书。凡其书有采自前人者，可以前人之书校之，有为后人所引用者，可以后人之书校之，其史料有为同时他书所并载者，可以同时之书校之。''四为理校法……遇无古本可据，或数本互异，而无所适从之时，则须用此法。此法须通识为之，否则鲁莽灭裂，以不误为误，而纠纷愈甚矣。故最高妙者此法，最危险者亦此法。'所述第一至第三种，以各种书本为据，似可统称为'书校法'……就古代文献学而言，理校法通常被视为一种在其他方法之外的补充性手段。由于资料的特性，出土文献整理时需要用到理校的场合往往有之。这里的'理'，自然必须是古人即出土文献著作或改造时代的'理'，而不能是我们今天阅读、整理者的'理'。即应当尽量贴近古人的思想、话语，符合古人的名物典章制度和风俗习惯等等。"②

郭店竹简凡13篇，从古文到今文（通行汉语），从玄意到常意（今天语境中通常的意义），辗转几千年，语词尚需考证，辞章仍待梳理；郭店竹简的文本内容庞杂，有儒有道，义理丰富，"我注六经"时脱不开"六

---

① 谢维扬：《上博馆藏战国楚竹书研究》，上海书店出版社，2002年版。

② 陈伟：《郭店竹书别释》，湖北教育出版社，2003年版。

经注我"，字里乾坤文中义理绝少人能够通透领悟。儒家微言大义，道家表意玄虚，一些词语即便在形式上有古今对应，其蕴藏的"形而上"的"道"恐怕只能靠"我们"以自己的心智与历练去渐悟。佛家有云："我所知法如树上叶（树上叶是活的），我所讲法如掌上叶（掌上叶是死的）。"参禅悟道，佛不渡人，众生终须自渡。

附录二

郭店楚简研究成果（部分）

集体成果

（1）《郭店楚墓竹简》（荆门市博物馆编著，文物出版社，1998 年）

（2）《郭店楚简研究》（《中国哲学》第二十辑，辽宁教育出版社，1999 年）

（3）《郭店简与儒学研究》（《中国哲学》第二十一辑，辽宁教育出版社，2000 年）

（4）《道家文化研究》第十七辑"郭店楚简专号"（三联书店，1999 年）

（5）《郭店楚简国际学术研讨会论文集》（湖北人民出版社，2000 年）

（6）《郭店〈老子〉：东西方学者的对话》（［美］艾兰（Sarah Allan）著，［英］魏克彬（Crispin Williams）原编，邢文编译，学苑出版社，2002 年）

（7）《古墓新知——纪念郭店楚简出土十周年论文专辑》（郭店楚简研究中心，2003 年）

（8）《楚地出土战国简册合集（一）郭店楚墓竹书》（武汉大学简帛研究中心与荆门市博物馆联合编著，文物出版社，2011 年）

个人著作

（1）《荆门郭店楚简〈老子〉研究》（崔仁义，科学出版社，1998 年）

（2）《郭店竹简〈老子〉释析与研究》（丁原植，万卷楼图书有限公司，1998 年）

（3）《郭店竹简老子释析与研究（增修版）》（丁原植，万卷楼图书有限公司，1999 年）

（4）《郭店楚墓竹简〈老子〉校读》（侯才，大连出版社，1999 年）

（5）《郭店楚简研究》第一卷《文字编》（张光裕主编，台湾艺文印书馆，1999 年）

（6）《楚简〈老子〉柬释》（魏启鹏，万卷楼图书有限公司，1999 年）

（7）《荆门郭店竹简老子解诂》（刘信芳，台湾艺文印书馆，1999 年）

（8）《楚简与帛书〈老子〉》（邹安华，民族出版社，2000 年）

（9）《郭店楚墓竹简思想研究》（丁四新，东方出版社，2000 年）

（10）《郭店楚简文字编》（张守中等编，文物出版社，2000 年）

（11）《竹帛〈五行〉篇校注及研究》（庞朴，万卷楼图书有限公司，2000 年）

（12）《简帛〈五行〉笺释》（魏启鹏，万卷楼图书有限公司，2000 年）

（13）《简帛〈五行〉解诂》（刘信芳，艺文印书馆，2000 年）

（14）《郭店楚简先秦儒家佚书校释》（涂宗流、刘祖信，万卷楼图书有限公司，2001 年）

（15）《楚简〈老子〉辨析》（尹振环，中华书局，2001 年）

（16）《郭店竹简〈老子〉校读》（彭浩，湖北人民出版社，2001 年）

（17）《郭店楚简与先秦学术思想》（郭沂，上海教育出版社，2001 年）

（18）《简帛老子研究》（［美］韩禄伯著，邢文改编，余瑾翻译，学苑出版社，2002 年）

（19）《郭店楚简评议》（涂宗流，国际炎黄文化出版社，2002 年）

（20）《郭店楚简研究》（许敬原、涂宗流、李柏武，银河出版社，2002 年）

（21）《郭店楚简校读记》（李零，北京大学出版社，2002 年；中国人民大学出版社，2007 年）

（22）《楚地出土资料与中国古代文化》（日文版）（郭店楚简研究会，汲古书院，2002 年）

（23）《郭店楚简与楚文化》（李柏武、石鸣等，国际炎黄文化出版社，2003 年）

（24）《郭店楚简〈老子〉校释》（廖名春，清华大学出版社，2003 年）

（25）《郭店竹书别释》（陈伟，湖北教育出版社，2003 年）

（26）《郭店儒简论略》（欧阳祯人，台湾古籍出版有限公司，2003 年）

（27）《中国出土文献十讲》（裘锡圭，复旦大学出版社，2004 年）

（28）《郭店楚简〈老子〉研究》（聂庆中，中华书局，2004 年）

（29）《郭店竹书〈老子〉论考》（李若晖，齐鲁书社，2004 年）

（30）《老子通论》（孙以楷，安徽大学出版社，2004 年）

（31）《郭店楚简校释》（刘钊，福建人民出版社，2005 年）

（32）《郭店楚简〈老子〉释读》（邓各泉，湖南人民出版社，2005 年）

（33）《郭店楚简老子论证》（郭锡勇，台湾里仁书局，2005 年）

（34）《道之源：郭店老子研究》（涂宗流，汕头大学出版社，2006 年）

（35）《老子古今：五种对勘与析评引论》（刘笑敢，中国社会科学出版社，2006 年）

（36）《〈老子〉"早期传本"结构及其流变研究》（宁镇疆，学林出版社，2006 年）

（37）《郭店楚简简明读本》（湖北人民出版社，2007 年）

（38）《郭店竹简与思孟学派》（梁涛，中国人民大学出版社，2008 年）等。

（39）《楚地出土战国简册（十四种）》（陈伟主编，经济科学出版社，

2009 年 9 月）

（40）《德之华：郭店楚简儒书研究》（涂宗流，中国三峡出版社，2010 年）

（41）《郭店楚简》（李柏武、石鸣，中国三峡出版社，2010 年）

（42）《郭店竹简文本研究综论》（全二册）（刘传宾，上海古籍出版社，2017 年）

（43）《郭店楚简〈老子〉新研究》（［日］池田知久香，刘东主编，曹峰、孙佩霞译，江苏人民出版社，2022 年）

后 记

至 2023 年，郭店楚简已经出土整整 30 周年。30 年来，关于郭店楚简的清理、整理、编联、识读、笺注、诠释，经过国内外学者们孜孜不倦地努力，取得了全面的进展和丰硕的成果，多数内容形成了学术界的集体认同，体现的是一种纯粹的学术精神和职业担当。与此相对的是，30 年来，郭店楚简的受众普及率和社会认知度却不见显性进展。于是，作为"郭店楚简"出土地的一名文博工作者，我于 2021 年年底，开始着手本书的撰写，力求通俗而不庸俗，通俗以致通行，算是尽一份职业责任，体现一丝荆门担当。

本人无力去"另起炉灶"，本书也无意于"另辟蹊径"，只是想在此前众多学者研究的基础上，基于常识、常理、常情，再一次导读郭店楚简文本，结合自己的理解笺注郭店楚简文词。

本书的编撰，得到了周文斌、陈定萍、罗明高等同志的高度关注。

本书的编撰，得到了周杨、范晓佩、全勤毅等同事的大力支持。

衷心感谢我脚下这片厚实土地，我身边这些厚道的人。受之甚多，无以回报，感恩之心，系于工作。感谢支持，期盼指正。

汤学锋

2024 年 5 月 2 日于武汉

图书在版编目（CIP）数据

斯文於斯：复读郭店楚简 / 汤学锋著. -- 武汉：
崇文书局，2024. 5. -- ISBN 978-7-5403-7901-8

Ⅰ. K877.54

中国国家版本馆 CIP 数据核字第 2024HE3917 号

责任编辑　程可嘉　李利霞
责任校对　董　颖
责任印制　李佳超

斯文於斯：复读郭店楚简
SIWEN YU SI FUDU GUODIAN CHUJIAN

出版发行　长江出版传媒｜崇文书局

地　　址　武汉市雄楚大街 268 号 C 座 11 层

电　　话　(027)87677133　邮政编码　430070

印　　刷　湖北恒泰印务有限公司

开　　本　880㎜×1230㎜　　1/16

印　　张　19.25

字　　数　320 千

版　　次　2024 年 5 月第 1 版

印　　次　2024 年 5 月第 1 次印刷

定　　价　58.00 元

（如发现印装质量问题，影响阅读，由本社负责调换）